日朝関係史

関周一［編］

吉川弘文館

はじめに

本書は、古代から現代に至るまで、日本列島と朝鮮半島（韓半島）とがいかなる関係にあったのかについて述べたものである。

古代については王権論や遣唐使・渤海など幅広い研究をしている河内春人氏、中世については日朝関係史を中心に対外関係を研究している関、近世については幕末・維新期の対馬藩を中心とした日朝関係を研究している木村直也氏、近代については日本の植民地支配を研究している松田利彦氏、現代については日韓会談を中心に日韓関係を研究している太田修氏が執筆を担当した。また古代のコラムは、澤本光弘氏が執筆した。

本書の特徴として、次のような点があげられる。

第一に、日朝関係史独自の時代区分によって、各章の時期を設定したことである。朝鮮側の王朝を軸に、高句麗・百済・新羅および統一新羅までを古代、高麗および朝鮮王朝前期・中期を中世、朝鮮王朝中期・後期を近世、朝鮮王朝末期・大韓帝国・植民地期（日帝期）を近代、植民地からの解放後を現代としている。このうち中世と近世との区分については、対馬による偽使の派遣や国書の改竄に終止符をうつ契機となった柳川一件《やながわいっけん》までを中世として扱い、以酊庵輪番制《いていあんりんばんせい》に転換して以降を近世として扱った。

第二に、日朝関係史全般の中でも、特に近世から近代への移行期、日本でいえば幕末・維新期を重視したことである。第三章では日本側の視点から近世の外交体制がどのような経緯を経て変容していくのかについて、第四章では朝鮮側の視点から近代の日朝関係が如何に生み出されていくのかについて、それぞれ叙述している。この二章では、江華島事件や日朝修好条規など、同じ事象を扱っている箇所があるが、異なる視点から論じており、合わせて読んでいただくことで、近世から近代への移行の意義について理解を深めていただけるものと考えている。

第三に、近年の研究成果を盛り込みつつ、各時代の特性を浮き彫りにする構成にしたことである。どの時代においても、近年の日朝関係史の研究は急速に進展し、その中には従来の常識を塗り替えるものがある。執筆者は各時代の特性に応じて自由に執筆していく中で、そうした成果を盛り込んでいる。また各章の冒頭に、各時代の概要または研究の視点を示し、そうした特性がつかみやすいように配慮した。第四に、日朝関係を二国間の関係史にとどめるのではなく、中国大陸などアジア諸地域の動きにも留意しながら、地域間の多元的な交流、ヒト・モノ・文化の多様なつながりの中に捉え直そうとしたことである。

第三・四点について、第一章を例に触れておこう。古代における倭国・日本と朝鮮三国（高句麗・百済・新羅）とが東アジアの国際関係の中でどのような関係を相互に構築していったのかについて描かれている。従来、論争の対象であった高句麗好太王碑文や任那日本府については、近年の考え方を明示している。その一方、こうした国家間の外交とは異質な交流にも注目し、境界交流の多元性や海域交流の活性化も明らかにし、さらに中世の日朝関係も展望している。

さて、第五章において詳しく述べられているように、現在の日本と韓国、日本と北朝鮮との関係は、多様な側面を有している。日本・韓国両政府の関係は、竹島＝独島《トクト》の帰属や日本軍「慰安婦」などの問題を抱えて、しばしば冷え込んできた。また北朝鮮の核兵器開発などの暴走は、国際社会に緊張を強い、北朝鮮在住の拉致被害者全員の帰国は実現の見通しさえ立っていない。その一方、日本では韓流ドラマやKポップなどによる韓流ブームが起こり、韓国との経済・文化交流は活発である。だが、それと逆行する嫌韓流の動きや、ヘイトスピーチによる在日韓国・朝鮮人への人権侵害なども目に余る。町の小さな書店を訪れると、韓国（あるいは中国）を攻撃する本が目立ち、インターネット上でもそうした議論が活発である。このような嫌韓流の議論の大半は、問題の淵源である歴史を振り返ろうとしなかったり、または自説に都合の良い史実のみを抜き出して論じたりしている。そこで提示された歴史像は、歴史学の研究によって否定されたものばかりである。

現在や未来の日韓関係や日朝関係、ひいては東アジアの未来を論じていくためには、過去の日朝関係を正しく認識しなければならないと考える。本書が、そうした議論に資するならば、望外の幸せである。

二〇一六年十二月

関　周　一

目　次

I

古代東アジアの国際関係と交流

河内春人

古代の日朝関係は文献では一世紀ごろから窺われるようになる。東アジアという中国文明の周縁で列島と半島は密接に関連し、かつ類似した歴史的展開を経る。

当初、倭国は鉄をめぐる交流によって半島南部の加耶《かや》と強く結びついていた。以後、七世紀まで資源財としての鉄はその関係に規定的な役割を果たすようになる。四世紀半ばに百済《くだら》が成立し有力化するとこれと外交関係を樹立する。このころ高句麗《こうくり》が南下政策を推進したことによるものであり、倭国・百済との対立が鮮明化する。五世紀の列島と半島の関係も中国をまきこみながらその対立は継続した。いっぽう、府官制の導入など支配機構の整備において倭国・百済・高句麗における国の形成は類似していた。

六世紀になると半島の情勢は大きく変わる。新羅《しらぎ》が国力を伸張させるようになり、加耶を滅ぼすに至る。この過程で朝鮮三国の対立が激化するとともに加耶の既得権益に固執する倭国もこれに加わり、列島と半島の動乱の前提が形成されるようになる。この段階での国どうしの関係は相互に優位性を主張しながらも対等な関係であった。なお、列島と半島の関係は単純な国際関係だけで捉えるべきではない。それとは別に多元的な人的交流も確認できる。領域的な国家形成以前の東アジアで列島と半島の結びつきにおける王権の規定的役割には限界があった。

七世紀に隋唐が東アジアに介入するようになると、倭国や朝鮮三国はその圧力に対抗するために権力の集中を図る。この過程で倭国や朝鮮諸国はエスノセントリズムを顕在化させる体制を指向するようになる。しかし、諸国の競合はさらなる唐の軍事力行使を招くことになり、百済・高句麗は滅亡する。特に百済の滅亡はそこに蓄積された統治技術の倭国への流入へとつながり、倭国の文明化を加速化させせた。存続した日本・新羅は唐の侵攻という危機感のなかで中国的な律令制国家という支配体制の構築を選択した。

七世紀末に渤海《ぼっかい》が建国すると、日本・新羅・渤海で構成される新たな関係の構図が出現する。八世紀にこれらの国は律令制に基づき、対外交流を国家が一元的にコントロールする体制を作り上げた。それは前代とは異なり、相手国を従属させる帝国秩序でもあった。各国が帝国秩序を主張することは外交上の関係悪化をもたらすものであり、特に日本と新羅の間では衝突が絶えなかった。強盛を誇った唐で安《あん》史《し》の乱《らん》が起こり東アジアの国際関係が不安定化すると、日本は「新羅征討」計画を企図し、対立は回避できない局面に至る。計画は頓挫したものの唐の衰退によって東アジアの国際秩序は流動化し、日本と新羅の王権外交は終焉に向かうことになる。渤海も日本との外交について国内情勢に基づく交易目的にシフトした。

こうした状況下において日朝交流に新たに登場したのが商人であった。それは東アジアにおける交流の密度の上昇を促したが、一方で各国は国際交通を一元的に管理しきれなくなり、日朝間にまたがる通謀事件や海賊が発生するようになる。特に破綻が顕著だったのが新羅であり、高麗・後百済の自立による後三国時代のなかで滅亡する。渤海も新興の契丹の圧迫を受け滅ぶ。日本も摂関政治という新たな体制下において将門《まさかど》の乱《らん》に直面する。かくして十世紀前半に日朝において律令制国家は姿を消し、古代的な日朝関係は終わりを迎えることになる。

一　倭国と朝鮮三国の登場

1　列島と半島のクニの形成

中国文明との接触

列島・半島が文明化し国家に成長していくにあたって、中国文明の存在はきわめて重要なファクターである。中国文明との接触は隣接する半島において早く始まったが、その大きな画期は前一〇八年の前漢武帝による朝鮮攻撃であった。これによって楽浪《らくろう》・臨屯《りんとん》・真番《しんばん》・玄菟《げんと》の四郡が設置された。ただし、前漢による四郡支配は長くは続かず、前八二年には遠方の臨屯・真番両郡が廃止された。このころに半島北部では高句麗《こうくり》が国として姿を現しており、その建国が前漢による半島支配の刺激の影響であることは容易に推測できる。高句麗は中国と対抗することで勢力を増すようになるが、いっぽうで中国からの圧力も強まり、一二年には前漢を滅ぼした王莽《おうもう》が軍を派遣して高句麗王を殺し、国名を下句麗《げくり》に改めるという処置を取っている。

列島が中国文明に知られるようになるのも四郡設置を契機とする。後漢初めに成立した『漢書』地理志には「楽浪海中倭人あり。分かれて百余国と為す。歳時を以て来り献見すと云う」とあり、前漢は楽浪郡による支配を通じて列島の存在を確認している。倭人の楽浪郡貢献は列島と半島のあいだの恒常的な交流を背景として成り立つものであった。

　このころの半島には東海岸部に沃沮《よくそ》・濊《わい》、南部から西海岸にかけて韓《かん》が所在しており、倭人は特に韓との交流が深かった。それが政治的に重要な意味をもつようになるのが一世紀である。四四年に韓の廉《れん》斯《し》人蘇《そ》馬諟《まてい》が楽浪郡に朝貢し、後漢を建てた光武帝は漢廉斯邑君《かんのれんしゆうくん》に封じている。奴国が後漢に使者を派遣し、「漢委奴国王《かんのわのなのこくおう》」の金印を授かるのが五七年である。韓の一国である廉斯国の後漢遣使および冊《さく》封《ほう》という刺激を受けて奴国が派遣した可能性が高い。奴国と後漢の外交は楽浪郡を窓口とするが、楽浪郡に至るまでの交通ルートを考えると、廉斯国を経由した可能性も推定される。奴国と廉斯国の交流は、列島と半島の対中国外交の本格的な開始を促すことにもなったのである。一〇七年にも倭国王帥升《すいしょう》が後漢に遣使しているが、これも韓を媒介として使節を派遣したものであろう。

鉄をめぐる交流

　廉斯国でもうひとつ注目すべき点は鉄である。『魏略』韓伝に廉斯鑡《さく》が楽浪郡に亡命しようとしたところ、木材を伐採する漢人集団と出会ったという伝承が記されている。木材の伐採とは製鉄用の木炭製造の可能性が指摘されている。考古学的にも慶尚南《キョンサンナム》道《ド》の茶戸里《タホリ》遺跡（前一世紀）から鉄器が発見されており、このころすでに半島南部において製鉄が行なわれていた。

　鉄は熱処理によって硬さをコントロールできるため金属の中でも利用価値が高い。そのため列島においても弥生中期以降に急速に受容され、前一世紀には九州北部を中心として広まりを見せるようになっている。ただし、当時の列島内で需要に応じた鉄資源の自給は困難であり、半島からの入手に依存していた。廉斯国と奴国の交流にも鉄の流通が大きく関わっていた可能性がある。

こうした状況は二〜三世紀においても継続している。『魏志』韓伝には弁辰《べんしん》について「国、鉄を出す。韓・濊・倭、皆従いて之を取る。諸の市買に皆鉄を用いること、中国の銭を用いるが如し。又以て二郡に供給す」と記す。弁辰地域の鉄は、北は楽浪・帯方郡、東は濊、南は倭に流通していた。弁辰のなかでも瀆盧《とくろ》国が倭と界を接していること、狗邪《くや》国は帯方郡から列島へのルート上に見えることなどから、倭の国々は主にこれらの国々との交流において鉄を獲得したのである。

ただし、鉄が現代の貨幣のような便利使いをされていたと考えるべきではない。鉄生産には〈採掘↓精錬↓鍛造↓鋳造〉という行程が必要であり、小集団で為し得るものではない。おそらくその生産は共同体首長が掌握するものであり、「クニ」レベルで行なわれていたと考えられる。そうして作られた鉄は周辺との交流において政治的に使用されたと見なすべきであり、誰でも気軽に入手できたわけではない。

ところで弥生中期まで安定していた気候は、二世紀後半ごろから寒冷化の兆しを見せる。「桓霊《かんれい》之間」（一四七〜一八九）に起こったとされる、いわゆる倭国大乱はそうした環境の過酷化と連動するものであった。列島において戦乱に対する防衛施設としての高地性環濠《かんごう》集落が瀬戸内を中心に分布するが、半島では狗邪韓国（金海《キメ》）の地域に大成洞《テソンドン》遺跡・鳳凰《ポンファン》台《デ》遺跡などが確認できるように、列島と同様の状況が見て取れる。こうした内乱において鉄を生産する国はそれを利権化することによって、鉄を必要とする周囲の国は獲得することを既得権益とすることによって、混乱を乗り切ろうとしたであろう。その点で半島南部の争乱と倭国の内乱には相関関係が認められる。

海の三国志

この時期の中国の動向も列島と半島の関係に強く影響した。二世紀末に後漢の衰えが明確になるなかで遼東地域に勢力を伸ばしたのが公孫氏《こうそんし》である。公孫度《こうそんど》は遼東侯を自称し、皇帝祭祀を自ら執り行なうなど後漢からの自立を指向した。後を継いだ公孫康《こうそんこう》は高句麗を攻撃しており、大陸の群雄割拠状況は半島にも波及する。二〇四年ごろには楽浪郡を分割して帯方郡を設置している。

遼東地域は三世紀前半において国際関係の一つの焦点であった。特に二三〇年代に入ると、同地域をめぐって東シナ海域の外交関係は流動化する。二三二年に呉《ご》が公孫氏に接触を試み、翌年には公孫氏が呉から燕《えん》王に封じられる。ここに公孫氏と呉の関係が成立するが、公孫康はすぐに魏《ぎ》に寝返る。公孫氏の懐柔に成功しなかった呉は、二三六年には高句麗に使者を派遣するも、高句麗は使者を斬り魏に通じてこれも失敗した。こうした不安定な状況において、魏は二三七年に遼東の平定を目指して軍を派遣するが失敗し、公孫康は自立して燕と称した。魏は翌年にも司馬懿《しばい》に遠征させ、公孫康を斬った。公孫氏は四代で滅び、遼東・帯方・楽浪・玄菟郡は魏に帰すことになった。倭国の卑弥呼《ひみこ》が魏に使者を派遣するのはこれを受けてのことであり、以後、帯方郡が倭国と魏の窓口として機能する。帯方郡から倭国に至るまでの道のりは、『魏志』倭人伝に「海岸に循《したが》い水行し、韓国を歴《へ》て乍《あるい》は南し乍は東し」とあるよ

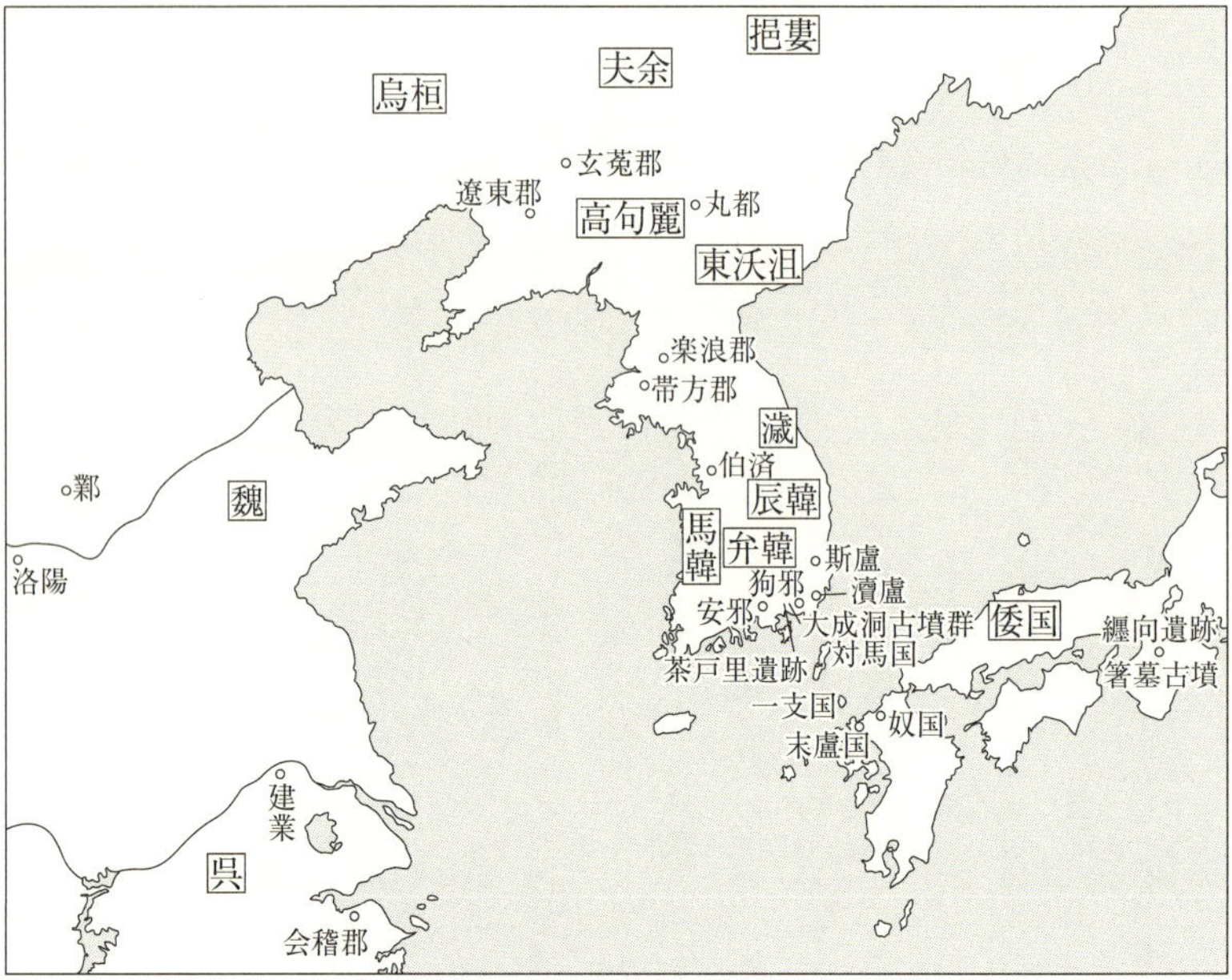

3世紀の東アジア

うに沿岸部の韓諸国の協力を得なければ安全な通行は望めず、倭国にとって魏への遣使は韓諸国との交流を前提とするものであった。

魏による帯方郡治は半島諸国にも衝撃を与えた。危機感を募らせた高句麗は二四二年に西安平を侵すが、かえって魏の攻撃を招くことになり、二四六年には都の丸都《がんと》が失陥している。この時の魏の東方遠征は扶余《ふよ》・沃沮・濊・粛慎《しゅくしん》にまで及んだ。それは軍事的威圧であるとともに、戦後の土木工事によって民がその利を受けるという点で文明の伝播という一面を有していた。半島南部は馬韓《ばかん》・辰《しん》韓《かん》・弁韓《べんかん》に分かれており、帯方郡・楽浪郡の支配を受けた。こうした郡治に対して韓の一部は従わず武力蜂起し、これを抑え込もうとした帯方郡太守弓遵《きゅうじゅん》を戦死させるものの、二郡の征討によって滅ぼされている。魏による高句麗遠征と楽浪・帯方郡治は中国文明とのダイレクトな接触であり半島の文明化を促進させる契機になったが、いっぽうで特に韓における王権の成長を抑制するものでもあった。半島南部における小国の分立という状態は、領域拡大を目指す高句麗や鉄などの権益を強く希求する倭国の介入を許す素地を作ったといいえる。

2　朝鮮三国の成立と倭国

百済・新羅の成立

二六五年に魏が滅び、西晋《せいしん》が成立する。迎日《ヨンイル》郡から出土した「晋率善穢佰長」と記す銅印などから西晋も魏の東方統治を引き継いでいた様子をうかがうことができる。ただし、西晋は二八〇年に呉を滅ぼすまで大陸の統一に意を注いでおり、統一後は二九〇年に武帝が没すると帝室の内紛が激しくなる（二九一〜三一一、八王《はちおう》の乱）。この過程で西晋の東方統治は疎かになり、半島諸族の活動が活発化する。

魏の攻撃によって国力が衰えていた高句麗は三〇〇年に即位した美川王《ミチョンワン》のもとで国内の官制を整備して再び強大化し、三一三年に楽浪郡を、さらに程なくして帯方郡を滅ぼしている。その際に二郡の中国系人士を接収し、半島北部を掌握した。高句麗による二郡の滅亡は、半島南部が中国の政治的抑制の軛《くびき》から脱するとともに新たに高句麗の圧迫を受けることを意味した。半島西岸の馬韓地域は三世紀には五十余国があったが、そのなかの伯済《はくさい》国の成長が著しく、四世紀半ばに百済《くだら》が成立する。東岸の辰韓地域では斯盧国が発展した新羅《しらぎ》が現れる。弁韓地域は金官加耶《きんかんかや》が勢力を有するようになる。ただし、いずれの地域においても四世紀の時点において統一が果たされたわけではなく、馬韓と辰韓は一強多弱、弁韓は小国の割拠という様相を呈していた。

倭国と百済の同盟

三世紀後半から四世紀前半の倭国の政治的状況は文献史料の欠落により不明瞭な点が多い。ただし、三世紀初頭から四世紀初頭にかけて存続した、流通・祭祀センター的性格をもつ纒向《まきむく》遺跡のあり方などから、ヤマト盆地を拠点とする倭王権がこのころに出現した様子が見て取れる。倭王権は近在の豪族を取り込んだヤマト政権を構築し、列島各地の有力豪族とゆるやかな連合体を構成するようになる。

倭王権が列島の政治的結合において中核となり得た理由の一つに、威信財《いしんざい》や資源財の流通と管理を掌握したことを挙げることができる。そのもっとも端的なものが鉄である。

鉄は武器をはじめとしたさまざまな用途に不可欠にもかかわらず列島内で産出しない状況において、鉄の入手は切実な問題であった。倭王権は三世紀以来の弁韓地域に対する鉄利権を保持し、鉄鋌《てってい》というかたちで列島に持ち込み、それを諸豪族に再分配することによって優位性を確保し、政治的中枢としての立場を維持した。

こうした半島南部と倭国の関係に強い影響を及ぼしたのが高句麗の南下である。三一一年に西晋が滅亡すると、大陸は割拠状態になる。遼東地域は慕容《ぼよう》氏が勢力を伸張させつつあり、高句麗と衝突するようになった。三三七年には慕容皝《こう》が前燕《ぜんえん》を建国するに至るが、その際に権力闘争に敗北した冬寿《とうじゅ》が高句麗に亡命している。冬寿はその墓に記された官爵を見ると、高句麗において半独立的な勢力を保持したらしい。直接的対立のみならず反前燕勢力の受け皿となった高句麗の状況を重く見た前燕は三四二年に丸都を攻略し、美川王の墓を暴き王母・王妃を拉致した。故国原王《ここくげんおう》（在位三三一～三七一）は前燕に対して臣を称して滅亡を回避したが、高句麗の西進は頓挫する。この後、高句麗の軍事政策は主として南下する方針を採ることになり、百済との対決が鮮明になる。

この時の高句麗と百済の対立は、三七一年の故国原王の敗死というかたちで百済が勝利を収めた。百済は翌三七二年に東晋《とうしん》に使節を派遣して正式に冊封を受け、半島における勢力を確立する。同時期に倭国に対しても七支刀《しちしとう》を贈り、倭国と百済の外交関係が樹立した。七支刀は「泰□四年」の年記を有しており、これは東晋の太和四年（三六九）と推定される。東晋の冊封に先立ってその年号を使用していることになり、外交とは異なるレベルで東晋系人士が百済で活動していた様子が見て取れる。七支刀は谷《こく》那《な》鉄山（所在不詳）の鉄から作られたという伝承を有しており、両国の外交関係においても鉄はやはり

七支刀（石上神宮所蔵）

重要なファクターであった。高句麗との対決前に倭国との外交を開始したのは、百済は倭国に軍事的援助を期待したからであろう。高句麗南下の圧力が緩和されたことは半島東岸部にも影響を及ぼし、三七七年に新羅が華北の前秦《ぜんしん》に遣使している。

高句麗の南下

故国原王の戦死後、内政の充実をはかった高句麗は広開土王《こうかいどおう》（在位三九一～四一二）の時代に飛躍的な発展を遂げる。徳興里《トクフンリ》古墳墓誌銘に「国小大兄」と記すように固有の官位が成立しており、永楽という独自年号も使用している。五世紀に東アジア諸国において大きな意味をもつ府官制を最初に導入したのも広開土王の時である。

国力の回復によって高句麗は再び半島南部の拡大を目指した。広開土王碑には「辛卯年」（三九一年）に倭国が百済・新羅を「臣民」としたことなどが記される。同碑は碑文改竄《かいざん》説が説かれたこともあったが、原石拓本の調査によって研究は大きく進展しており、近代における意図的な改竄を想定する必要はない。ただし、碑文はあくまでも広開土王の勲功を示し半島南部への軍事的行動を正当化する文脈で記されたものである。倭国が半島に対して軍事的に介入したこと自体は認め得るが、三九一年の倭国の行動に対して高句麗は三九六年に百済を攻撃しており、倭国の半島に対する軍事活動は百済との軍事同盟的連携を前提とするものと高句麗はとらえていた。倭国・百済対高句麗という対立軸はここにおいて明確になった。

広開土王は倭国・百済との対決の過程で、新羅王を「奴客《どきゃく》」と位置づけて高句麗の軍監を受け入れさせるなど新羅を勢力下に置いた。その後も親征を続け、稗麗《はいれい》（契丹）・粛慎・東扶余を征服している。次代の長寿王《ちょうじゅおう》（在位四一三～四九一）もその後を継ぎ、半島北部は高句麗の支配下に入った。

倭国が半島にこだわった理由が鉄資源の獲得によることは、前代以来変わらない。半島南岸部の地域は百済や新羅のような突出した国が出現せず、四世紀には加耶とよばれ金官加耶・安羅《あら》など小国の連合体のままであった。倭国の鉄資源はこの地域をベースにするものであり、その安定的な供給を目指して百済と外交関係を結び、高句麗の南下によってそれが脅かされると判断したために軍事

広開土王碑拓本「辛卯年」部拡大

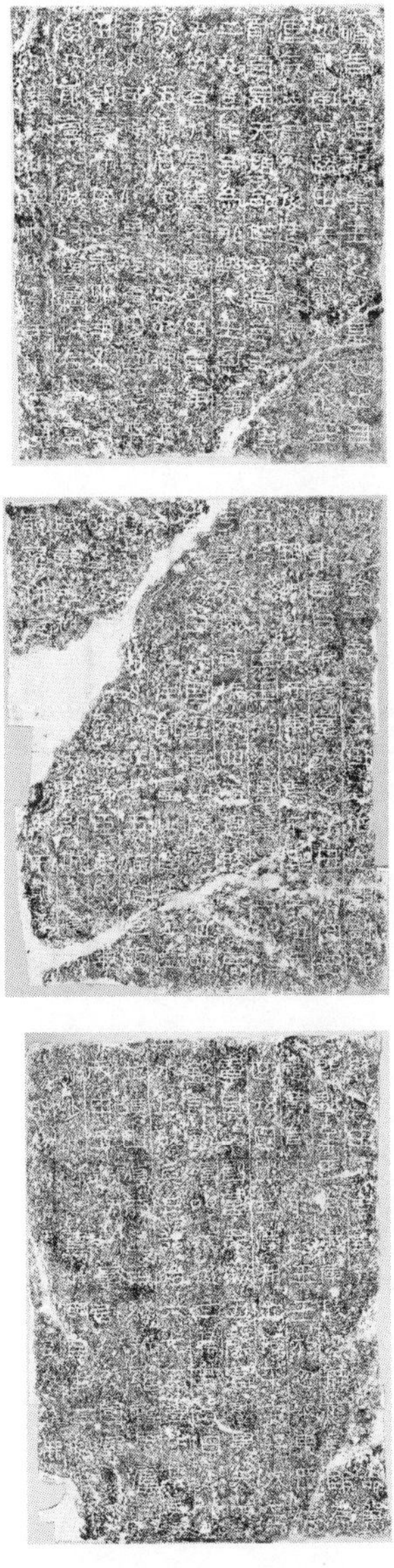

広開土王碑拓本　1面（水谷悌二郎氏旧蔵、国立歴史民俗博物館所蔵）

的出動を敢行したと考えられる。四世紀末には倭国が向き合うべき半島の国々は、高句麗・百済・新羅・加耶諸国に収斂《しゅうれん》された。

3　東アジアのなかの倭の五王

府官制の時代

高句麗の南下と倭国・百済同盟という対立軸は分裂する中国の情勢と連動しながら展開した。三八三年に淝水《ひすい》の戦いで、華北統一を目前にしていた前秦が東晋に敗北すると、西燕《せいえん》・後燕《こうえん》・後涼《こうりょう》が自立し華北は再び混乱に陥った。これに乗じて高句麗は三八五年に遼東・玄菟郡を攻撃するが後燕の反撃に遭う。その後、高句麗は後燕との外交関係を成立させ、平州牧《へいしゅうぼく》・遼東・帯方二国王に封じられる。広開土王はこの官爵に基づいて国内において府官を任命した。

府官とは、中国において三公・将軍など高位の官爵にある者がその幕下を長史・司馬・参軍などの官に編成したものである。皇帝から任命権の委譲を受けたものといえる。周辺諸国においては、冊封を受けた国の王が自らに授けられた将軍号などを根拠として国内の臣を府官に任命するという構造であり、中国の官爵に則りながら国内の支配を整備したシステムとして評価できる。東アジアで最初に府官制を導入した高句麗は、中国との厳しい外交のなかで積極的に国内整備に乗り出したといえる。

淝水の戦いに勝利した東晋が国際関係上の比重を相対的に高めたことにより、高句麗は東晋への外交も試みる。特に四一三年には倭国とともに入貢していることが注目される。この時の倭国は貂皮《ちょうひ》・人《にん》参《じん》をもたらしているが、これらは倭国でとれる産物ではない。高句麗が対倭戦の捕虜を使節に見立てて帯同したとする理解が穏当であろう。こうした行為の狙いは、高句麗が倭国を属国としている大国であることを東晋に対してアピールすることであった。

四二〇年に東晋が滅び宋《そう》が成立すると、高句麗・百済・倭国の対立・競合関係はピークを迎える。宋は高句麗と百済に東晋よりも高い官爵を授け、その取り込みを図った。倭国も一年遅れて四二一年に百数十年ぶりに対中国外交を再開するが、百済の刺激を受けたものであろう。対宋外交において府官制が百済や倭国にも取り入れられたことが、宋に派遣された使節の肩書きから判明する。

こうした府官制が各国においてどの程度意味をもっていたのかという点について、府官の活動を外交に限定して考える見解と国内の支配者層編成に及ぶとする見解に評価が分かれている。このうち前者については、高句麗において府官制を導入した広開土王の時代には外交に府官を派遣していないことから、外交のみに限られた制度ではないことがわかる。ただし、それが国内全体の支配体制として機能していたと見なすこともできないだろう。高句麗・百済・倭国の府官の名を確認すると、曹達《そうたつ》など中国系の名ばかりである。高句麗や百済においては楽浪・帯方系遺民を、倭国では半島からの渡来系人士を王権支配に活用するためのシステムとして府官制を採用したと想定できる。換言すれば、いずれの国にも王権に対抗し得る有力貴族・豪族が存在していたが、それを王権の下に一元的に序列化するまでには至っていない。

なお、高句麗・百済・倭国の王が要請した中国官爵は三つに分類できる。第一に王（国王）号であり、高句麗・百済に王号、倭国に国王号が与えられた。王号は中国の冊封体制のもとに政治的に近いと評価され、中国との関係を半島の覇権争いに反映させようとした当該期においては現実的な意味を有していた。第二に将軍号であり、高句麗に征東大将軍、百済に鎮東《ちんとう》大将軍、倭国に安東《あんとう》将軍が授けられ、東晋の代から外交関係を構築した高句麗や百済が大将軍、宋から派遣するようになった倭国は将軍であった。大将軍と将軍には府官設置の基準や品階《ひんかい》において大きな差があった。第三に使持節都督諸軍事号である。これらは行使し得る軍事権の権限のレベルと空間的範囲を示すものである。第一・第二の点では高句麗と百済がおおむね同列であるのに対して、倭国は後れを取っていることがわかる。第三の点については、高句麗の営州諸軍事、百済の百済諸軍事に対して、倭国は倭新羅任那加羅秦韓慕韓六国諸軍事が認められている。宋との外交関係が構築できていない、すなわち宋の視界に入っていないこれらの地域について倭国の軍事権行使を認めさせることに成功したといえるが、実態として倭国の軍事権がこれらの国々に対して確立していたということとは別問題である。

文字の使用と文書外交

ところで、文明化の指標の一つとして文字使用が挙げられる。古代東アジアにおいて文字とは漢字と同義であり、その受容が問題となる。列島における漢字使用にはいくつかの段階が想定される。第一に文字個体としての記号的認識の段階、第二に文章として読解し得る段階、第三に文章として書記することが可能な段階である。

列島の第一の段階について、出土遺物としては貨泉《かせん》などが挙げられ、文字と認識したことが確実なところでは金印を措定できる。倭人が漢字を記すという点においては、高坏脚部《たかつき》に刻まれた「奉」（あるいは「年」、三重県大城遺跡《おおしろ》）などが見つかっている。そして、『魏志』倭人伝には伊都国《いと》において文書の管理をしたことが記されており、文字受容について弥生時代の終わりごろに権力の中枢部は第二段階に至っていた。いっぽう、半島では茶戸里遺跡（前一世紀）から文具が出土しているように、列島に比べ早くから文字に接していた。楽浪系中国人士を取り込んだ高句麗や百済は、四世紀段階で支配における漢字利用を実現させていた。そうした動向の下に七支刀の贈与は実現したのである。このように半島から列島へというベクトルで漢字は伝播し、倭国の政治的支配において漢字が意味をもつようになる。

大城遺跡出土高坏脚部外面

（津市教育委員会所蔵）

このころから東アジア諸国は対中国外交において文書を用いるようになる。各国の外交文書の初見は、高句麗が東晋に対して四一三年、百済は宋に対して四二五年、倭国も宋に対して四二五年である。文書外交を行ない得ることが対中国外交における必須の要件であった。また、外交文書は中国の典籍を積極的に引用しており、その理解度はかなりのレベルに達していた。中でも倭国と百済の外交文書は類似性が高く、百済の作文技術が倭国に提供され共有されていた様子がうかがえる。倭国におけるその到達点が四七八年の倭王武の上表文であり、典籍の駆使と駢儷体《べんれいたい》の美文は特筆に値するレベルであった。こうした文書作成における典籍の受容について、記・紀には百済からワニ（和邇吉師・王仁）によってそれがもたらされたことが記されている。伝承の解釈には慎重を期すべきであるが、王仁という名から楽浪王氏との関連が想起される。いずれにせよこれら作文技術や伝承は、倭国における文字文化の受容が主として百済を介するものであったことを示している。

五世紀における東アジアの文書外交とは中国系（渡来系）人士の活動にかかるものであり、実態として文字が社会に広範に普及していたとはいい難い。それでも五世紀後半以降、東アジアに文字文化は定着していくことになる。それは漢字を生み出した中国の用法とは異なるという点で共通点が多く見られる。いくつか事例を挙げるならば、埼玉稲荷山《いなりやま》古墳出土鉄剣には「七月中」とあるように年月を記す際に「某月中」と記す。この「中」の用法は半島では「〜に」という時制を示すものである。また、中国では重量単位である「鎰《いつ》」が、日朝ではカギという意味で誤用されている。半島の特殊用法が列島に流入して共有されたのであり、列島と半島は文字文化において同一圏内にあった。

新羅と加耶の立場

五世紀前半に高句麗に従属していた新羅は、そうした状況から脱却するために倭国を含めた周辺の地域との交流を進めていた。四五〇年に高句麗から派遣された新羅駐屯部将を殺害して高句麗からの離脱を開始し、慶州盆地を拠点として辰韓地域の統合に乗り出す。

倭国との関係では、『三国史記』によると、実聖尼師今《じっせいにしきん》が前王である奈勿《なこつ》尼師今の王子未斯欣《みしきん》を倭国

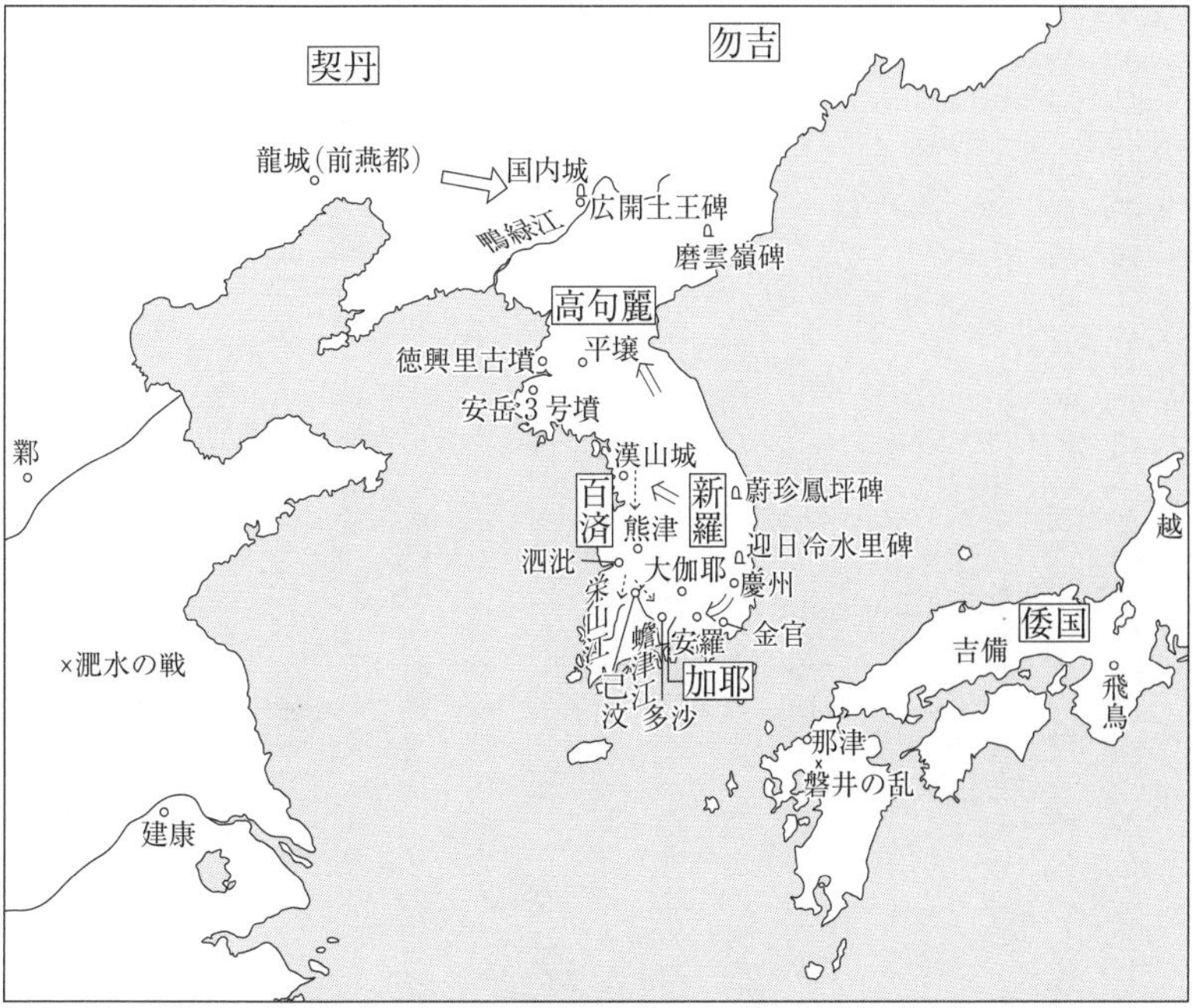

5・6世紀の列島と半島

に「質《ち》」として派遣した。未斯欣はその後、朴堤上《ぼくていじょう》によって新羅に逃げ帰ったという伝承が『日本書紀』と『三国遺事』に伝えられている。なお、同時期には百済も阿莘王《あしんおう》が腆支《てんし》を質として派遣し、王の死後帰国して即位したという。質とは本来盟約においてその順守の証として相互に派遣されるものであり、それによって上下関係が規定されるものではない。ただし新羅の場合、高句麗と倭国に挟まれた地勢において新羅に不利な盟約が交わされ、片務的な質の派遣が行なわれたということはあり得るだろう。これを倭国から見ると、高句麗の南下に対峙する最前線として新羅は位置づくことになり、新羅を倭国・百済同盟に引き込むことが重要な課題として認識されることになる。四三八年に即位した珍《ちん》はそれを実現するために宋に新羅を含みこんだ諸軍事号の叙爵を要請したのである。

一方、旧弁韓地域は古くは任那《みまな》と呼ばれ、加羅《から》という別称があったと考えられていた。しかし、この理解では倭国が要求した諸軍事号に任那と加羅が併記されていることが説明できない。両者は加耶地域における別の国として理解しなければならない。四世紀の加耶において有力だったのが金官国《きんかんこく》であった。真鏡大師《しんきょうだいし》宝月凌空塔碑《ほうげつりょうくうとうひ》に「大師は俗姓新金氏、その祖は任那王族」とあり、新金氏とは金官国の王族のことであり、ここでいう任那とは金官国を中心とした加耶沿岸部を指す。いっぽう、五世紀になるとやや内陸に入った半跛《はへ》が勢力を伸ばし「大加耶」とよばれるようになる。四七九年に「加羅国」の荷知《かち》が南斉《なんせい》に使節を派遣したことが一度だけあり、荷知は大加耶の嘉悉王《かしつおう》であることが指摘されている。

四世紀から五世紀にかけて小国の集合体である加耶の中心的勢力が金官から大加耶へと移行し、五世紀後半には一定の政治的なまとまりをもって中国との外交を実現させるところまで進展した。鉄という最重要資源をこの地域に依拠していた倭国は、その利権の確保を目的として関与しようとし続けた。

交通のあり方

古代の交通を考える際に注意しなければならないのは、目的地まで直接移動できるわけではないことである。出発地から目的地に到達するまで、一つないし複数の共同体の領域を通過しなければならない。その際にはそれぞれの共同体との平和的な関係が必要とされる。場合によっては対価を求められることもあったであろう。
国際関係では、倭の五王の南朝遣使において武の上表文に「道は百済を遙《へ》て」とあるように百済を経由した。倭国の国際交通は百済や加耶との友好関係なくしては実現しなかったのであり、そこに倭国の限界がある。

いっぽう、列島内においても交通規制は政治的に大きな課題であった。ヤマト政権は奈良盆地から大阪平野にかけての地域を拠点とするため、対外交通を行なうためには瀬戸内海と北九州を経由するルートをとる。それゆえヤマト政権は両地域の勢力と関係を結ぶ必要が生じる。『日本書紀』には吉備《きび》氏が対朝鮮外交に従事していたことが記されているが、吉備氏と半島との交流ルートはヤマト政権の対朝鮮外交のルートと重なるために深く関与することとなった。こうした瀬戸内・北九州の提携がうまくいかなくなると交通が阻害されるのであり、筑紫君磐井《つくしのきみいわい》の挙兵はそのような一面を持っていた。

列島諸地域の交通もまた同様に規制されていた。豪族が半島の勢力と交流する際にはヤマト政権を政治的媒介とするか、あるいは列島沿岸部の豪族との通交関係を構築しなければならず、港を押さえた豪族を中心としたゆるやかな傾斜関係が生じたと考えられる。そうした地域的対外交流圏として想定されるのは、北部九州、瀬戸内、日本海沿岸（山陰、北陸）などである。

このように見ると、五世紀の中国と朝鮮に対する交流の違いが見えてくる。中国に対しては中国官爵など政治イデオロギー的な意味をもつものが求められた。倭国王は自身だけではなく王族や有力豪族に対しても授与するように要請しており、その交渉には倭王権が直接幕下に編成した府官が派遣された。

中国との外交は倭王権が独占し、そのうえで再分配するという政治的色彩が色濃いものであった。これに対して半島との交流は各地の前代からのあり方を引き継ぐものであり、列島と半島の共同体首長が王権を介さずにつながることもあった。そこにはモノのやり取りという性質が強く浮き彫りになる。それは恒常的に必要とされるものであり、倭王権が簡単に規制・独占できるものではなかったのである。

4　仏教東伝と文明化

金官国の滅亡

四七五年に高句麗との戦争で百済の都漢山城《ハンサンソン》は失陥し蓋鹵王《こうろおう》は殺され、一時滅亡する事態となった。倭国はこれに対して高句麗への攻撃計画を立てていたことが四七八年の武の上表文に記されている。ただし、これは実現しなかった。また、四七九年に加羅が建国したばかりの南斉に使節を派遣したが、その背景に百済の情勢があることは想像に難くない。百済は王都を熊津《ウンジン》として国の立て直しをはかるが、そのために南方への進出をはかるようになる。

まず焦点となったのが半島南西部の栄山江《ヨンサンガン》流域である。倭国との関係で注目すべき点として、前方後円墳が見つかる地域である。前方後円墳は列島に出現して独自の定形化を果たしたという特色があるが、五世紀後半から六世紀初頭にかけて栄山江流域に集中的に造営されており、現在一三基が確認される。時間幅にしてほぼ一世代という限定的な出現という点も特徴的である。単に倭系の古墳というのみならず、百済系の副葬品や築造方法や埴輪《はにわ》の焼成など百済の技術が用いられているという点も目をひく。その被葬者については、百済の南下に対抗して倭国と同盟した在地首長が倭国の墓制を採用したという見解があるが、この場合古墳から百済の副葬品が出土することへの説明が必要である。むしろ一世代という短期的な出現に鑑みて、百済との関係によって半島に到来・居住するようになった倭人という考えに注目すべきであろう。百済は六世紀初頭にこの地域を掌握した。

百済が国力を回復させたのは武寧王《ぶねいおう》（在位五〇一～五二三）であり、五一二年には加耶地域の上哆唎《おこしたり》・下哆唎《あろしたり》・娑陀《さだ》・牟婁《むろ》を併合した。『日本書紀』ではいわゆる「任那四県割譲」と記すが、併合の国際的承認を『日本書紀』における日本上位の論理で語ったものに過ぎない。この四県は百済の接壌地帯であり、沿岸部に多く利権を有する倭国にとっては自国の利害に直接関わらないという判断から介入しなかったのであろう。この翌年、百済は蟾津江《ソムシンガン》中流の己汶《こもん》に侵入し、五一六年には下流の帯沙《たさ》を掌握する。

この時期は新羅も法興王《ほうこうおう》（在位五一四～五四〇）が「律令」（実体は冠位制と衣服制の整備）を制定し、国力を伸張させた。百済の軍事力行使に反発した大加耶は五二二年に新羅と婚姻関係を結び、両国のあいだに同盟が成立する。この直後に新羅は金官国への侵攻を開始した。倭国にとって死活問題はむしろこちらであり、五二七年に近江毛野《おうみのけぬ》を将軍として派遣してこれを阻止しようとするが、新羅と通じた筑紫君磐井の挙兵による妨害にあうなど倭国は効果的な介入ができないまま、五三二年に金官国は滅亡する。

「任那日本府」の実相

戦前には、四世紀後半以降日本が半島南部を領域的に支配しており、その出先機関が「任那日本府《みまなにほんふ》」であったとする言説が通用していた。しかし、それは近代植民地支配の所産であり、戦後の文献史料の批判的研究および考古学的調査の成果によってもはやそうした考えが成り立つ余地はない。それでは『日本書紀』に「任那日本府」と記されるものの実体はどのようなものであったのか。

「日本府」とは書紀の古訓でヤマトノミコトモチとする。ミコトモチとは天皇（治天下大王）の言葉を伝える使者のことであり、遠隔地に常駐する官職ではない。『日本書紀』でも欽明《きんめい》紀に集中的に現れ、この時期の対朝鮮政策に関連した使節団である。ヤマトノミコトモチは安羅に派遣されそこを拠点に活動しており、それゆえ「安羅日本府」と記す場合もある。その人員は、史料上「日本府大臣」とされ倭国から派遣される中央豪族と、「日本府臣」という付随して派遣される地方豪族や現地の倭系人士などから複合的に構成されていたものであり、流動的な存在であった。

ヤマトノミコトモチの派遣目的は、新羅の加耶進出に危惧を抱いた百済聖明王《せいめいおう》（在位五二三～五五四）が主導した任那復興会議への出席である。五四一年と五四四年に開催された会議であり、百済・倭国・加耶諸国の代表者が集まって金官国の復興を議題としたものであった。加耶への影響力拡大を狙う百済に対して、旧来の半島に対する既得利権の保持を目指した倭国、新羅の侵攻を抑えることを課題としていた加耶諸国で思惑は食い違い、成果を挙げないままに終わった。

その後、百済は五五一年に高句麗から漢山城地域を奪回したが、両国の対立に乗じた新羅が五五二年に同地域を占領する。聖明王は倭国の援軍を要請しこれに反撃しようとするものの、五五四年にかえって敗死するという事態に至る。このため百済の勢力は一時衰え、新羅のさらなる加耶地域進出が本格化する。五六二年には大加耶が滅亡し、加耶地域は新羅に吸収された。それは倭国の半島南部における既得権益の喪失を意味し、五七一年に欽明が死去した際には「任那」復興が遺言され、これが以後の倭国の対朝鮮政策の基調となる。

境界交流の多元性

ここまで記したような外交的展開からすると、いずれの国でも政治的統一が果たされていたかのように見えるが、列島と半島の交流は決して政治的かつ一元的なものばかりではないことに留意する必要がある。

交流の多元性の一例として信濃地域と半島の関係に注目してみる。北信に位置する根塚《ねつか》遺跡（弥生後期）から渦巻紋装飾付鉄剣が出土している。このような装飾は列島には見られないが加耶には類例が多く、北信の地域首長が加耶地域に製作を依頼した可能性が指摘されている。その交流は地理的に見て、長野から日本海に出るというルートであった蓋然性が高い。近辺には半島に特有の積石塚《つみいしづか》と推測される朝日ゴウロ古墳も確認できる。南信飯田にも六世紀前半と推定される畦地《あぜち》一号墳から金銀垂飾付長鎖式耳飾が出土しており、加耶系と考えられている。このような信濃地域と加耶との関係は倭王権を介した可能性を想定できるが、北陸地域に出ると古墳の副葬品である帯金具や垂飾付耳飾に、大加耶系のほかに新羅系のものが確認できるようになる。このうち新羅系は列島の他地域に見ることはできず、新羅と北陸の独自の交流も念頭に置く必要がある。また、列島から半島への人の移動もあり、六世紀に入ると倭系百済官僚として斯那奴《シナノ》を名のる人士が現れる。ヤマト政権に依存するばかりではない信濃地域と半島の交流の深さを示している。

こうした事例を一般化すると、三世紀から六世紀にかけて列島の諸地域は倭王権を中心として有力豪族がゆるやかな結合体を構成しており、対朝鮮外交も倭王権とともにヤマト政権に参画する豪族の意向も反映されながら進められた。しかしそのいっぽうで、北部九州や日本海沿岸の豪族は半島の勢力、特に位置的に見て新羅や半島南東部の国々と独自に接触していた。倭王権はそれを制約し得るほどの覇権を確立していなかったといえる。

それを反映して列島と半島のあいだの人の移動とつながりのあり方はかなり流動的であり、国境に制約されない。それゆえ各国の君臣関係もきわめて曖昧であるところに特徴がある。

先述の栄山江流域の倭人は出自が北部九州の豪族であり、こうした豪族は倭国と百済に両属していたとする指摘がある。倭国の出自で百済に登用された倭系百済官僚の存在も注目に値する。六世紀後半に達率《たつそつ》になった日羅《にちら》の父は火葦北国造《ひのあしきたのくにのみやつこ》刑部靫部《ゆげひ》阿利斯登《ありしと》である。日羅は大伴金村を「我が君」と呼んでいる。阿利斯登が金村との関係で半島に赴き、そこで日羅が生まれ百済で取り立てられたということになる。また、ヤマトノミコトモチに参画した加耶における倭系人士も同様の存在である。磐井が挙兵した際に「新羅海辺人」が従者としてつき従っていた例もある。半島内においても出身国に捉われない人材の採用が行なわれていた。蓋鹵王を捕えて斬った高句麗将の桀婁《けつる》・万年《まんねん》はもともと百済の出自であった。

こうした流動性は外交にも表れる。「任那復興会議」においてヤマトノミコトモチは親新羅政策を選択しており、倭国の外交政策を遵守していない。派遣された豪族はひとたび外に出ると独自の行動をとることがままあり、大王との君臣関係がルーズである。また、百済との外交において「博士」と称される知識人・技術者の派遣が見えるが、彼らは一定の年限を経た後に帰国する。一時的に仕える先を変えており、そこに恒久的な君臣関係という意識は希薄である。

ボーダーレスな人の移動や君臣関係は交流の多元性と重なり合うものであった。一対一の上下関係ではなく、必要に応じて関係が組み替えられていくきわめてフレキシブルな構造であり、それが列島と半島をまたいで成り立っており、特に対馬海峡を挟んだ半島南部と北九州において顕著であった。

ただし、六世紀はそうした構造が否定され始める時期でもある。五二七年の磐井《いわい》の挙兵は新羅との通交を前提としたものであるが、換言すればヤマト政権が地方豪族の多元的交流を抑制しようとしたところに衝突の一因を見ることができる。五七〇年の越《こし》の道君《みちのきみ》が高句麗使に対して「天皇」を詐称した事件は、地域豪族の主体的な対外交流という一面とともに、「天皇」を称さなければそれが成立しないという状況が出現したことを暗示している。外交権を確立していない点でヤマト政権は権力として不十分であるが、外交に対する独占意識は高まっており、確実にその力を強めているといえる。

仏教伝来

六世紀、文化的に新たなファクターとして重要性を増したのが仏教である。後漢までに中国に伝わった仏教は漢訳経典による教えとして再構築されて東アジアに流通した。高句麗には三七二年に前秦《ぜんしん》から伝わったが東晋《とうしん》からの伝来という異伝もあり、高句麗が南北朝と両面外交をしていたことの反映と見なし得る。百済には三八四年に東晋から伝わったとされる。新羅はやや遅れて訥祇麻立干《とつぎまりつかん》（在位四一七〜四五八）の時に伝わったという。加耶でも五世紀半ばに金官国の銍知王《ちつちおう》（在位四五一〜四九二）が王后寺《おうこうじ》を建立した。このように半島では五世紀までに仏教が広がりを見せるようになっていた。

列島では、司馬達止《しばたつと》が草堂に本尊を安置したという記事があり、渡来人がもたらしたのが始まりである。ただし、渡来人による個別的将来の段階では列島社会において普及するまでには至っていない。本格的受容の契機は百済聖明王による仏教「公伝」である。その年代については戊午年＝五三八年とする法隆寺系史料と、五五二年とする『日本書紀』の二説があるが、両説の当否はたやすく断定できない。それとは別に注目すべきが、伝えた百済側の事情である。五三八年は百済が熊津から泗沘《しひ》に都を遷しており、百済が国際関係の巻き返しをはかった年にあたる。いっぽう、五五二年は新羅が漢山城地域を百済から奪取しており、百済は失地回復が喫緊の課題であった。いずれにせよ倭国への仏教そのものの政治的贈与は百済の国際関係と密接に結び付くものであったことは間違いない。また、百済が倭国へ仏教を伝えたということは、対倭国外交以外にも意味をもった。六世紀前半の百済は仏教先進国として自覚しており、他国にそれを広めることは自らの仏教的アイデンティティを高めるうえで不可欠の行為であった。また、『隋書』倭国伝には仏教によって倭国に文字が伝わったと記されている。明らかに事実と異なるこの所伝は百済から隋に伝えられた情報である可能性が考えられ、百済が倭国に対する自国の文明的優位性を主張したものといえる。

個人の救済から出発した仏教は、東アジアにおいて現世利益的な性質が付加されながら国という枠を超えて広まった。それは思想的側面もさることながら、先進技術および知識の継受という面が大きなウエイトを占めた。五八八年に百済から僧侶とともに寺工・鑪盤博士《ろばんはかせ》・瓦博士・画工など建築や技芸の技術者が倭国に到来しており、五九三年の飛鳥寺《あすかでら》建立に結実する。六一〇年には高句麗僧曇徴《どんちょう》・法定《ほうじょう》が彩色・紙墨を伝えている。仏教の伝来とは教義や仏像のみならずきらびやかな瓦葺《かわらぶき》の寺・塔などの出現、あるいは経典の書写というかたちでの文字使用の定着を促した。それは列島社会に文明的に大きなインパクトを与え、豪族が仏教を受け入れて氏寺を造る前提となる。かくして六世紀後半には東アジア全体において仏教的秩序が政治に不可欠の要件となり、かつ社会的規範の一翼を担うようになる。飛鳥寺建立に際して蘇我馬子《そがのうまこ》は百済服を着たが、それは仏教を媒介とした倭国と百済の関係を象徴するものであった。

南朝文化圏と北朝文化圏

列島と半島の文明化とは、中国文化の受容とそれを咀嚼《そしゃく》することによる変容であった。外交関係がもっとも端的にその受容を促進したが、さりとて外交関係の途絶によってそれが停滞するわけではない。

政治文化はネットワーク化した国際関係において一定の広がりをもって共有されるようになる。こうしたネットワークは文化圏と称すべきものであり、その発信源は分裂する中国を起点として南朝系と北朝系に区別することができる。

南朝系文化のネットワーク化はすでに四世紀にその萌芽を見ることができる。書記という学術の根底を成す文化は、百済では四世紀後半の近肖古王《きんしょうこおう》代（在位三四七〜三七五）に「博士高興」によって伝えられたとされる。この王の時に東晋と百済の外交関係が成立しており、中国文化の受容のおける画期であった。いっぽう、倭国において、やはり近肖古王から王仁《わに》（和邇吉師《わにきし》）を通じて漢籍の継受があったという伝承が見える。東晋と倭国のあいだに外交はなかったが、〈東晋—百済—倭国〉というネットワークが析出できる。学術の継受における関係構造は六世紀にも、倭国が南朝との外交関係を断ちながらも〈梁—百済—倭国〉というつながりを確認できる。これが百済からの五経博士《ごきょうはかせ》到来として伝承化することになる。

いっぽう、北朝系文化の授受は北魏《ほくぎ》から高句麗というベクトルで東アジアに受容された。六世紀には高句麗に五経・三史・三国志・晋陽秋《しんようしゅう》があったとされる。『晋陽秋』は東晋孫盛の著であるが、曲筆の圧力を避けるために前燕の慕容儁《ぼようしゅん》に贈った書である。六世紀前半に北魏の孝武帝《こうぶてい》が遼東で同書を手に入れたとあり、〈華北—遼東—高句麗〉のあいだで流通していた。他の文化的受容においても同様の状況を想定できる。

南朝文化圏と北朝文化圏は東アジアにおいて截然と分かれていたわけではない。それを明瞭に示すのが仏教の流通である。高句麗への仏教伝来における前秦ないし東晋説が示すように、南北両方とつながっていた。百済の仏教も南朝仏教の影響を強く受けるが、北朝で広まった弥勒《みろく》信仰によって弥勒寺が建立されるなど北朝とのつながりもうかがえる。弥勒信仰は新羅にも伝わり、花郎《かろう》の制度に強く反映している。このように南北朝から半島諸国へとつながり、その先に倭国の仏教受容があるといえる。

こうしたネットワーク化した文化の流通は、外交関係とは異なる位相において列島と半島の文明化を促した。それは七世紀における国家形成の前提として位置づけられるものであった。

二　律令国家群の形成と展開

1　隋唐帝国の出現

半島をめぐる対立軸

五五二年の新羅による漢山城《ハンサンソン》領有は半島の形勢に大きな変化をもたらした。高句麗と百済の境域が接しなくなり、新羅が両国にはさまれるようになった。そのため新羅は、南下をすすめる高句麗と漢山城を取り戻そうとする百済の両面と対抗しなければならなかった。いっぽうで、半島西岸に達したことによって高句麗や百済を介することなく中国王朝への遣使が容易になり、半島情勢を打開するために中国との結びつきを強めようとすることになる。

大陸にも大きな変動があった。五八一年に北周より禅譲《ぜんじょう》を受けて成立した隋《ずい》は、五八九年に南朝の陳《ちん》を滅ぼし、ついに統一を果たした。翌年に隋は府兵制を再編し、その巨大な軍事力を周辺に向けるようになる。その圧力を直接的に受けたのが高句麗であり、隋の圧力に対抗するため高句麗は五九八年に靺鞨《まつかつ》を率いて遼西《りょうせい》を侵した。これ自体は撃退されたが、隋はこれを口実として高句麗への「征討」を外交課題として掲げるようになる。

こうした東アジア情勢の変化は半島と倭国の外交関係にも強く影響した。高句麗は六世紀半ばから倭国との外交関係を構築するようになっており、隋との対立が明確になるとそのつながりを深めようとしていく。百済は前代以来の友好関係を堅持し、半島における劣勢の打開を目指していた。両国は仏教を外交の手段として活用しており、倭国に僧侶や知識・技術を提供した。その中には七世紀の倭国仏教に大きな影響を与えることになる高句麗僧慧慈《えじ》や百済僧観勒《かんろく》もいた。新羅も高句麗や百済の対倭国政策を意識し、倭国に使節を派遣して牽制した。隋の動向に影響を受けながら、朝鮮三国はそれぞれの事情の下に倭国との外交を展開するようになる。五世紀における高句麗対百済・加耶・倭国、高句麗からの離脱をはかる新羅という対立軸は形を大きく変えていた。

「任那の調」

加耶の鉄権益を失った倭国は、それをいかにして回復するかということを対朝鮮外交の基軸に据えた。ただし、列島内における鉄資源の獲得と製鉄は広島県カナクロ谷遺跡や島根県今佐屋山《いまさややま》遺跡によって六世紀には実現していたことがわかる。山陰は砂鉄、瀬戸内は岩鉄という違いがあるものの、鉄の対外依存という課題については解決の方向に向かっていた。しかし欽明以後も、敏達《びだつ》と崇峻《すしゅん》はその復興を外交議題として群臣に諮問している。もはや権益の実体よりも既得権益としての維持そのものが目的化していたのである。その方策が、実態としては新羅の加耶領有を承認するが、かわりに加耶からの権益を新羅に代えて倭国に提供させるというものであった。その名目が五七五年の「四邑の調」である。これによって外交上の体裁を保とうとした。新羅にとっても倭国を刺激せずに加耶併合を黙認させる政策として当初は受け入れられたものと考えられる。

しかし、新羅による旧金官「四邑の調」の提供は一回限りで終わり、六〇〇年以降、六四六年まで断続的に「任那の調」が倭国にもたらされたと『日本書紀』は記す。「任那の調」をめぐっては、『日本書紀』では新羅と滅んだはずの「任那」が争ったという不可解な記事があり、記事の造作として論じられていた。ただし、「任那」＝旧金官は新羅に吸収された後も新羅内で一定の勢力を保ち独自の活動を行なっていた可能性がある。外交活動もそこには含まれ、「任那使」の倭国への派遣もそうした文脈で理解する必要があろう。いっぽう倭国はそうした情勢をふまえながら、新羅に対して軍事圧力を加えることで旧来の既得権益の回復を目指した。六〇〇年以降くり返し新羅への派兵が試みられるが、その際に将軍に任じられたのは境部臣《さかいべのおみ》や来目《くめ》皇子・当麻《たぎま》皇子であった。境部臣は蘇我氏の同族、両皇子は厩戸《うまやど》皇子の弟であり、当時の対新羅政策に王権と蘇我氏の双方が関わっていたことが窺える。当時の倭国の支配体制は推古を頂点とし、厩戸皇子と蘇我馬子が積極的に政務に関与するトロイカ体制であった。なかでも対新羅政策は倭国の重要課題であり、国内体制を反映していた。

これまでの研究では、当該期の外交関係を親新羅あるいは親百済という側面から解釈しようとする傾向があったが、こうした観点のみから判断するのは適切ではない。むしろ「任那」の権益を形式的であれ、いかにして維持するかという立場から倭国は朝鮮諸国との外交に取り組んだものとして理解すべきである。先のこととなるが六四五年には百済が倭国に対して「任那調使」を同行させているが、これも旧金官勢力の動向が反映している可能性があり、倭国がそれを受け入れたのも外交上の方便であった。

遣隋使

五九八年の隋による高句麗攻撃は、倭国に対朝鮮外交のみで東アジアが成り立っていないことを自覚させた。最初の遣隋使《けんずいし》である六〇〇年の派遣はこれを契機とするものであった。その派遣に際しては半島西岸を経由しなければならず、百済の協力なしには実現できなかった。百済は隋の高句麗攻撃に対して軍導を申し出ており、隋に対して友好的な対応を採ることによってその軍事力が百済に向くことを回避しようとしていた。倭国の遣使に助力することは、百済にとって対隋関係を良好なものにするための手段として位置づけられたのである。

ただし、百済は倭国が独自に隋と外交関係を結ぶことに対して警戒もしていた。その結果生じたのが、六〇七年に派遣した遣隋使小野妹子《おののいもこ》がその帰路において隋の国書を百済に強奪されたという事件である。この事件をめぐっては倭国に不利な内容の国書を隠蔽するための倭王権によるフィクションとする見解もあるが、そうであるとするならば裴世清《はいせいせい》がもたらした「皇帝問倭皇」国書の存在自体を抹消するはずである。隋から妹子個人に授与された文書が奪われたものと見なすべきであろう。この事件が事実であるとすれば、百済が遣隋使の重要書類に接触しやすかったという状況が想定されるのであり、遣隋使の往来における百済の関与が大きかったことがうかがえる。

遣隋使に関与したのは百済ばかりではない。倭国は多数の留学生・学問僧を隋に送り込んだが、隋が六一八年に滅ぶとそうした在隋倭人の帰国が問題となる。六二三年に恵斉《えさい》・恵日《えにち》等が新羅使とともに帰国を果たしている。このことは唐において倭国の留学僧と新羅遣唐使のあいだに密接な接点があったことを示しており、中国もまた倭国と朝鮮諸国の交流における場の一つであった。

中央集権化への道程

五九八年の隋の高句麗攻撃は補給困難や疫病の流行もあり、高句麗王の謝罪で一応の決着を見た。しかしその後も中国と高句麗のあいだに対立は伏在し続けた。高句麗は突厥《とっけつ》と外交関係を結ぶなど隋に対する警戒を怠らなかった。このことから隋に対抗するために突厥・吐谷渾《とよくこん》・高句麗による「封鎖連環」が存在したとする考えもある。煬帝《ようだい》が即位すると六一一・六一三・六一四年に高句麗攻撃が立て続けに実行されたが、戦争の疲弊に耐えられなくなった社会の反動のなかで六一八年に隋は滅んだ。同年に高句麗は倭国に対して隋を退けたことを伝えるなど、戦争の成果を他国との外交に援用している。

唐《とう》が成立すると朝鮮三国は対立を背景に競って遣使するが、建国当初は北アジアに突厥という外交課題を抱えていた唐は六二六年に平和を促す詔を訓示するなど東アジアの安定化をはかっている。しかし対立は止むことなかった。六四一年に百済で義慈王《ぎじおう》が即位すると国内の反対派を一掃するとともに、新羅に対して攻勢を開始し大耶城《テヤ》を奪う成果を挙げた。高句麗では六四二年に大臣淵蓋蘇文《えんがいそぶん》が栄留王《えいりゅうおう》を殺害し、宝蔵王《ほうぞうおう》を立てて専権体制を確立した。これらの背景には唐が六三〇年に東突厥を降伏させることに成功させたことがある。その当初、唐は東アジアに対して積極的な行動は起こさなかったが、無言の圧力を受けるなかで三国の均衡が崩れたのである。

倭国では六三九年には恵隠《えおん》ら、六四〇年には高向玄理《たかむこのくろまろ》らが新羅を介して帰国しているが、新羅が便宜

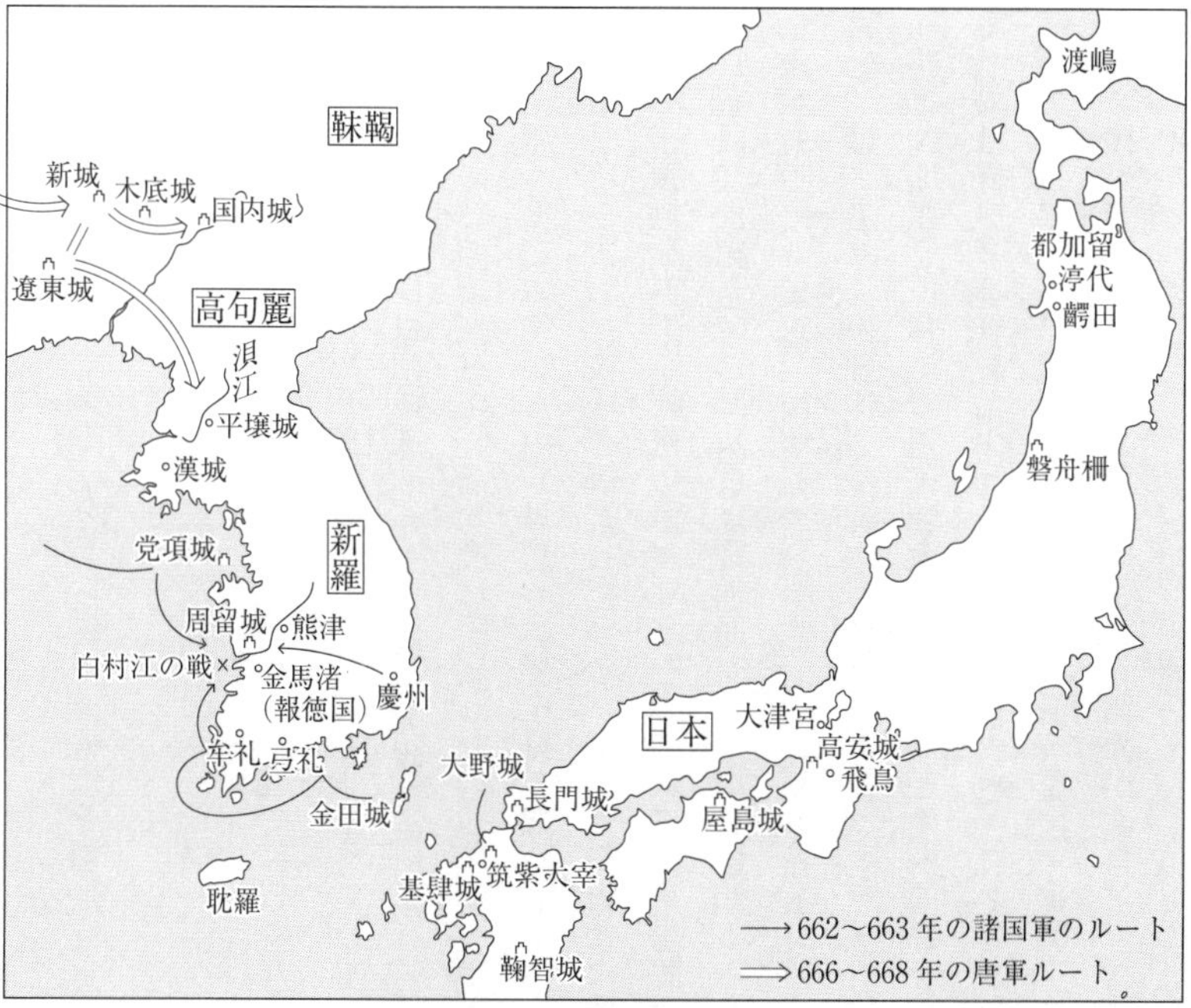

7世紀の半島情勢と列島

をはかることで倭国との友好関係を維持ながら半島情勢に対応しようとしたものである。唐から陸続と知識人が帰国するなかでその教えを受けた有力者子弟らの主導権争いが顕在化し、六四五年に乙巳《いっし》の変《へん》が起こる。大臣家を中心に権力集中を目指した蘇我蝦夷・入鹿の滅亡によって大臣専制型の中央集権化は否定されたが、百済ほどの国王専制型にもならなかった点で倭国における王権の脆弱性がうかがえる。一方、新羅は親唐政策を採ることで孤立化をさけようとしたが、新羅王権の正当性をめぐって対立が生じた。六四七年に上大等《じょうだいとう》の毗曇《ひどん》が反乱を起こしたが鎮圧されるなかで、善徳《ぜんとく》女王は不審な死を遂げた。とはいえその後、同じ真骨の真徳《しんとく》女王が即位していることから新羅王権はその地位を確立したといえる。

東アジアのエスノセントリズム

七世紀半ばに中央集権化を進めた諸国は周辺にもその力を及ぼし、周辺との政治的関係を秩序化しようとする。その際に思想的フレームとして機能したのが仏教と中華思想であった。

もっとも早くに自国中心的な世界観を発現させたのは高句麗である。すでに広開土王《こうかいどおう》碑に奴客《ぬきやく》・帰王《きおう》・跪王《きおう》などの語が見え、高句麗に服属した周辺集団を上下関係で律している。これらの語に含まれる「客」「帰」などの字から中華思想の影響を見て取れる。四〜五世紀の段階で高句麗は周辺の新羅・濊《わい》・東沃沮《よくそ》などを含めた秩序を構築していた。下って隋唐との戦争においても靺鞨を動員するなど、周辺に対して影響力を実際に行使しており、その関係に中華思想を利用していた可能性がある。

百済は五世紀末の一時滅亡以後加耶への進出をはかるようになるが、その際に加耶を「蕃《ばん》」と見なす意識があった。また、南西部の島である耽羅《たんら》を服属させており、耽羅王に佐平《さへい》の官爵を授けた。『日本書紀』によると「南蛮忱彌多礼《とむたれ》（＝耽羅）」と記されており、中華思想に基づいて南蛮と位置づけていた。

新羅は加耶を併呑する過程で金官国の王族と婚姻関係を結ぶなど、百済のように加耶を「蕃」扱いする意識は低い。七世紀前半の皇竜寺《ファンリョンサ》九層塔は、建立すれば隣国が降伏し、「九韓」が来貢するという伝承をもっていた。隣国とは高句麗・百済・倭国・靺鞨を指し、新羅の外敵認識が見て取れる。ただし、他国に比べて自国中心意識は低いという側面がある。

倭国は七世紀前半に仏教を基軸とした中心意識が発現する。その象徴が、百済の工人により作られた須弥山石《しゅみせんせき》である。須弥山石は飛鳥寺《あすかでら》西広場に設置され、蝦夷や南島人などの饗応において中心と周縁の関係を強調する装置として機能した。また、七世紀半ばに中華思想を取り込み、周辺集団を夷狄《いてき》と見なした。斉明朝の遣唐使は夷狄と位置づけた蝦夷を帯同し、倭国中心の世界秩序を唐に誇示している。

七世紀半ばまでに各国は仏教あるいは中華思想を基盤とする自国中心の対外秩序を形成した。ここで注目すべきは、この時点ではその中心―周縁関係が、高句麗・百済・新羅・倭国相互には及んでいないことである。文化的あるいは礼制上自らを優位に立つものとして意識することはあるものの、この四ヵ国は少なくとも外交上は対等な関係を保っていた。

2　律令制国家群の登場

百済の滅亡と白村江

百済と高句麗にはさまれ不利な環境にあった新羅は、親唐的立場を鮮明にするとともに、もっとも早く国制改革に乗り出した。六五〇年に唐年号を採用し、独自の年号使用をやめる。六五一年に官制を改め、執事省以下中国風官制に整えた。同年に新羅は唐服を着た使節を倭国に派遣しており、親唐政策を対外的にも示している。六五四年には理方府格を制定した。その内実は不明瞭であるが、中国的な集権的法治国家を指向しながら唐を慮り律令制定を避けたものと許し得る。新羅における中心意識の希薄さが早い唐制の導入を可能にした。

これより先、泉蓋蘇文のクーデターを名分に反するものとして、唐太宗《たいそう》は三次にわたる高句麗への出兵（六四四〜六四八）を行なったが、成果を挙げることはできなかった。いっぽう、百済との対決が避けられなくなった新羅は唐を動かしてその挟撃を狙った。蘇定方《そていほう》が率いる唐軍と金官国王族の出自をもつ金庾信《キムユシン》が攻め込み、六六〇年に百済は滅んだ。義慈王以下の王族らは長安に連行され、旧百済地域には熊津都督府が設置された。

百済統治は当初から難航し、遺臣たちによる復興運動が各地で起こった。中でも大きな勢力であったのが、道琛《トチム》や鬼室福信《きしつふくしん》のグループであった。福信らは百済王権復興のために倭国に滞在していた王族豊璋《ほうしょう》を呼び寄せることを画策した。倭国もこれを奇貨とし、豊璋に倭国の冠位を授けて帰国させた。ここにおいて倭国は百済を自らの国際秩序に包摂することを目論んだ。ところが、うまくいくかに見えた復興運動は、内紛によって失速する。福信を殺害した豊璋と倭国軍は唐・新羅連合軍と戦うが、国造軍の集合体として統率がとれず、加えて戦術的無策によって白村江《ペクチョンガン》《はくそんこう》において大敗を喫した。豊璋は高句麗に逃げ、復興運動は完全に瓦解した。

唐に降伏し白村江後の唐の半島政策に携わった旧百済貴族の禰軍《でいぐん》の墓誌には、白村江後の情勢について「日本の余噍《よしょう》、扶桑に拠りて以て誅《ちゅう》を逋《のが》る」と記す。墓誌に記された「日本」が倭国を指すのか、あるいは百済のことか見解は分かれているが、いずれにせよ反唐勢力が列島に残存していると見なされていた。唐や新羅の来襲を恐れた倭国は百済人の築城技術を採用して、交通の要衝に大野城や高安城など朝鮮式山城を築城した。実施の意図はともあれ唐は倭国攻撃を標榜しており、白村江後も対馬海峡を挟んだ軍事的緊張は継続していた。

こうした状況下で耽羅が六六一年に倭国に使節を派遣している。七世紀前半の中央集権化で抑圧された周縁地域が、百済滅亡後にその政治的制約から放れて単独で外交を展開したのである。耽羅の使者は佐平など百済の官位を名のっており、百済官制を利用しながら権力を構築し独自に行動しており、国として発展する可能性を秘めていた。

白村江の敗戦は地域豪族の没落を促し、いっぽうで唐・新羅を警戒するための軍役を多く必要としており、倭国の中央集権化は急速に進んだ。それに棹差したのが亡命百済人である。百済復興の破綻は、百済の貴族や知識人の倭国への亡命という現象を引き起こした。中には百済王族の余善光《よぜんこう》等もおり、倭国の中に百済亡命政権が包摂されたかのような様相を呈していた。

三国の統一

唐は六六四、六六五年に新羅と熊津《ウンジン》都督府とのあいだに会盟を行なわせた。これは百済旧領と新羅の分割を半島統治の基軸とすることを示すものであった。高宗《こうそう》は六六六年に封禅の儀式を挙行し、東アジアにおける唐の覇権を誇示した。このころ高句麗で唐を退け続けた泉蓋蘇文が死去し、その三人の息子に後事が託される。しかし、三人のあいだに亀裂が生じ、長男の泉男生《せんだんせい》は唐に亡命し、これを契機として唐は高句麗攻撃にふみ切り、六六八年に高句麗は滅亡した。

高句麗においても復興運動は展開したがほどなく鎮圧され、六七〇年に高句麗王族の安勝《あんしょう》が新羅に亡命した。新羅は高句麗王に封じ（小高句麗国）、高句麗を従える新羅という国際秩序を作ろうとした。こうした行為は唐の認めるところではなく、新羅と唐の関係は急速に悪化した。そして新羅は旧百済領への軍事侵攻を開始し、六七一年に百済旧都の泗沘《サビ》を占領、唐の半島占領軍と軍事的衝突という事態に陥った。唐に対して謝罪と弁明をしながら、旧百済領の実効的支配を進めるという二重外交を展開した。

この前後に、熊津都督府も滅んだはずの百済を自称する使者を倭国に派遣している。百済への協力を要請することによって、倭国が新羅に利する外交姿勢を示すことを牽制しようとするものであった。

新羅も唐との交戦における挟撃を避けて後背を安定化させるために、六七〇年代に倭国に対しては低姿勢かつ頻繁な外交を行なった。ただし、そうしたなかにおいても東アジアに生息しない鳥獣を信物として贈ることで自らの国際ネットワークを誇示したり、小高句麗国を帯同させることで新羅に従う高句麗という関係を見せるなど、国際関係における新羅の優越性を内に含むものであった。倭国の側も防衛体制の構築が急務であったことと、六七二年に倭国最大の内乱である壬申《じんしん》の乱が起こり、その事後処理が最優先課題であったことから、新羅との外交関係を受け入れた。

六七四年に唐は本格的に新羅攻撃に乗り出したが、新羅軍の前に苦戦した。六七六年に撤退を余儀なくされる。六七八年に再び遠征を計画するが、折から吐蕃《とばん》の侵攻が緊急の外交課題として浮上し、計画は立ち消えになった。以後、唐は吐蕃との対決に重点を置き、東アジアに対する介入は見送られるようになる。唐との戦争において新羅王権は、戦争に消極的だった貴族を厳しく処罰している。唐軍の撃退に成功した新羅王権は急速にその権威を高めることになる。

戦後、新羅は半島の一元的支配を推し進める。小高句麗国に対しては六八〇年に安勝を文武王《ムンムワン/ぶんぶおう》の妹と結婚させ、さらに六八三年に蘇判の官位を授けることで新羅に吸収する。倭国に外交使節を派遣した耽羅も六九三年を最後に姿を消す。やはり新羅の政治的秩序のなかに組み込まれたのであろう。ここにおいて新羅は浿江《ばいこう》以南の地を統一することに成功したのである。それは、換言すれば高句麗・百済の滅亡によって萌芽した地域的自立の動きが再び抑圧されることでもあった。

東アジアの律令制国家

百済・高句麗の滅亡と唐の朝鮮半島からの撤退は、東アジアにおける政治的秩序の再構築という課題をもたらした。それは各国において主として唐型の中央集権国家の形成という指向性を有することになる。

倭国では、百済からの亡命百済知識人の官僚としての登用がその基礎となった。六七一年には沙宅《さたく》紹明《じょうみょう》を法官大輔に、鬼室集斯《きしつしゅうし》を学職頭に任じ、さらに谷那晋首《こくなしんす》や木素貴子《もくそきし》に兵法を担当させたように亡命百済人にもっとも期待されたのは法制と軍事であった。『日本書紀』には同年に「冠位法度之事」（近江令）が施行されたと記す。近江令の存否は見解の分かれるところであるが、前年には庚午年籍《こうごねんじゃく》が作られており、戸籍の作成にさまざまな事務手続きが必要であることを考えると、関連し合う単行法群があったことは認められるであろう。そこに百済の法的知識が反映されていたことも推測される。

いっぽう、六七〇年の派遣を最後に唐との往来は三〇年の断絶に入り、孝徳・斉明朝に唐に派遣された留学生の帰国が問題となるが、これを実現したのが新羅であった。唐軍は撤退したとはいえ潜在的な対立が継続している状況下で、新羅は倭国との関係を重視して留学生の帰国を仲介している。これによって土師宿禰甥《はじのすくねおい》・白猪史宝然《しらいのふひとほね》等が帰国できた。彼らが唐で得た知識は律令の編纂にあたって実務レベルで大きな役割を果たすことになり、七〇一年に大宝律令《たいほうりつりょう》が制定される。

早くから唐制を導入した新羅は統一後、百済や高句麗の旧臣の取り込みにあたって官位制を整備する必要性に直面し、統合した官位制を実現した。官制も中国的な六部の制度を実現した。地方制度では儒教的な九州認識に基づく地域区分を行なっている。新羅は唐の冊封下にあることを外交方針として採用したため、独自の律令は編纂しないものの理方府格に見られるように、格・式のスタイルで法制度を実現したと考えられる。

倭国や新羅が中国的な法的支配制度の実現を試みるいっぽうで、北東アジアにおいて新たな動きもあった。契丹《きったん》・李尽忠《りじんちゅう》の反唐蜂起とその挫折を契機として高句麗遺民および靺鞨《まつかつ》が自立し、六九八年に振国を建国した。当初唐から契丹残党と認識されていたが、七一三年に冊封を受けると渤海《ぼっかい》と称するようになる。渤海の建国初期の統治機構については判明しない点が多いが、三代文王大欽茂《だいきんも》のころには整備されて三省六部という唐の官司機構を模倣していた様子がうかがえる。

このように七世紀末から八世紀前半にかけて東アジアには一定の共通性をもった国家が成立する。それは、第一に統治技術として律令法あるいはそれに準じた法制の導入、第二に中央では唐の三省六部を模倣した官制、地方では州県制ないしそれに類似した地方行政区画の成立、第三に王権における嫡子相承制、第四に対外的な帝国秩序への指向性である。七世紀の戦時状況を乗り越えた国はいずれも、これらの要素を具備した律令制国家を構築したのであり、律令制国家群と総称すべきものであった。

3　律令制国家群の対立と衝突

対立の醸成

倭国は七〇二年に唐に対して国号を日本と改称したことを伝えた。それ以前に朝鮮半島に対して日本国号を使用していたかどうかは判然としない。国号の要件として外交文書における使用という点が挙げられるが、新羅との外交に文書が用いられるようになるのは八世紀に入ってからのことであり、七世紀は口頭での意思伝達であった。これをふまえると七世紀後半の朝鮮半島に対する日本国号使用には慎重であるべきだろう。

律令制国家群の一つの特徴は東アジア全体に及ぶ帝国秩序を相互に主張したところにある。日本は律令制国家を立ち上げると列島周辺を蝦夷（東夷《とうい》）、蝦狄（北狄《ほくてき》）、南島（南蛮《なんばん》）、隼人（西戎《せいじゅう》）と措定した。しかしそれにとどまらず、新羅を蕃国と位置づけた。蕃とは藩屛《はんぺい》の意であり、日本は新羅の宗主国という自意識を先鋭化させてその臣従を主張した。

国内においても持統朝に百済王族・余善光が百済王善光と記されるようになり、百済王氏として賜姓されたことがわかる。また、七〇三年に高麗若光なる人物に王姓を賜って高麗王氏とした。日本に亡命した百済や高句麗の王族を王として処遇し、かつ氏姓秩序に組み込むことによって百済・高句麗の王に

を示す．月次で線が中央から折り返しているのは，到着地から帰国させられたことを示す）

新羅使節		員　数	備　考	新羅王
金霜林			天武告喪 王子来朝，国政を奏請す	神文王
金道那			天武弔喪使	
金高訓			入唐学問僧らを送る	
朴億徳				孝昭王
金江南			神文王の喪を告げる	
金良琳			王子来朝，国政を奏請す	
金弼徳				
金所毛	入京			
金福護	入京		告喪使 三国史記による，金福護送使か	聖徳王
金儒吉	入京			
金信福	入京			

日本・新羅外交往来表（実線は日本側使節，点線は新羅側使節の動向

年次		天皇	日本使節	月次
687	持統元	持統	田中法麻呂	1 7
688	持統2			2
689	持統3			1 4 7
690	持統4			9 12
692	持統6		息長老	11
693	持統7			2 2 3
695	持統9		小野毛野	3 7
697	文武元	文武		10
698	文武2			2
700	文武4		佐伯麻呂	5 10 11
701	大宝元			1
703	大宝3		日本国使 波多広足	1 5 → 7 9
704	慶雲元		幡文通	8 10
705	慶雲2			5 10
706	慶雲3		美努浄麻呂	1 8
707	慶雲4			5
709	和銅2	元明		3 5

金元静	入京	20		
金長言	入京	40		聖徳王
金乾安	放還		元明太上天皇死去による	
金貞宿	入京	15		
金造近	入京			
金長孫	入京	$40+\alpha$	3年の年期を定める	
金相貞	入京			
			王城国問題	
金想純	放還	147		
				孝成王
金欽英	放還	187	三国史記による，日本国使至，不納	
金序貞	放還			景徳王
金泰廉	入京	700余	新羅王子来朝	

712	和銅5	元明	道首名	9	
713	和銅6			8	
714	和銅7			11	
715	和銅8			3	
718	養老2		小野馬養	3	
719	養老3		白猪広成	2 5 ⑦ ⑦	
721	養老5	元正		12	
722	養老6		津主治麻呂	5 12	
723	養老7			8 8	
724	神亀元		土師豊麻呂	8	
725	神亀2			5	
726	神亀3			5 7	
732	天平4		角家主	1 1 5 8	
734	天平6			12	
735	天平7			2	
736	天平8	聖武	阿倍継麻呂	2	
737	天平9			1	
738	天平10			1 6	
740	天平12		紀必登	3 10	
742	天平14		日本国使	2	10
743	天平15			3 4	
752	天平勝宝4	孝謙	山口人麻呂	1 ③	

			唐にて席次争長事件	景徳王
			新羅征討計画発動	
金貞巻	放還			
金体信	放還	211		
金才伯	放還	91	僧戒融の安否を問う	
金初正	放還	187	藤原清河の書をもたらす	恵恭王
金三玄	放還	235		
金蘭蓀	入京		迎耽羅漂着遣唐使使	
			万波息笛を求める	元聖王
			派遣停止	昭聖王
			遣唐使船漂着時保護要請使 新羅と日本，交聘結好	哀荘王
			進物黄金300両 遣唐使消息探索使	
			新羅，朝元殿で引見	
			使を礼遇	
			遣唐使船漂着時保護要請使	興徳王
李少貞	放還		張宝高失脚通知および事後処理	文聖王
				景文王
			朝元殿で引見	憲康王
			進物黄金300両，明珠10箇	
新羅国使			日本に漂着	
徐善行	放還		漂着送還謝恩使	

		孝謙		7 ⇢
753	天平勝宝5		小野田守	1 2 → ← 8
759	天平宝字3			8
760	天平宝字4	淳仁		9 ⇄
763	天平宝字7			2 ⇄
764	天平宝字8			7 ⇄
769	神護景雲3	称徳		11 ⇢
770	宝亀元			3 ⇢
774	宝亀5			3 ⇄
779	宝亀10	光仁	下道長人	2 → 7 ← 10 ⇢
780	宝亀11			2 ⇢
786	延暦5		日本王使	→ 10
799	延暦18		大伴峰麻呂	4 ↓ 5
803	延暦22	桓武	斎部浜成	3 → 7
804	延暦23		日本国使 大伴岑万里	→ 5 9 →
806	大同元		日本国使	→ 3
808	大同3	平城	日本国使	→ 2
836	承和3	仁明	紀三津	⑤ → 10 ←
842	承和9			1 ⇄
864	貞観6	清和	日本国使	→ 4
878	元慶2	陽成	日本国使	→ 8
882	元慶6		日本国王使	→ 4
884	元慶8			⇠
885	仁和元	光孝		4 6 ⇢

対する天皇の優越を打ち出す施策であった。

日本は律令制的な国家的秩序の構築において新羅や百済・高句麗に君臨する帝国たる形式を整えようとした。なお、高句麗に対する施策は七二七年から通交を開始する渤海の出現によって、渤海を「倭国に従った」高句麗の継承国として蕃国として位置づけ直す。そのため高麗王氏は政治的な意味を失っていく。

こうした帝国秩序はあくまでも日本が仮想したものにすぎず、他国の容れるところではなかった。新羅は八世紀初頭までは唐との関係に課題を残していたため日本の主張に対して慎重に対応したが、七三五年に唐が浿江以南の領有を正式に承認すると対日本外交の方針を切り替える。同年に新羅使が日本に対して王城国と名のり放却処分を受けている。王城とは仏教における中心地としての意味をもち、もともと仏教国としてのアイデンティティを強く有していた新羅が、自らの仏教的中心意識を他国に対して主張するようになったものである。

渤海も七二七年に日本と通交した時にもたらした国書に「濫《みだ》りに諸蕃を摠《す》べ」と記しており、自国周辺の靺鞨諸部を自国に従うべき属民と見なす意識を有していたことが見て取れる。そのいっぽうで日本に対しては対等な隣交を述べている。七七二年の国書にも渤海王は自らを「天孫」と称しており、こうした文言から附庸国意識は微塵もうかがえない。

七世紀にもエスノセントリズムは東アジア諸国において発現していたが、前述のように東アジアという空間の中で一定の住み分けがなされていた。それと八世紀における帝国秩序との大きな違いは、律令制的帝国秩序の導入によって各国の想定する秩序領域が東アジア全域に及ぶようになるため、相互の帝国秩序における相手国の位置づけに齟齬が生じ、政治的衝突は必至とならざるを得なかったことである。

服属関係の正当化

日本は新羅や渤海を自らの帝国秩序に組み込むために、儀礼の整備と歴史認識の構築という方策からその実現をはかった。

律令制国家の帝国儀礼として最も重要なのが元日朝賀である。朝賀は唐の元会を範に取った儀礼であり、それへの参加は天皇への臣属を表すものとして新羅や渤海に天皇の勢威を視認させる目的を有していた。

また、朝賀の後に饗宴が催されるが、その際に諸方楽《しょほうがく》が奏される。これは天皇が諸地域の風俗歌舞を見ることによって支配の確認をする、律令制以前における国見儀礼を起源とするものである。これに関連して七三三年に雅楽が確立するが、唐・朝鮮三国の楽も定められる。これは外国使節を律令制下の儀式に参加させ、日本との支配―従属関係を確認・強調する中国的礼制を組み合わせたものといえる。

木簡「依遣高麗使廻来天平宝字二年十月廿八日進二階叙」（平城宮跡出土、奈良文化財研究所画像提供）

歴史認識については持統朝のころから新羅服属という「歴史」が形成される。六八九年には新羅を「日本遠皇祖神の代より舳《へ》を並べ楫《かじ》を干さざる奉仕の国」と呼んでいるが、ここでは神代からという漠然としながらも新羅服属の根拠を歴史に求めようとする傾向が現れている。

それが明確なかたちをもつようになったのが七二〇年の『日本書紀』の編纂である。神功皇后紀《じんぐうこうごうき》が成立し、「三韓征伐」によって朝鮮三国が日本へ服属するようになったという「歴史」を作り上げた。持統朝には神代に設定されていた服属起源は、因果関係を明確にしたうえで神功皇后の時代に再設定された。そして、こうした歴史像が日本の支配者層に共有される契機として注目されるのが講書《こうしょ》である。『日本書紀』を解説しながら読む国家行事であり、これによって官人層に神功皇后伝承が受容されることとなった。

その影響として注目されるのが七二四年における神功皇后を祀る香椎廟《かしいびょう》の成立である。日本は律令制の導入にともなってその土台となる中国礼制も継受しようとするが、親族構造を基軸とする祖先祭祀についてはそれが困難であり宗廟制は取り入れられなかった。皇祖神を祀る伊勢神宮すら廟ではない。ところが香椎廟のみ唯一の例外として廟と位置づけられた。これは神功皇后という「人」を祭祀対象とするためであり、日本における三韓征伐伝承の政治的重要性とともにそれが新しいものであったことを示している。

法解釈のうえでも新羅服属意識は展開するようになる。七三〇年代に大宝令の注釈書として『古記』が成立したが、公式令詔書式条の注釈として「隣国は大唐、蕃国は新羅」と明記している。

服属の根拠を歴史に求める手法は渤海に対しても用いられる。渤海は高句麗の正統を継承した国家であることを標榜したが、そのイメージは東アジアに勢威を振った強国としての高句麗であった。これに対して日本は、藤原仲麻呂《ふじわらのなかまろ》政権期に渤海を高麗と呼んだように高句麗継承国であることを承認していたが、それは七世紀半ばにおいて対唐戦争のために倭国の外交姿勢に歩み寄って辞を低くした高句麗であった。七五三年の渤海宛国書には『高麗旧記』という書から高句麗が倭国に対して臣と称した先例を持ち出しており、倭国に従う高句麗という歴史像を日本と渤海の関係にも当てはめようとした。

日本は帝国秩序を新羅や渤海に受容させるために君臣関係が過去から続くものであることを強調した。それは日本の対外意識の硬直化をもたらすことになった。

緊張の増幅

八世紀に入ると日本と新羅の関係は急速に悪化するが、そこにはいくつかの原因が複合的に積み重なっている。そのもっとも大きな要因は白村江世代の退場である。白村江後の流動的な国際関係において倭国と新羅の支配者層は、唐の軍事的介入という不確定要素に直面しながら柔軟的かつ現実的な外交関係を構築した。それを代表する人物が藤原不比等と金順貞《きんじゅんてい》である。両者はそれぞれの国において帝国秩序を備えた律令制国家の成立に大きく寄与した人物であるが、そのいっぽうで日羅関係の調整に意を注いだ。彼らはそれのみでは外交的に破綻しかねない君主間外交のほかに交渉のチャンネルを開放することによって外交を補完する大臣外交を展開し、その破局を回避する努力を重ね続けた。しかし、不比

黒水靺鞨
室韋
越喜靺鞨
鉄利靺鞨
虞婁靺鞨
契丹
上京龍泉府
東京龍原府
旧国(敦化)
扶余府
中京顕徳府
営州
西京鴨渌府
渤海
渡嶋
南京南海府
野代
秋田城
鉄闥関門
浿江
都里鎮
多賀城
何瑟羅
新羅
福良津
慶州
毛伐郡城
日本
平城京
大宰府
怡土城
0
1000km

8世紀の列島と半島

等は七二〇年、金順貞は七二五年に死去している。これと前後して対立が顕在化しつつあったが、それはこの後に登場する世代が律令制国家を所与のものとして育っており、相手国の従属を前提とする帝国秩序を実現するための外交政策に舵を切ったことによる。

日羅間の緊張関係は、七二二年に半島東岸部に毛伐郡城《もうばつぐんじょう》が築かれており、このころから対立が深刻化しつつある状況がうかがえる。『三国史記』によると、七三一年に日本の兵船が新羅に来襲した。日本側の史料からこの一件は確認できず、事実関係は不明である。日本では長屋王の変など国内不安とともに対外情勢を背景に七三一年に鎮撫使《ちんぶし》、七三二年に節度使《せつどし》が設置され、軍事力の発動が容易な体制になっていることを考えると、全くの虚講とも断じがたい。

これに先立って七二七年に渤海が日本に遣使して外交関係が成立した。渤海は二代王大武芸《だいぶげい》のもとに周辺への拡大を目指し、唐と対立する。七三二年には黒水靺鞨をめぐって登州を攻撃する挙に出た。唐は反撃し、新羅も同調した。これによって唐と新羅の関係は好転し、七三五年の新羅の浿江以南領有承認につながる。このことは新羅にとって外交における日本の重要性の低下を加速させることになる。

七三五年の新羅の王城国自称に対して、翌年に日本は使節を派遣するが交渉は不調のままにおわり、七三七年に朝廷は新羅に対する対応を五位以上の官人に諮問し、詰問と征伐の二つの意見が出された。朝廷内の意向が不統一であり、最終的な対応は伊勢や香椎など神社への神頼みに止まったが、「新羅征討」が課題として出現したのは神功皇后伝承の官人層への広がりとして注目すべきであろう。

このころ天然痘の流行が社会不安を引き起こしているが、遣新羅使が天然痘の伝染の媒介になった可能性もある。国際的な流通は文物・制度などに限られないのである。天然痘を契機として毘盧遮那仏《びるしゃなぶつ》いわゆる大仏の造営が行なわれ、七五二年に開眼会が催される。日本・新羅は華厳経《けごんきょう》による鎮護国家を重視しており、仏教国家を自認する新羅にとっても無視し得ないイベントであった。それゆえ新羅から王子金泰廉《きんたいれん》以下七〇〇人（ただし半数が送使）に及ぶ使節が到来した。日本にとっては新羅蕃国視を満足させるものであったが、緊張緩和には至らず、この後再び悪化する。対立の場は唐にまで及び、七五三年の唐の元会における席次をめぐって争長事件が発生した。この時は日本の主張が通ったようであるが、対立は引き返すことができないところまで進んでおり、七五六年には糸島《いとしま》半島に怡土《いと》城を築いている。

「新羅征討」計画

玄宗《げんそう》によるいわゆる開元・天宝の治を謳歌していた唐の破局は突然訪れた。七五五年に平盧《へいろ》・范陽《はんよう》・河東節度使を兼任していた安禄山《あんろくざん》が叛旗を翻し、あしかけ九年に及ぶ安史《あんし》の乱が起こる。これは東アジアにも大きな影響を及ぼした。

新羅は七五七年に玄宗が避難していた蜀《しょく》に遣使しており、乱においても親唐政策を堅持している。ただし、沿岸地域に海賊が出没するようになり、海辺の防衛に迫られる。いっぽう、渤海は乱の後背地にあたるため唐が乱鎮定の協力を要請するが、乱の影響が及ぶのを警戒して慎重な姿勢をとっている。日本は乱の発生から三年後に渤海を通じてようやくその情報に接しており、国際情報に対する疎さが見て取れる。しかし、唐が内乱で国際関係に介入する余裕がないことを見抜き、渤海と軍事同盟を結び新羅に対する軍事力発動を目指した政策を展開する。七五九年に行軍式を制定、香椎廟へも奉幣《ほうべい》して三年間の準備期間を設けた。こうした軍事政策が可能になった背景には、桃生城・雄勝城の造営など東北地方における対蝦夷政策が一段落したことも大きな要因であった。七六一年には節度使を設置して対外遠征軍の編制まで進んでいる。七六二年に準備期間が満了し、香椎廟以下の天下神祇に奉幣した。七三〇年代には意見の一つにすぎなかった「新羅征討」は実行目前にまで迫っていた。

ところが、これ以後計画に関する政策は現れなくなり頓挫する。その原因としては対外的・国内的両面を挙げられる。対外的には渤海の情勢変化が考えられる。七六二年に渤海は唐から国王号を授かっており、唐渤関係が改善されている。乱自体も収束に向かいつつあり、新羅を攻撃することで唐との対立に陥ることを渤海が避けようとした可能性がある。国内要因としては七六〇年に光明《こうみょう》皇太后が死去しており、計画を推進していた藤原仲麻呂政権の権力基盤が崩れ始める。七六二年には孝謙《こうけん》太上天皇と淳仁《じゅんにん》天皇の対立が明確化しており、戦争を実行する状況ではなくなりつつあった。七六三年、節度使が廃止され、計画の中止が確定する。仲麻呂は七六四年に追い込まれて反乱を試みるも鎮圧され琵琶湖畔で斬られた。

回避されたとはいえ、戦争直前まで悪化した日本と新羅の外交関係は修復が困難であった。また、日本の新羅蕃国視とその強要はその後も継続し、対して新羅はそうした要求に応じなかった。そのため両国の外交関係は急速に衰えていくことになる。

三　解体する東アジアとその再編

1　律令制国家群の変容

中国的専制化の破綻

七世紀後半に東アジア各国に出現した律令制国家群は中国的専制化を目指したが、それは形式的な面に強く表れた。日本では藤原仲麻呂政権が官制の中国風化に変えた。孝経を家ごとに備えさせるなど儒教尊重の政策を打ち出し、官名を中国風に変更した。このような仲麻呂政権の方針は唐風イデオロギー重視として評価されがちであるが、他国においても同様の政策が看取される。新羅では七五七年に州名を二字から中国的な一字に改め、七五九年には中国風の官号改称が実施されている。これらの背景にあるのは対唐関係の改善と中国的礼制の導入であった。渤海でも八世紀前半に唐風の官名が採用されており、安史の乱の時期に府州県の中国風改名が行なわれている。列島と半島の諸国は、律令制国家群という中国化への指向性を外形的な国制の模倣というかたちで実現しようとした。

しかし、八世紀後半にいずれの国も例外なく混乱に直面する。それは特に王位継承において顕著である。日本は仲麻呂の乱後に孝謙が重祚《ちょうそ》したが（称徳）、未婚の女帝である称徳の存命中に後継を定められず、和気王《わけおう》誅殺や道鏡《どうきょう》事件などの政変が生じている。結果として称徳死後に天智《てんじ》の孫にあたる光仁《こうにん》

律令制国家群における王位の直系継承

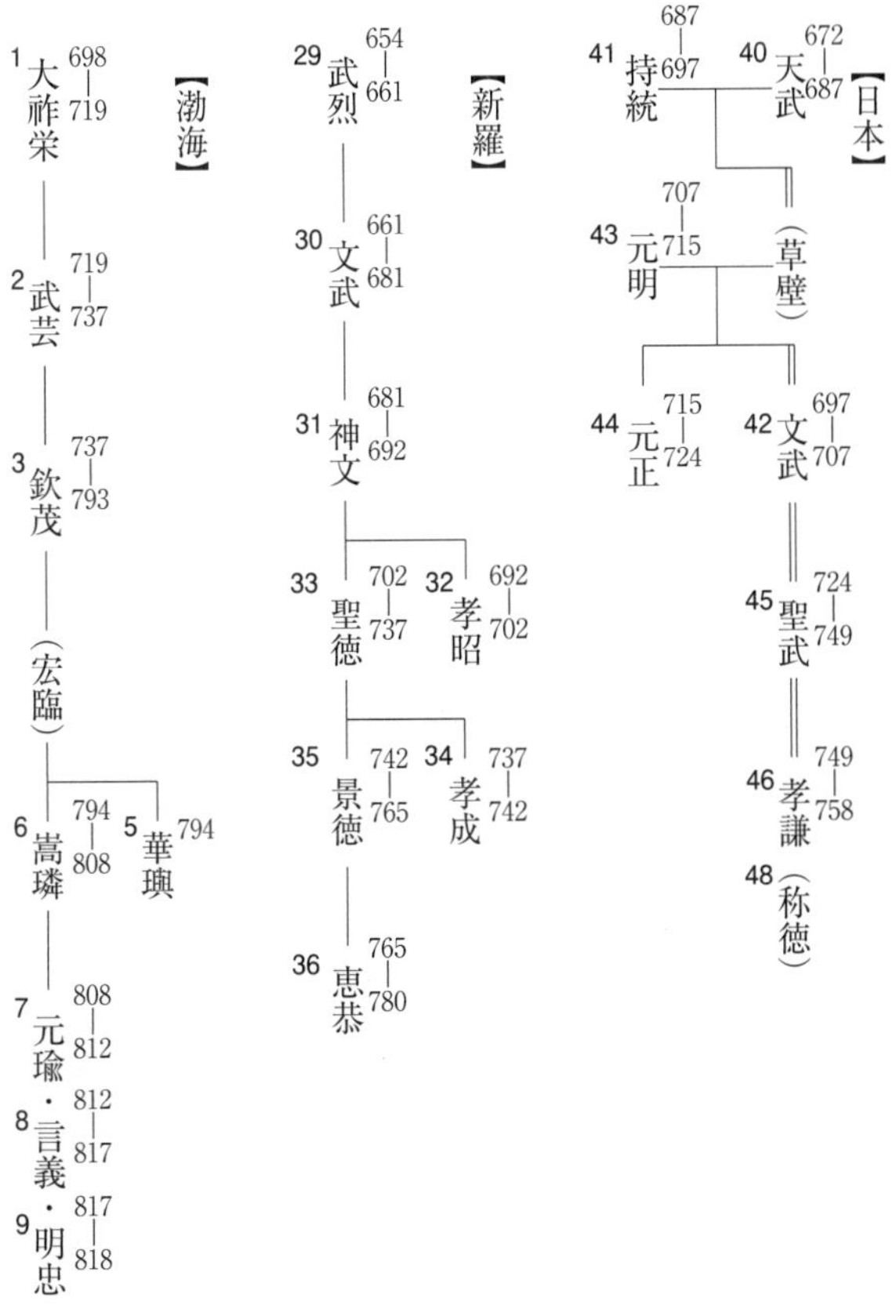

※4元義は祚栄の兄弟の孫、もしくは祚栄の父（乞乞仲象）の兄弟の曽孫（石井正敏説による）

次で線が中央から折り返しているのは，到着地から帰国させられたことを示す)

渤海使	員数	到着地		備　考	渤海王
高斉徳	24	出羽	入京	大使高仁義遭難	大武芸
己珎蒙		出羽	入京	遣唐使帯同，大使胥要徳遭難	大欽茂
	1100	出羽	放還	渤海・鉄利慕化来朝	
慕施蒙	75	越後国佐渡嶋	入京		
楊承慶	23	越前	入京		
高南申		対馬	入京	迎入唐大使使同行 迎入唐大使使のうち88人帰国	
王新福	23	越前国加賀郡	入京		
				多治比小耳ら赴かず，板振鎌束渡航	
壱万福	325	出羽国野代湊	入京		
		能登福良津		暴風のため漂流	
烏須弗	40	能登	放還		
史都蒙	187	越前国加賀郡	入京	大宰府を目指すも漂着	

日本・渤海外交往来表（実線は日本側使節，点線は新羅側使節の動向を示す．月

年次		天皇	使節名	日本使節	月次
727	神亀4				9
728	神亀5		送渤海客使	引田虫麻呂	2 4 6
730	天平2				8
739	天平11	聖武			7
740	天平12		遣渤海使	大伴犬養	1 2 4 10
746	天平18				
752	天平勝宝4	孝謙			9
753	天平勝宝5				6
758	天平宝字2		遣渤海使	小野田守	2 9
759	天平宝字3				2 10
760	天平宝字4	淳仁	送高南申使	陽侯玲璆	2 11
761	天平宝字5		遣高麗使	高麗大山	10
762	天平宝字6		送高麗人使	多治比小耳	10 11
763	天平宝字7				2 10
771	宝亀2				6
772	宝亀3		送渤海客使	武生鳥守	2 9
773	宝亀4				2 6 10
776	宝亀7	光仁			12

				途次「遠夷之境」漂着	
張仙寿		越前国三国湊	入京	張仙寿らを送る	
高洋粥	395	出羽	放還	渤海・鉄利，慕化入朝	大欽茂
李元泰	65	出羽	放還		
				越後より帰国	
呂定琳	68	出羽	入京		
大昌泰		隠岐国智夫郡	入京	6年の年期通達	大嵩璘
高南容			入京		
高南容			入京		大元瑜
王孝廉			入京		
				帰国途次遭難，越前安置	大言義
慕感徳					
李承英			入京		
王文矩		出雲	入京		
高貞泰	101	加賀	放還		大仁秀
高承祖	103	隠岐	入京		

777	宝亀8	光仁	送高麗使	高麗殿継	5
778	宝亀9		送高麗客使	大網広道	9 12
779	宝亀10				2 9 12
786	延暦5	桓武			9
787	延暦6				2
795	延暦14				11
796	延暦15		送渤海客使	御長広岳	5 10
798	延暦17		遣渤海使	内蔵賀茂麻呂	4 12
799	延暦18			滋野船白	4 9
809	大同4	嵯峨			10
810	弘仁元		遣渤海国使	林東人	4 5 9 12
810	弘仁元				1 4 10
814	弘仁5				9
815	弘仁6				1 5
816	弘仁7				5
818	弘仁9				
819	弘仁10				11
820	弘仁11				1
821	弘仁12				11
822	弘仁13				1
823	弘仁14	淳和			11
824	天長元				5
825	天長2				12

王文矩	100	但馬	放還	年紀通達	大仁秀
賀福延	105	長門	入京		大彝震
王文矩	100	能登	入京		
烏孝慎	104	能登	放還		
李居正	105	隠岐	放還		大虔晃
楊成規	105	加賀	入京		大玄錫
崔宗佐		薩摩甑島 肥後天草郡		入唐渤海使漂着 入唐渤海使漂着	
		石見		入唐渤海使漂着	
楊中遠	105	出雲	放還		
裴頲	105	加賀	入京		
王亀謀	105	出雲	放還		
裴頲	105		入京	12月に伯耆に到着とする記事もあり	
裴璆		伯耆	入京		
裴璆	105	若狭	入京		大諲譔
裴璆	93	丹後	放還		東丹国王

826	天長3	淳和			5
827	天長4				12
828	天長5				4
841	承和8	仁明			12
842	承和9				4
848	嘉祥元				12
849	嘉祥2				5
859	天安3	清和			1 7
861	貞観3				1 5
871	貞観13				12
872	貞観14				5
873	貞観15				5 7
874	貞観16				6
876	貞観18	陽成			12
877	元慶元				6
882	元慶6				11
883	元慶7				5
892	寛平4	宇多			1 6
894	寛平6				5
895	寛平7				5
908	延喜8	醍醐			1 6
919	延喜19				11
920	延喜20				6
929	延長7				12
930	延長8				6

が即位し、天武系から天智系へ皇統が移動した。新羅では七六五年に唐風化を推進した景徳王《けいとくおう》が没し恵恭王《けいきょうおう》が即位すると官号が元に戻されており、新羅王権の専制化に反対する勢力の巻き返しがあったことがうかがえる。恵恭王は七八〇年に内乱によって殺され、武烈王の嫡系継承は途絶えた。以後、新羅では反乱が多発し、政治が不安定化した下代に入る。渤海は文王大欽茂《だいきんも》の長い治世の中で安定していたが、かえって嫡子の宏臨《こうりん》が早世することになる。七九三年の欽茂没後には嫡系ではない一族の元義《げんぎ》が即位するも国内の反発を受けて殺され、欽茂嫡孫の華璵《かよ》が跡を継ぐがすぐに死去している。律令制国家群の特徴の一つに王権の直系継承への希求性が挙げられるが、いずれも破綻している。文明を生み出した先進国としての中国に対して、周辺の東アジア諸国では社会体制がいまだ王権の直系継承を定着させる段階に至っていなかった。それゆえ中国的システムに対する上からの先駆的導入が破綻することは必然的な帰結であった。

王権外交の衰退

こうした政治的動向のもとに外交関係も変質した。特に下代となった新羅の政治的不安定化は著しく、唐との関係は維持するものの、八世紀前半以来対立的であった日本との王権外交は九世紀になるとほとんどなくなった。

いっぽうで日本と渤海の関係も変質する。その大きな転機となるのが国書開封権問題である。王権外交において国書は君主の意思を象徴するものであり、相手国君主の面前で開封されるべきものであった。

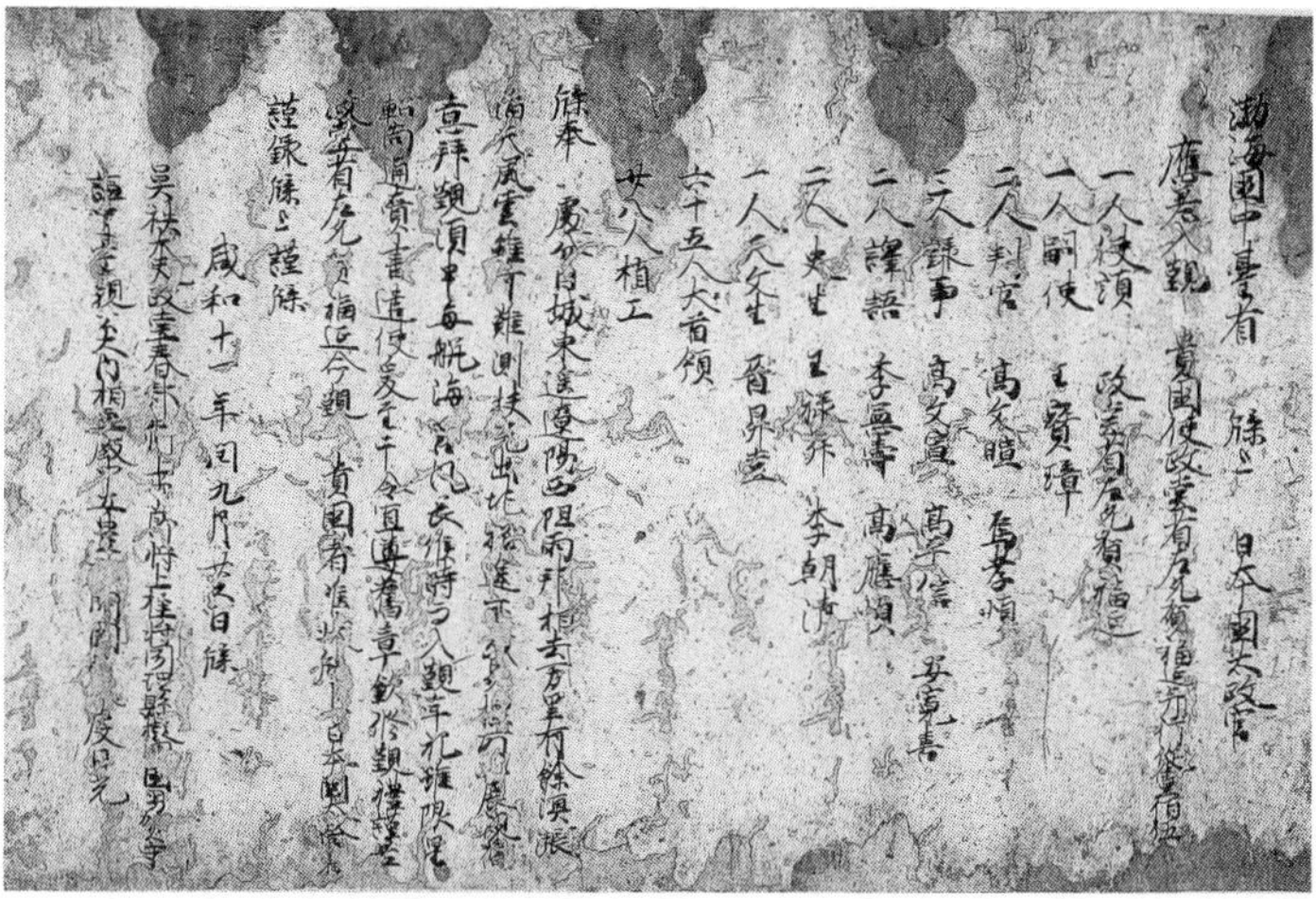

渤海国中臺省牒（宮内庁書陵部所蔵）

日渤外交において日本は慰労詔書、渤海は啓《けい》という形式で国書のやり取りが交わされたが、七七二年に渤海使壱万福《いちまんふく》がもたらした国書が日付の下に官品・姓名を記さず、また渤海王に対して「天孫」という語を用いたということが無礼であると問題になり、日本において国書を書き直しさせるという異例の事態となった。日本は渤海使が来朝に際し大宰府に来ることを指示したが、それとともに大宰府に、渤海使が持参した外交文書（国書を含む）を開封して調査する権限を認めた。七七九年には新羅に対してもこの措置を敷衍している。天皇の目前で外交問題が生じることを回避するための措置であるが、渤海王の国書を日本の下部機関が開封するという点において王権外交は破綻しかかっていると評し得る。

　渤海は在地首長である首領を使節に参加させ、対日外交において付随的に行なわれる交易の利得を共有することによって王権への求心力を高めることをはかった。宮内庁書陵部所蔵壬生家文書に咸和十一年（八四一）付の渤海中臺省牒の写しが残されているが、それによると到来した渤海使一〇五人のうち船員二八人に対し過半となる六五人が首領であった。渤海使のアンバランスな構成は、首領が特殊な位置づけであったことをうかがわせる。派遣される渤海使の人数も九世紀前半以降一〇五人前後で推移しており変動が少ない。また、定期的で頻繁な派遣を志向しており、当該期の渤海の派遣の意図が一貫して交易にあったことを示唆する。

いっぽう、日本は新羅との外交の破綻によって、服属国としての蕃国を渤海に求めることになる。その点で渤海使は歓迎すべき出来事であり七九八年に来航年限を六年一貢と定めたものの渤海の要請によりこれを撤廃した。しかし、過度の到来に対する負担が財政難の一因となり、一紀一貢すなわち一二年に一度という年限を設けることで帝国秩序を維持しつつ経済的負担を軽減しようとした。しかし、これは渤海側の承服するところではなく、渤海は入唐僧の手紙の仲介などさまざまな理由に託《かこつ》けて日本への派遣を画策した。その来貢は八二六年に藤原緒嗣《ふじわらのおつぐ》によって「商旅」と指弾されている。ただ、こうした問題があったとはいえ、渤海の滅亡による日渤外交の終焉まで一二年一貢は維持された。

日渤外交は、東アジアの重層的な国際関係を前提に政治的関係を深める外交から、外交関係を維持しつつ両国が自国の国内情勢を意識しながらそれを外交に反映させようとする形態へと変化したことが見て取れる。九世紀における日渤外交のありようには七・八世紀のような緊張した国際情勢の反映は見て取れず、政治的外交は形骸化していた。そのいっぽうで、日本は名分的に、渤海は経済的に、違いはあれど律令制的な支配秩序を維持するために外交関係を必要としたという点で両国の利害は一致していたといえる。

事務方交渉の増大

外交関係において君主間の外交は国家の威信と体裁に関わるため、その調整は困難であった。しかし、その衰退・硬直化は必ずしも国家間の交流の途絶を意味しない。東アジア諸国の交流の密度は確実に上がっており、王権外交のみで処理できる段階は過ぎていた。そのため王権外交に支障が生じていても問題が生じた時にそれを解決する交渉が必要となり、国家機構による事務的交渉が行なわれるようになる。

そうした案件の一つが東アジア海域において漂流した人々の救援である。八〇四年に新羅に大伴岑《おおとものみね》万里《まろ》が派遣され、行方不明となった遣唐使の捜索を要請している。この時新羅に発せられた文書は太政官牒であり、天皇は直接関与せずに太政官が交渉を進めている。八三六年にも遣唐使派遣に先立って、遭難した場合の救助を事前に依頼する使者として「牒」を携えた紀三津が派遣されている。この時には新羅からの返信も記録に残されているが、その文書形式は執事省牒であった。もはや天皇と新羅王のあいだに国書のやり取りが交わされることはなかったが、太政官と執事省のあいだで東アジア海域に発生する事態解決の交渉が取り組まれていたのである。なお、紀三津は新羅で不審な行動を取り、新羅が「大国」としての対応を採ることによって日本が憤慨している。その点では事務方交渉も自国中心意識のもとに進められていた。

渤海との外交においても同様の傾向が現れる。七五九年に唐にいる藤原清河《ふじわらのきよかわ》の帰国を促す迎入唐大使使を渤海経由で派遣した際に、渤海は安史《あんし》の乱のために一部を除いて日本に帰国させたが、その事情説明に中臺省牒が発せられている。九世紀の日渤外交では王啓と中台省牒がセットで送られ、日本も慰労詔書と太政官牒を送り返している。ここに至って外交における君主間の意思疎通と国家機構による案件処理はどちらも必要なものと認識されるようになった。

このような事務方の応対は国家機構の中枢部（太政官・執事省・中臺省）に限られるものではない。九世紀に入ると新羅からの漂流民が多発するようになり、それは北九州から山陰までの広範囲に及ぶ。そうした漂流民を帰国させることが国家の役割として浮上してくる。その漂流民は諸国から大宰府に集められ、対馬を介して新羅に送還された。新羅側の窓口は菁州《せいしゅう》（康州《こうしゅう》）であった。逆に新羅からの漂流民送還もあった。八四六年には新羅人が康州牒を携えて漂流日本人五〇人を送り届けている。送還に際しては中央からの指示が必要であり、大宰府や菁州が独自の判断を下していたわけではない。とはいえ漂流民送還の実務処理は、大宰府や菁州の文書が発給されていることからしても、それらの官司に委任されるようになっていた。ここにおいて外交使節の往来とは異なる交流のチャンネルが形成されるようになったといえる。対馬はその最前線として、いわばフロンティア・ラインとなり、両国にまたがる境界性の性質を強めていく。

2　流動化する東アジア

海域交流の活性化

律令制国家群はその集権的性格ゆえに、中央の王権が外交というかたちで国際交流を独占しようとした。民衆は本貫地主義《ほんがんち》による戸籍において所属する共同体にしばりつけられ、その移動も大幅に制限されたため、民衆の交流はほとんど見られない。しかし、八世紀後半以降それを維持できなくなり、中央・地方官司にその権限を分掌するようになる。その背景にあるのは東アジアにおける人的移動の流動化という全体的な傾向である。

特に顕著なのが新羅であった。すでに七六四年に安史の乱と「新羅征討」計画をめぐって日本に流民が到来している。新羅下代に入ると弱体化した中央政府は民衆の流動化を押し止めることができなくなり、新羅人の国境を超えた移動が活発化する。前述のような日本への流来民はそのすべてが本当に遭難していたのではなく、広域的な移動の中で生計を立てる人々が一定数含まれていた。しかし元来そのような人々への対処を想定していなかった律令国家は、彼らを便宜的に漂着として扱わざるを得なかったのである。また、彼らは日本だけではなく唐にも渡るようになり、山東半島から南の沿岸部に新羅坊《しらぎぼう》と呼ばれるコミュニティが出現した。八三八年の遣唐使で請益僧《しょうやくそう》として唐に赴いた円仁《えんにん》は在唐新羅人のネットワークを利用しながら巡礼・帰国を果たした。『入唐求法巡礼行記《にっとうぐほうじゅんれいこうき》』には、彼らが唐において訳語・兵馬使・押衙《おうが》といった官吏や運送、農業などさまざまな生業に従事していた様子が活写されている。

しかし、新羅人は自らの意思で故国を離れて国外に出るばかりではなかった。その中には奴婢《ぬひ》として唐に売買されて身分を落とすものも多数現れた。新羅奴婢の存在は八二〇年には唐国内において問題化しており、新羅奴婢放還の勅が下されている。このころ、唐において頭角を現したのが張保皐《ちょうほこう》である。張保皐は八二八年に新羅興徳王に面会して奴婢売買取締りのために清海鎮大使として登用された。張保皐が東シナ海沿岸部の交通を掌握したことにより国際的奴婢売買は下火になり、いっぽうで清海鎮が唐・新羅・日本の交通の要衝に位置したことから国際交易をも掌握し強大な力をもつようになった。

海商の出現

海商が出現するのもこのころである。八一四年に長門《ながと》に新羅商人が漂着した。おそらくはこれ以前から到来していた可能性があるが、いまだ海商という職業的区分ができないまま流来扱いされていたのであろう。それ以前の交易のあり方について見てみると、七五二年に新羅使来日の際に貴族が使節と交易したことを国に報告していることが買新羅物解《ばいしらぎぶつげ》によってわかる。七六八年にも新羅との交関（交易）のために貴族に大宰府の綿が支給されている。外交において王権間で信物を互いに贈り合うほかに、付随して交易が一定の規模で行なわれていた様子がうかがえる。こうした実例はあくまでも国家の監督下で交易が成り立っていたことを示している。

その背景にあるのが、八世紀の日本において仏教儀礼の盛行により香薬などの需要が高まったことである。王権や貴族を中心に海外の物品が希求されるようになるが、その交易は大蔵省や内蔵寮《くらりょう》が管理し、

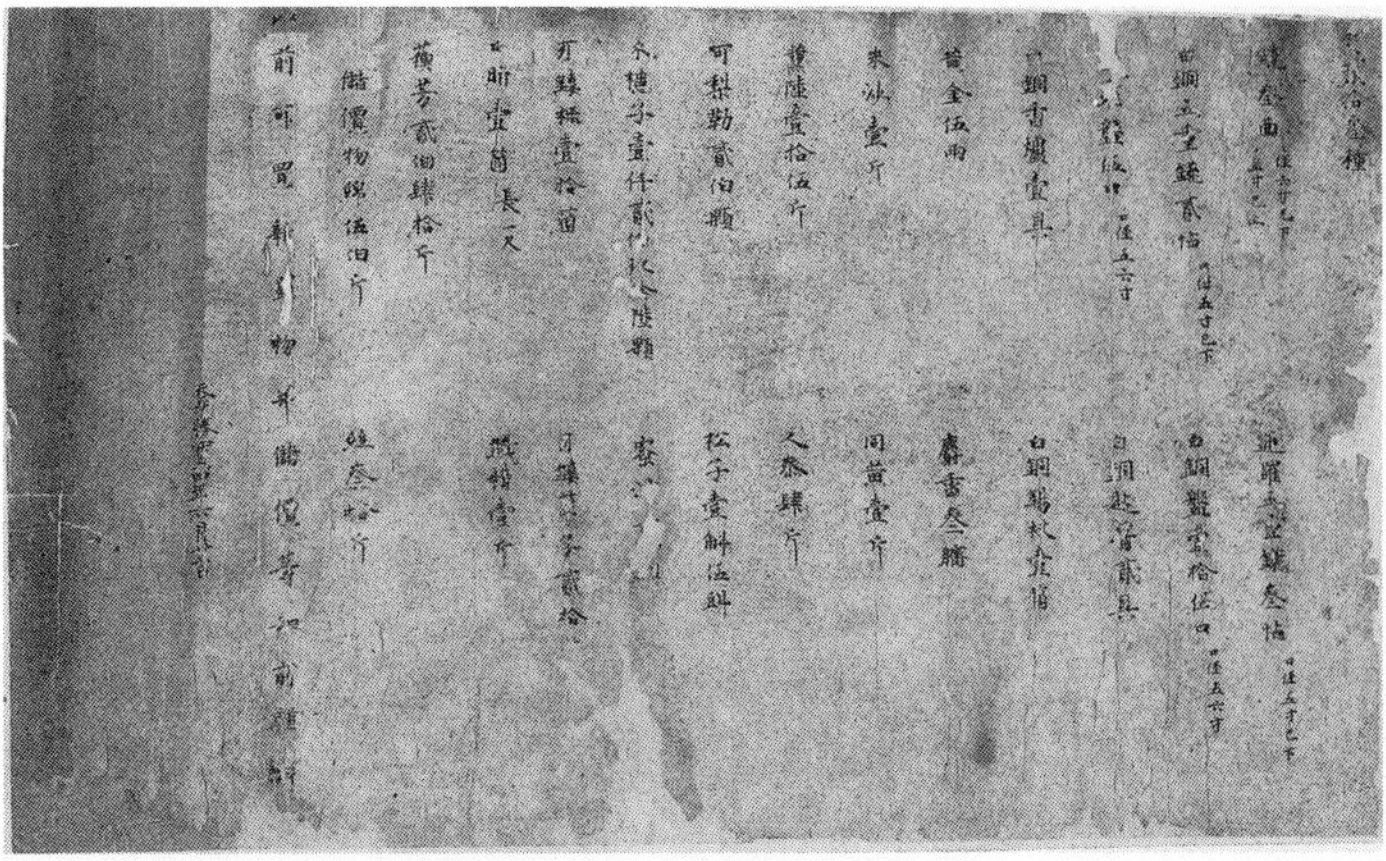
白銅五重鋺貳帖
白銅香爐壹具
黄金伍両
朱沙壹斤
薫陸壹拾伍斤
呵梨勒貳伯顆
蘓芳貳伯肆拾斤
儲價物絁伍伯斤
前可買新羅物并儲價等如前謹解
白銅匙箸貳具
麝香参臍
同黄壹斤
人參肆斤
松子壹斛伍斗
糸参拾斤

買新羅物解（前田育徳会尊経閣文庫所蔵）

その入手は国家を媒介としなければならなかった。しかし日本と新羅の外交関係が破綻すると、獲得のための代替手段が必要となる。日朝関係よりも外に目を向けると、すでに八世紀前半には唐に市舶使が設置され東南アジアを経由して西アジアまで及ぶ南海貿易が成立しており、南シナ海では海商が職業的位置を確立していた。こうしたユーラシアレベルでの商業的動向の影響を受けながら、日朝関係の政治的空隙に海商という新しい存在が入り込むことになった。

九世紀に入って外交とは別に海商が到来するようになったことは、日本における海外品の供給が加速するようになったことを意味した。海商がもたらした物品は珍奇な品としてブランド的な価値があると見なされ、貴族のみならず在地で成長した富豪層なども競って手に入れようとした。家産を傾ける人までも現れるようになり、朝廷が必要とする物品が先に取引されてしまう事態となった。すでに八二八年に貴族の使者、到着地の官人や土豪が渤海使と交易することを禁止していたが、八三一年に朝廷は新羅海商との交易にも同様の禁令をもって介入した。ここにおいて、海商が到来したらまず官司が物品についてチェックして価格を定め、朝廷が交易した後に大宰府の監督下での交易を認める、検領・和市という交易手続きが成立した。

張保皐の失脚

東アジアをめぐる活発な交易はそれを構造的なものにした。日本では前筑前守文室宮田麻呂《ふんやのみやたまろ》が張保皐と連絡して「唐国貨物」を入手するために絁《あしぎぬ》を先払いしていた。宮田麻呂と張保皐の関係が私的交易か朝廷の指示によるものか見解が分かれているが、ある種の信用取引が成立していたことは事実である。この点からすれば、日本において海商の到来は一過性のものではなく継続的なものとして受け止められていた。海商の活動は清海鎮を拠点に制海権を有していた張保皐の一定の管理下に置かれていた。その意味で張保皐による東シナ海域の掌握は外交とは次元の異なる国際的な物流を作り出した。

ただし、張保皐主導による東シナ海域管理は八四一年に終焉を迎える。新羅王権と婚姻関係を結ぼうとした張保皐は旧来の貴族層と対立し、失脚して殺された。翌年に張保皐を倒した閻丈の使者が日本に来航し、その交易物の差し押さえをはかっている。日本側は使者を私人として拒絶しているが、宮田麻呂も同時に失脚し怨みを飲んで死んだらしく、八六三年に神泉苑御霊会において祀られた。急速な交易の活性化に対応しきれない両国が反動的な拒否反応を示し、それに関与した人物も消されたのである。

そして、八四〇年代を契機に史料上における海商のあり方が様相を変える。それまで日本には「新羅

☆唐における新羅人集落
(　) 10世紀以降の地名
流鬼
(上京臨潢府)
契丹(遼)
渤海
(東丹国)
上京龍泉府
東京龍原府
中京顕徳府
西京鴨淥府
(定安国)
南京南海府
五臺山
(開京)
新羅
赤山法華院
全州
慶州
康州
清海鎮
松原客院
日本
平安京
大宰府
杭州
明州
天台山
0
1000km

9世紀の東アジア

商人」が多く到来していたのが消えて、「唐商人」が出現するようになる。しかし、これをもって新羅商人が衰退し、代わって唐商人の活動が活発になったと考えるのは早計である。例えば八五〇年代に活動した海商李延孝《りえんこう》は「大唐商客」「渤海国商主」「本国（日本）商客」と記されている。国名は帰属を示すのではなく、どこからやって来たのかということを意味するにすぎなかった。船頭をトップとする海商集団の実態は、一つの国籍に限られることなくさまざまな国の人々が多国籍的に混成していた。海商は港に到着すると出発地を官司に報告し、官司はそれを承けて滞在を許可した。そうしたなかで「新羅商人」から「唐商人」に替わったように見えるのは、海商が申告の際に出発地を新羅とせず、唐と述べたからにほかならない。

海商の意識にそのような変化が生じた理由として張保皐が没落したことを想定できる。八三〇年代までは東シナ海の制海権は張保皐にあった。新羅の国名を称することは、海商にとって張保皐の保護下にあることを意味しており、往来の安全に大きな意味をもった。ところが八四一年に張保皐が死ぬと、日本は新羅に対する警戒を強めるようになる。それを端的に示すのが八四二年の藤原衛《ふじわらのまもる》奏状である。それによると新羅に対して「事を商賈に寄せ、国の消息を窺う」として、日本に到来する海商を危険視している。衛がこのように指弾した背景には律令制に想定されていない海商という存在に対する不信感があり、張保皐死後の混乱はそれを増幅させるものであった。そのような状況において海商にとっても新羅を称するメリットがなくなり、代わりに唐を名のるようになる。東シナ海において海商の実態は変わるところはなかったが、海商を取り巻く環境の変化がその名のりに影響を及ぼしたといえる。いっぽう、八四七年に対馬の百姓が新羅武州に漂着した際に拘禁され一人が死亡するという事件が発生している。清海鎮の無力化による海域の不安定化に対して、新羅が警戒のレベルを高めている様子がうかがえる。

3　律令制国家群の終焉

海域の不安定化

張保皐没落後の東アジア海域において海商の活動は変わらず確認できる。そして、それと同時に張保皐の政治力によって押さえ込まれていた海商以外の人々の移動や交流が再び流動化することになる。それは東アジアに不安定な状況をもたらした。

特に日羅関係にそれが顕著に表れたのが八六〇年代である。八六三年には因幡《いなば》に五七人、石見に三〇人余りの新羅人が来着している。この年に新羅で大きな災害や反乱を確認することはできない。それにもかかわらず新羅から多数の流民が発生しているということは、新羅の国境管理能力が大きく低下していたことの表れである。

日本でも地方支配の弛緩は大きな問題となっていた。富豪層は王臣家と結託し、律令制的な国郡制支配を阻害するようになった。それによって国司と富豪層は対立し、あるいは地域支配の根幹であった郡司層の不満を生み出すこととなった。そうした動向は新羅を巻き込む事件へと発展する。八六六年に肥前国基肄《きい》郡擬大領山春永《やまのはるなが》らが私的に新羅に渡航し、兵器製造を学び対馬を襲撃しようとする計画があったとして告発された。同年に隠岐《おき》国前司越智貞厚《おちのさだあつ》（原カ）が新羅と通謀したとして同国浪人安曇福雄《あずみのさきお》によってやはり告発されている。後者は後に誣告《ぶこく》であったことが判明している。八七〇年には大宰少弐藤原元《ふじわらのげん》利万侶《りまろ》が新羅と通謀したと糾弾される事件が発生している。事件がどのように決着したのか明らかでないが、やはり誣告であった可能性が高い。

これらはいずれも律令国家側の人間（国司・郡司・大宰府官人）が新羅と結びついたとされる点に特色がある。実際に地方官人が新羅と結合したというよりは、事件の実情は役人と対立した富豪層がその失脚を狙って誣告したということころであろう。ただし、新羅に赴いて結託するということがリアリティをもって語られるところにこれらの事件の特質がある。日本から新羅に向かうことは十分に可能であると考えられていたのであり、海域の流動化は国内支配の不安定化と容易につながったのである。

なお、こうした不安定化の要因の一つとして気候変動が影響した可能性を見ておきたい。九世紀は気温から見ると比較的温暖であったとされている。ところが九世紀半ばに一時的に気温が低下し、十世紀に回復するという指摘がある。これを念頭に置くと、新羅の流民や日本における地方官人と富豪層の対立は、気温が下がったために生産力が低下したことが背景の一つにあったとも考えられる。余談だが、八六〇年代は大きな災害が頻発した時期でもあった。八六四〜八六六年に富士山の貞観《じょうがん》噴火があり、富士五湖や青木ヶ原樹海が形成されている。八六九年には陸奥《むつ》に甚大な被害を与えた貞観地震が発生している。これらの災害は通謀事件とともに日本国内に大きな社会不安をもたらすことになったであろう。それは排外意識にもつながる。渤海使が到来した八七二年に咳逆《がいぎゃく》病が流行した際には、これを「異土の毒気」として厭うようになる。こうした感想が「人間」すなわち巷間において語られたのであり、そこに社会の閉塞感の根深さを見て取れる。

新羅海賊

海域の流動化は国際交易にも大きな影響を及ぼす。それが海賊問題である。九世紀に新羅から大きな海賊襲来事件が三回起こっている。一回目は弘仁《こうにん》海賊であり、八一一年に新羅船二〇艘余りが対馬沖に出現し、うち一艘を捕らえている。また、八一三年にも五艘一一〇人が小値賀嶋《おぢかじま》に襲来したが、現地民の反撃によって九人を打ち殺し一〇一人を捕まえるという戦果を挙げている。二回目は貞観海賊として知られており、八六九年に博多湾において賊船二艘が豊前《ぶぜん》貢調船から絹綿を略奪した。この事件に対する朝廷の受けた衝撃は大きく、さまざまな対策を施している。まず伊勢・石清水《いわしみず》・八幡・香椎《かしい》・宗像《むなかた》・甘南備《かんなび》の諸神に奉幣、諸国には金剛般若経《こんごうはんにゃきょう》を転読させている。さらに海賊を警戒し大宰府に俘囚《ふしゅう》・選《せん》士《し》を、対馬にも選士・弩《ど》を配置、その他の縁海諸国にも警戒するように指示している。この時は捕らえた海賊容疑者を諸国に移配するという措置をとっている。三回目は八九三年五月に肥前・肥後を襲撃して、以後波状的に九州に襲来した寛平《かんぴょう》海賊である。新羅賊に対して大宰府は飛駅《ひやく》で中央に報告し、朝廷も迅速な追討を大宰府に命じている。八九三年七月〜八九四年一月に一度見えなくなるが、二月〜四月・九月に断続的に現れる。このころに朝廷は追討指令のほかに諸社奉幣、縁海警固を発している。賊は十月の海賊逃亡報告以降姿を消した。

こうした海賊の実体は弘仁・貞観と寛平で異なると考えられる。弘仁海賊が出現する時期は日本が

「新羅商人」の存在を認識し始めるころと同時期であり、海商との関連が推測される。貞観海賊も事件発生当初、大宰府は管内で活動する新羅人を関係者と見なして拘禁しようとしている。このころ管内で滞在する新羅人とは海商関係と見なし得る。賊船が二艘のみという規模も海商との類似性を思わせる。すなわち、弘仁・貞観海賊とは海商の裏の姿ではないか。

そもそも前近代において航海上の安全は一定程度自力で確保することが必要であった。遣唐使船も使節のほかに射手《いて》などが配置されていた。外交使節だけではなく海商の船においても同様であっただろう。海商にとって、漂着した際に略奪を被る恐れはつねに付きまとう問題であり、自衛のための武装は不可欠であった。弘仁海賊は全員が殺害もしくは捕縛されるという行動の稚拙さが目立ち、海商（海賊）としての行動パターンが確立していないなかで発生したと思しい。弘仁と貞観のあいだは張保皐による監督期間をはさんでおり、それゆえ海賊の出現は抑制された。貞観海賊は張保皐以後の不安定化のなかでそれが略奪というベクトルに働いたものであろう。

これに対して一線を画すのが寛平海賊である。一年以上の期間にわたる活動は、海商が単発的あるいは偶発的に起こす行動とはまったく異なり、むしろ略奪を生業とする集団に近い。事件当時の新羅王は新羅最後の女王である真聖王《しんせいおう》であった。この王の時には反乱が多発しており、もはや王都近郊以外および沿海部の治安は新羅による統制を離れつつあった。そうした状況をふまえると、寛平海賊とは半島で反乱を起こした集団の一部が日本に向かったものと見なすべきであろう。なお、賊徒の一人は唐人であったことが記されており、大陸沿岸部と半島の流動的なつながりもうかがうことができる。

弘仁・貞観海賊と寛平海賊の襲来は、その実態はまったく異なるものの、日本からすれば海賊に対するノウハウを構築する機会として大きな意味をもった。貞観時に朝廷は対馬に新羅消息日記の提出を命じており、情報の収集に努めている。寛平海賊への対応も貞観海賊の経験を活かしていることが見て取れるのであり、それは後に一〇一九年の刀伊《とい》の襲撃においても機能することになる。

後三国・東丹国と日本

九世紀後半になると新羅の政治的衰退は顕著になる。八八九年に元宗《げんそう》・哀奴《あいど》の反乱を嚆矢として、八九一年に梁吉《りようきつ》、八九二年に甄萱《しんけん》が挙兵し、新羅の衰退は決定的となる。八九三年の寛平海賊がこれとリンクするものであることは先述の通りである。九〇〇年に甄萱が後百済王を自称し、翌年には梁吉に取って代わった弓裔《きゆうえい》が後高句麗を建国することによって、反乱は地域の自立という性質を包含するようになる。九一八年に弓裔を放逐した王建《おうけん》が高麗を建国し、半島の分裂は決定的になる。この時代を後三国時代とよぶが、ほかにも半島で自立する可能性を有する勢力はあった。特に注目されるのが、日本に対する事務的交渉の窓口であった康州である。権知康州事（泉州節度使）の王逢規《おうほうき》なる人物が中国に使節を派遣しており、独自の外交に取り組んでいた。その後、康州勢力は九二七〜九二八年にかけて高麗と後百済の圧力によって解体していく。分裂する半島において、さまざまな地域勢力が浮沈しながら後三国に収斂されていった。

半島のみならず東アジア全体の国際環境も変動の時期であった。八七八年に王仙芝《おうせんし》・黄巣《こうそう》が反乱を起こすと唐の没落も決定的になる。乱自体は八八四年に鎮定されるが、それによって朱全忠《しゅぜんちゅう》が勢力を伸ばすようになった。朱全忠は九〇七年に昭宗《しょうそう》に禅譲《ぜんじょう》させて後梁《こうりょう》を建国し、唐は滅んだ。これに対して各地の軍閥も自立し、大陸は五代十国《ごだいじっこく》の時代に突入する。

北アジアもこうした情勢に呼応して新たな動きが始まる。九〇七年に契丹《きったん》の耶律阿保機《やりつあぼき》が可汗《かがん》の地位に就き、九一六年には皇帝に即位して王朝としての契丹（のちの遼《りょう》）を建国した。契丹は東方に勢力を伸ばし、渤海を滅ぼした。その故地に阿保機の長子突欲《とつよく》を王として東丹《とうたん》国を建てた。渤海は九一九年までコンスタントに日本に遣使していたが、三三回で日渤外交は終焉を迎えた。ただし、九二九年に東丹国からの使者が到来している。大使は九〇八・九一九年に渤海大使として来日した裴璆《はいきゅう》であり、東丹国が渤海の遺臣をそのまま取り込んでいる様子がうかがえる。また、東丹国使として来日した裴璆は契丹に対する不満を述べ、日本の朝廷から譴責を受けた。日本側も新しい国の出現に対して慎重に対応していたのである。

いっぽう、後三国の争乱において日本との外交に積極的であったのが後百済である。九二二年に対馬に使者を派遣し外交関係を構築しようとする。しかし、日本は陪臣の朝貢は認めない旨の返事をして拒絶した。その後、九二九年には対馬に漂着した後百済人を送還させたところ、甄萱から通好の要請があり、日本は再びこれを拒否した。後百済は九〇〇年から幾度か呉越国《ごえつこく》に入朝しており、九二八年には契丹とも関係を結んでいる。後百済の対日外交は新羅や高麗を包囲するネットワーク外交の一環であった。これに対して日本は名分的な理由をつけて新しい国際秩序の再構築に消極的である。こうした外交態度は東丹国に対するそれと同質であり、その点で日本の外交方針は一貫していた。

なお、日本と後百済の外交折衝において注目されるのは、列島と半島の交流において対馬の果たしている役割が増大していることである。半島の政治的規制力が低下し、日本の外交姿勢が名分的な意識に捉われるようになるなかで、対馬は交流の最前線であり、中央とは異なる現実的な判断が必要となる現場であった。日朝交流のさまざまな思惑が交錯し、それを調整する境界的な場として対馬は中世的なフィールドに移行していく。

その後、半島は後百済と高麗の熾烈な争いがくり広げられ、九三五年に甄萱が後継者問題で高麗《こうらい》に亡命すると状況が一変する。高麗は同年に新羅を併合し、新羅は滅亡する。翌年に後百済も滅び、半島は高麗によって再統一される。同じころ日本では摂関政治が定着し、律令制的な政治体制は大きく姿を変えた。九三五年に平将門《たいらのまさかど》・藤原純友《ふじわらのすみとも》による承平《じょうへい》・天慶《てんぎょう》の乱が発生した。『将門記《しょうもんき》』によれば将門は「大赦契（契丹か）王、正月一日を以て、渤海国を討ち取り、東丹国に改めて領掌する也」と言い放った。将門が本当に渤海滅亡を知っていたか定かではない。ただ、古代的な律令制国家群はいずれも九世紀後半から十世紀初頭にかけて解体あるいは変質したことは事実である。こうした変化を承けて日朝関係も中世的世界へと移行していくことになる。

コラム　渤海の裴璆と後唐の姚坤——二人の使者からみる国際情勢——

澤本光弘

使者は、もたらす情報で政局に影響を及ぼす。ただし、ひとつの使者の追跡で大局を掌握できるとは限らない。使者の派遣は、時期により意味合いが変化するものであり、同時にさまざまな思惑の入り交じる多面的な外交がされるものである。

たとえば、来日した渤海使に裴頲《はいてい》・裴璆《はいきゅう》という父子がいる。父の裴頲の場合、八八二年（元慶六）～三年と八九四年（寛平六）、日本の遣唐使が停止されるものの、唐の命脈がまだ十数年続く時期に来日した。子の裴璆の場合、唐の滅亡後、いわゆる「五代十国」の抗争期に来日した。威勢は衰えても、唐の存続と滅亡の違いは大きい。『資治通鑑《しじつがん》』で当時の割拠した諸勢力をみると、唐の保護などを名目に勢力拡充を謀略するのか、唐にかわる権力を求めて直接武力で拮抗勢力を攻略するのか、政策が時期により転換している。この変化が派遣の緊迫度に影響を及ぼしている。

九〇七年、唐が滅亡して後梁《こうりょう》が成立するより先、契丹《きったん》の耶律阿保機《やりつあぼき》が「天皇帝」を称した

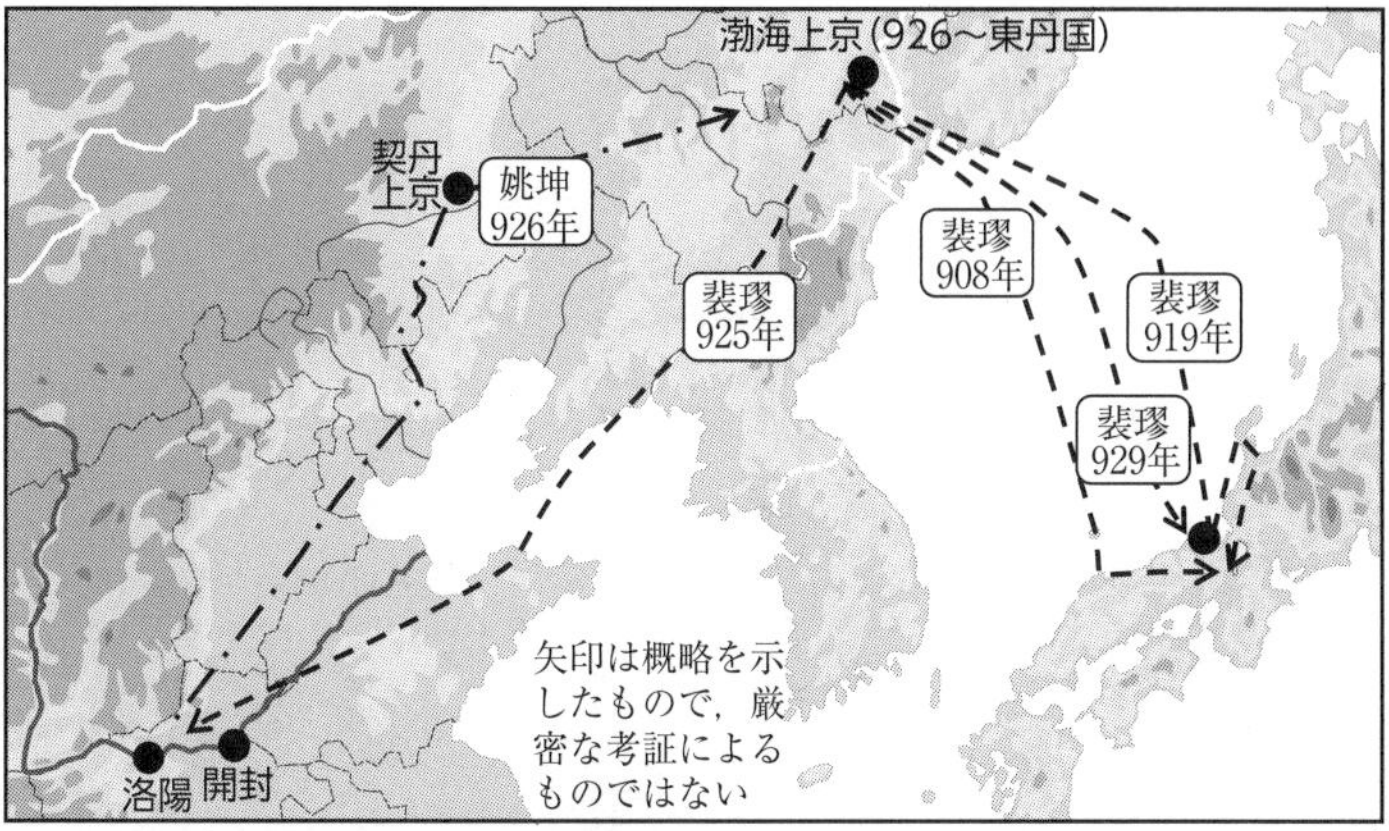

裴璆と姚坤の来日ルート

（一次即位）。契丹はやがて周辺地域を圧迫する。裴璆の一度目の来日は、こうした時期にあたり、九〇八年（延喜八）一月に伯耆国《ほうき》へ着岸し、四月に入京して六月に帰国した。情勢はさらに深刻化し、九一六年に耶律阿保機は「大聖大明天皇帝」を称し（二次即位）、九一七年に契丹は幽州《ゆうしゅう》を二〇〇日間ほど包囲し、九一九年には遼陽《りょうよう》に進出して渤海戸などを支配下に置いた。裴璆の二度目の来日は、この時期のもので、九一九年十一月に若狭国へ着岸し、十二月に越前国へ安置されてから、翌年五月に上京を果たし、六月に帰国する。

　九二三年に後梁が後唐に滅ぼされると、裴璆は後唐へ行く。『五代会要《ごだいかいよう》』巻三〇・渤海伝や『冊《さっ》府元亀《ぶげんき》』巻九七一・朝貢第五から、渤海が契丹の圧迫を受けつつある時期、渤海国王大諲譔《だいいんせん》が裴璆を派遣したことがわかる。それに対し、後唐はどう動いたであろうか。現存史料において、後唐が使者を派遣したのは、渤海ではなく渤海と敵対する契丹である。『旧五代史』巻一三七・契丹伝や『新五代史』巻七二・契丹伝などに、後唐で李存勗《りそんきょく》（荘宗《そうそう》）が暗殺されて李嗣源《りしげん》（明宗《めいそう》）が即位したのを受け、供奉官の姚坤《ようこん》が契丹へ派遣されたという記事が残る。しかも姚坤が契丹を訪問した際、耶律阿保機は渤海遠征中であって、姚坤は渤海領内まで追いかけ、駐屯地の穹廬《きゅうろ》（ゲル・パオ）で耶律阿保機と謁見したという。後唐は渤海滅亡の情報を直接入手したといえる。その後、耶律阿保機が病死すると、姚坤は亡骸の帰還に同行している。残存する史料は少ないが、渤海、後唐、契丹の多面外交の一端が垣間見える。

裴璆の三度目の来日は、旧渤海領統治のために契丹が建てた東丹国の使者としてであった。裴璆は契丹への不平を漏らしたらしく、謝罪の怠状が『本朝文粋《ほんちょうもんずい》』に残る。そして入京は許されず翌年帰国し、裴璆の行跡はここで途絶える。

渤海は、近現代の国境をまたいだ地域に成立したゆえ、複数の分国史により語られる。そこには安易に解消できぬ相違の対立が生じている。それでも、裴璆と姚坤などは、分国史では捉えにくい越境活動を展開しているのである。

Ⅱ　中世東アジア海域と日朝関係

関　周一

本章では、十世紀前半から十七世紀初頭までを中世の日朝関係ととらえて叙述していきたい。この時代全般の特徴としては、対馬をはじめとする西日本の各地から貿易あるいは掠奪のために、多数の人々（朝鮮王朝は「倭人」と呼ぶ）が朝鮮半島に渡ったことである。古代の国家間の交渉とは異なり、日本側の交流の主体は国家に限らず、多様な階層に広がっていたのである。ただしその交流は、倭寇による掠奪という負の側面を伴っており、ついには豊臣秀吉による朝鮮侵略まで引き起こされた。

十世紀前半、朝鮮半島では高麗《こうらい》が成立し、日本の朝廷との交渉を試みる。それは双方向の使節の往来ではなく、一方的に高麗から使節が日本に派遣された。こうした国家間の交渉とは別に、宋海商が担い手となり、高麗と日本とのあいだの貿易が行なわれた。十二世紀以降、対馬島《つしまのしま》の国衙《こくが》から高麗の地方官《かん》衙《が》宛に進奉船《しんぽうせん》が派遣されて貿易が行なわれた。

十三世紀、ユーラシア大陸ではモンゴル帝国が成立し、高麗を服属させた。高麗の三別抄《さんべつしょう》の抵抗を抑えたクビライは、高麗軍などを率いて二度にわたり日本に侵攻した。鎌倉幕府は、「異国」＝高麗に遠征する計画を立てたが、実行には至らなかった。

日本では南北朝内乱の最中であった十四世紀後半、朝鮮半島や中国大陸を襲う前期倭寇《わこう》が出現し、米や人を掠奪《りゃくだつ》した。高麗およびそれを継承した朝鮮王朝は、室町幕府や大内《おおうち》氏・宗《そう》氏らの諸大名に対して倭寇の禁圧を求めた。このことが日本と高麗・朝鮮王朝の通交関係が成立する契機となった。

十五世紀、朝鮮王朝に対して、室町幕府や諸大名・商人らがそれぞれ使節を派遣する多元的通交関係が成立し、活発な貿易が行なわれた。朝鮮との関係が特に深かったのは対馬であった。対馬島主の宗氏は、文引制《ぶんいんせい》や孤草島釣魚禁約《こそうとうちょうぎょきんやく》など、朝鮮通交に関する統制の権限を朝鮮から委ねられた。日本の使船が停泊する港である三浦《さんぽ》には、対馬島民らの恒居倭《こうきょわ》が居住した。中世の国際貿易港であった博多《はかた》の商人や、宗氏らは、諸氏の朝鮮通交を請け負っており、そこから通交名義を詐称した偽使を朝鮮に派遣するようになった。十六世紀の使節のほとんどが対馬による偽使であり、石見《いわみ》銀山などで採掘・製錬された大量の銀が朝鮮にもたらされた。

日朝関係に大きな断絶をもたらしたのが、十六世紀末の豊臣秀吉による「唐入《からい》り」である。秀吉は二度にわたり朝鮮侵略を行ない（倭乱《わらん》）、朝鮮国王宣祖《ソンジョ》をはじめとする支配者層や民衆に深刻な被害を与えた。多くの朝鮮人が被虜人として日本に連行されたいっぽう、朝鮮に投降する降倭《こうわ》も続出した。

十七世紀初頭、徳川家康は、朝鮮との関係の復旧をはかった。その際に宗義智《そうよしとし》らが、家康や宣祖の国書の改竄《かいざん》を行なうことで、関係の復旧を実現させた。朝鮮王朝は、回答兼刷還使《かいとうけんさつかんし》を日本に派遣した。その後も宗氏は国書改竄を続けたが、柳川一件《やながわいっけん》により、そのことは江戸幕府に暴露された。事件後、江戸幕府が朝鮮外交に直接介入し、以酊庵輪番制《いていあんりんばんせい》を開始した。

一　日麗関係と海商

1　平安時代の日本と高麗の外交

十世紀の東アジアの変動と高麗の成立

前章でみたように、唐《とう》を中心とした国際関係は、九世紀には次第に変容をみせるようになっていたが、十世紀になると東アジア諸国の興亡が相次ぎ、国際交流の条件は大きな転換点を迎えた。中国大陸では、九〇七年に唐が滅び、五代十国《ごだいじっこく》時代を経て、北宋《ほくそう》が成立した。

朝鮮半島では、王建《ワンゴン》によって高麗が建国された。王建は、松嶽《ソンアク》（開城《ケソン》）地方の豪族で、初めは泰封《テボン》の弓裔《クンイェ》の部将として活躍したが、やがて弓裔を倒して王となった。九一八年、高句麗の後継者であることを自任して国を高麗と号し、翌年、松嶽を都にした。この頃、新羅は慶州《キョンジュ》周辺でかろうじて勢力を保っていただけであり、南西部は後百済が支配し、各地に豪族が割拠していた。九三五年、新羅は自立できないことを悟り、高麗に降服してきた。九三六年、王建は後百済を討ち滅ぼした。さらに北方では渤海《ぼっかい》が滅び多数の遺民が高麗に移ってきた。こうして高麗は渤海遺民をも含めて新しい王朝を成立させた。

高麗は、統一以前から、五代の王朝や呉越国《ごえつこく》に使節を派遣して冊封《さくほう》を受けた。北宋・南宋にも引き続き朝貢し、双方の使者が往来した。それに対して契丹《きったん》（遼《りょう》）との関係は順調ではなく、三度にわたる侵

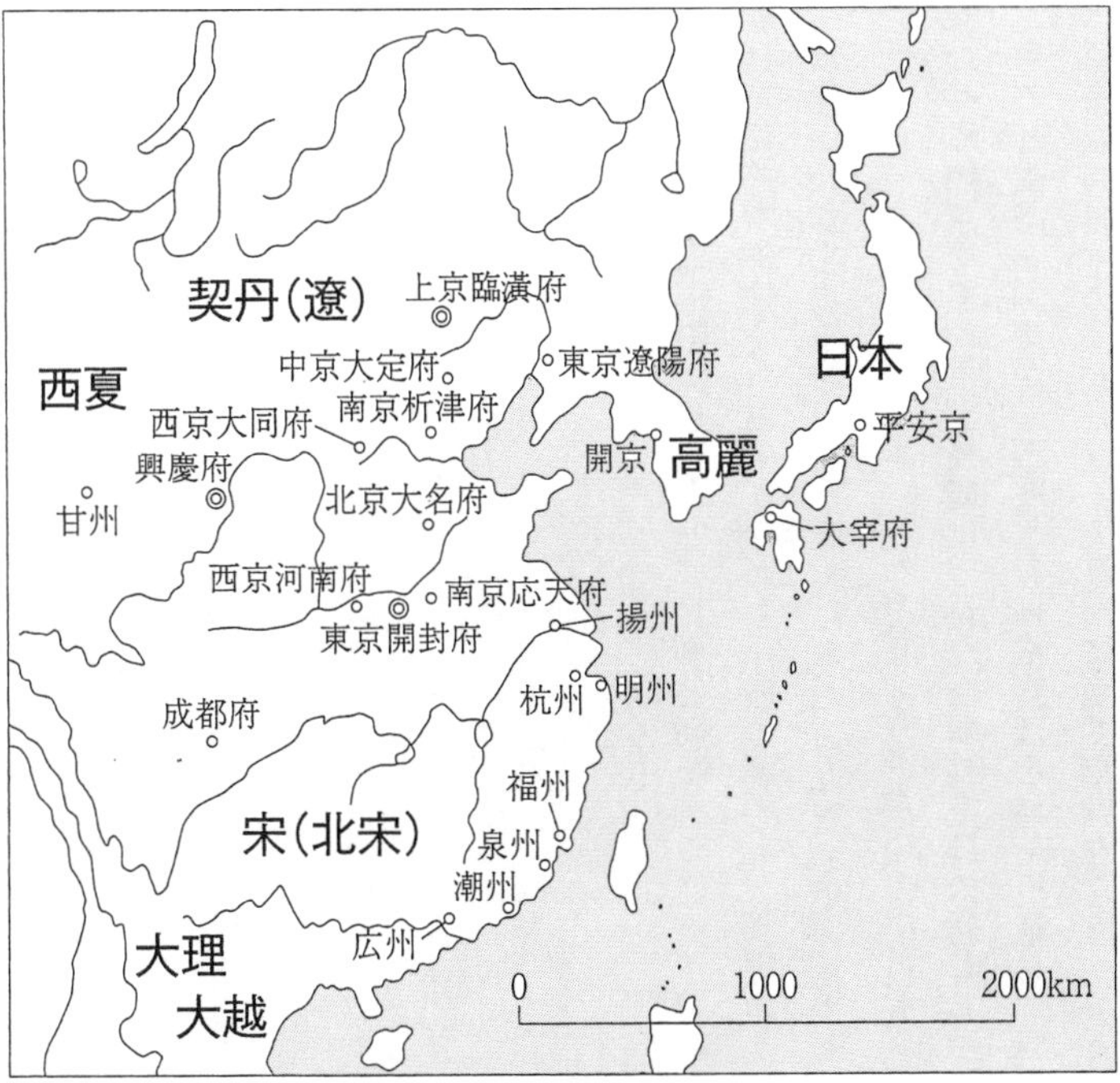

10〜12世紀の東アジア
（荒野泰典ほか編『日本の対外関係３　通交・通商圏の拡大』より）

攻を受けた。九九三年、第一次の契丹の侵攻を受けた。翌年、高麗は北宋に使節を派遣して契丹遠征の支援を求めたが、拒否されたため、契丹に臣従することにし、契丹中心の冊封関係に加わった。だが一〇一〇年には高麗の王位をめぐる内紛を口実に、第二次侵攻を受け、都の開城は「太廟《たいびょう》・宮闕《きゅうけつ》・民居《みんきょ》」が灰燼《かいじん》に帰した。さらに一〇一八年、第三次の侵攻を受け、亀州《クジュ》（亀城《クソン》）の戦いにおいて大勝した。この時、契丹侵攻を仏教の力で抑えるため、一〇二〇年前後から、大蔵経《だいぞうきょう》の彫板《ちょうはん》が開始され、一〇八七年ごろに完成した。その後、兵火により焼失し、再彫された。しかし契丹の軍事的圧迫は続き、高麗は契丹に降伏し、一〇二二年に契丹からの冊封を受け、契丹中心の冊封関係に復帰した。

そのいっぽう、中国＝北宋に対する憧憬の念は強く、朝貢を続けていたが、契丹への遠慮から、一〇三〇年から一〇七〇年まで朝貢は中断された。また宋海商が、高麗に拠点をもちながら貿易を行なっていた。宋海商たちは、一〇一二年以降、ほぼ毎年高麗に渡航して貿易をしていた。高麗王朝は、彼らを入貢した使節と位置づけており、宋海商は宋・高麗間の外交の一端を担っていた。そのいっぽう、宋は海商の高麗の渡航をしばしば禁止し、例えば一〇九〇年～一〇九四年に実施されている。宋海商の活動範囲は、日本にも及び、十一世紀後半以降、博多に「唐房《とうぼう》」と呼ばれる拠点をもっていた。

日本朝廷と高麗の外交

上記のような国際環境のもと、日本と高麗との関係が展開した。外交をみると、高麗王朝から日本の朝廷に使節が派遣される、すなわち高麗主導のもと両国の交渉は行なわれた。

高麗が朝鮮半島を統一した翌年にあたる九三七年（承平七）、日本に使者を派遣して牒状《ちょうじょう》を送ってきた。ついで九三九年（天慶二）にも使者を派遣し、広評省牒状をもたらしたが、大宰府《だざいふ》の同省宛返牒《へんちょう》をもたせ帰国させている。高麗は、新たな朝鮮半島の覇者となったことを伝え、日本との外交を求めてきたものと推測されるが、二度とも日本側はそれを拒絶している。十世紀初めから、日本の朝廷は、外国の首長から日本の国家首長（天皇）に宛てた外交文書に返書をせず、中央の太政官《だじょうかん》の返牒もしくは、地方官衙《かんが》の大宰府の返牒により返書した。ただし大宰府の牒そのものは、太政官で作成された。京都の朝廷で審議はするものの、返書は大宰府牒という文書様式をとることになり、右の大宰府返牒は朝廷の意思を示している。

その後、九七二年（天禄三）には南原府と金海府の使者が相次いで対馬島に来着したが、大宰府の返牒を与えて帰国させている。九七四年（天延二）、高麗国交易使蔵人所出納・高麗国貨物使らが、交易した貨物を持って帰京している。高麗の地方官または地方豪族が、独自に派遣したものであろうか。

九九七年（長徳三）、大宰府在住者により高麗牒状三通（一通は「日本国」宛、一通は「対馬島司」宛、一通は「対馬島」宛）が朝廷にもたらされた。朝鮮半島で日本人が起こした狼藉行為（倭寇《わこう》）に対する抗議をしたものである。朝廷内の議論においては、その表現が日本国を辱めるととらえられ、中には「宋の謀略ではないか」という意見さえあった。このように軍事的な危機感を募らせた朝廷は、返牒をいっさいしないと決定するとともに、要害を警固し、祈禱に努めるよう大宰府に命じている。

一〇七九年（承暦三）、高麗は大宰府に宛てて医師の派遣を要請してきた。医師を派遣して治療に失敗すれば日本の「恥」となるという意見などに基づき、朝廷は、その要求を拒否した。この時には返牒を送っているが、医師の派遣を拒絶する理由として、高麗の牒状の形式的な難点を指摘している。

このように、来日した高麗使節に対して、大宰府牒を与えることを基本としていた。君主間で使節が往来し、方物を交換するというかたちでの通交関係は成立しなかった。また使節は大宰府に留め置かれ、京都へ上ること（上洛《じょうらく》）は許されていない。

両者の交渉の背景には、それぞれがもっていた中華意識がある。日本では古代以来、新羅や渤海を朝貢国とみなしていた。高麗を高句麗・渤海の後継者と位置づけ、同様に日本よりも下位に位置づけようとした。いっぽう、高麗も小中華意識をもっており、牒状には「聖旨」「詔」などの表現を使用し、高麗国王を中国皇帝になぞらえていた。右にみた交渉や、高麗側の外交文書の表現とそれに対する日本側の対応は、双方の小中華意識の衝突という側面があった。

刀伊の入寇

一〇一九年（寛仁三）三月末から四月にかけて、いわゆる「刀伊《とい》」の賊が、大宰府管内に侵入した。「刀伊」とは、高麗が、特に女真《じょしん》をよんだものである。女真は、のちに金を建国するツングース系民族で、沿海州地方に住み、狩猟・牧畜を行ない、高麗の北辺に接して海から高麗に侵入して掠奪を行なっていた。女真海賊は、現在の咸鏡道《ハムギョンド》の咸鏡平野を根拠地とし、朝鮮半島東岸での掠奪を繰り返し、鬱陵島《ウルルンド》にあった于山国《うざんこく》を頻繁に襲った。

女真族は、五十余隻の船団で、対馬・壱岐《いき》を襲い、さらに筑前国怡土《いと》郡等に侵入し、各地で千数百人の人々を捕らえ、老人や子どもを含む四百数十人を殺し、牛馬や犬を殺して食し、穀米を掠奪し、民家四五宇を焼くなどの被害を与えた。中納言兼大宰権帥藤原隆家《ごんのそつふじわらのたかいえ》は、朝廷に急報するとともに、軍を整え防戦を命じた。大宰府の軍勢はこれを撃退し、女真族は最後に肥前国松浦《まつら》郡を襲ったが、現地の武士たちに撃退され退去した。

その後、高麗軍が、女真の侵入を撃破した際、捕虜の日本人二百数十人を救出して、手厚く保護して日本に送還した。高麗は、日本に対する友好姿勢を示したのである。この送還よりも以前に、家族とともに女真族に捕らえられていた対馬判官代長岑諸近《ながみねのもろちか》が脱出したが、残した老母を気づかい、高麗に渡り、捕虜になった女性たちを伴って帰国し、捕虜の状況などを朝廷に報告している。朝廷には渡海制《とかいせい》があり、政府の許可なく異国に渡航することは、処罰の対象になった。長岑諸近は、許可を得ずに高麗へ渡るということが、渡海制を破る行為であるという意識があった。この渡海制は、律条《りつじょう》に基づくとする見解（山内晋次、稲川やよい）と、九一一年に定められた年紀制《ねんきせい》によるものとの見解（石井正敏）とがある。後者の説では、年紀制は海外からの入国者（海商）だけではなく、日本からの出国者を管理する法令ではないかと推測している（石井正敏「高麗との交流」荒野泰典・石井正敏・村井章介編『日本の対外関係三　通交・通商圏の拡大』吉川弘文館、二〇一〇年）。

2　日麗貿易と宋海商

日麗貿易と漂流人送還

日本と高麗の交渉は、当初は漂流人の送還を通じて進展し、その後は日本の官衙や商人が高麗に渡って貿易をした。

高麗が成立した直後の十世紀後半から、日本から高麗への漂流人の送還が行なわれた。日本に流れ着いた高麗の人々をみると、耽羅《タムナ》《たんら》、すなわち済州島《チェジュド》の人々が多かった。漂着地は、石見国《いわみ》・因幡国《いなば》・筑前国・大隅《おおすみ》国などである。送還にあたっては、朝廷への報告は行なわれるものの、大宰府や諸国衙の主導により送還が行なわれていた。日本各地→大宰府→対馬島→金州《キムジュ》→東南海船兵部部署という官庁間のルートで処理されていた。その中では対馬島衙が、日本の対高麗交渉の最前基地として重要な役割を果たしていた（山内晋次―二〇〇三）。

刀伊の入寇の後、日本と高麗との関係は、比較的平穏なものであった。そのため十一世紀後半には、日本から高麗への渡航者が増加する。それは、a『高麗史』や『高麗史節要《こうらいしせつよう》』に「日本国使」「壱岐島勾当官《こうとうかん》」「対馬島（勾）当官」と記される官庁・官人を主体とする場合と、b「商人」「商客」「船頭」などと表記される人々、個人名をもって表記される人々の場合とがある。このうち、aのタイプは、①大宰府や対馬島衙が、太政官の指示を受けて、高麗と交渉する場合と、②太政官の指示を受けずに、官衙単独に交渉する場合とがあり、いずれにせよ在庁官人や商人らが担い手となる。②については、対馬島衙が高麗に派遣する進奉船に代表される。bは「日本」商人とは表記されていても、必ずしも民族としての意味で用いられているのではなく、日本を拠点とする宋海商も含まれている（榎本渉―二〇〇七）。

進奉船

一〇八五年、「対馬島勾当官」（対馬島衙か）が、高麗に使節を遣し、柑橘《かんきつ》を進上した。十二世紀以降、対馬島衙から高麗の地方官衙宛に進奉船《しんぽうせん》が派遣され、貿易が行なわれた。対馬の高麗に対する進奉関係（臣従関係）の成立について、李領は、一一六九年（嘉応元）であるとし、その推進者は平清盛《たいらのきよもり》の意志を受けた平頼盛《よりもり》、あるいは少弐《しょうに》宇佐公通《うさのきみみち》であったとする。もっとも進奉といっても、その実態は進奉を名目とした貿易であり、対馬島衙・大宰府などの地方行政機関が、その主体である。また李は、進奉船の終焉を一二六六年（文永三）十一月、モンゴルから日本の入朝を促す詔書が高麗に送られた時点に求めている（李領─一九九九）。高麗は、金州（慶尚南道金海《キョンサンナムドキムヘ》《けいしょうなんどうきんかい》）に客館を設けて、応接していた。

貿易品をみると、日本から高麗に輸出したものは、水銀・硫黄《いおう》・真珠・法螺《ほら》・杉材などの原料品、螺《ら》鈿鞍《でんくら》・硯箱《すずりばこ》・香炉《こうろ》・扇子《せんす》などの工芸品、刀剣・弓箭《きゅうせん》・甲冑《かっちゅう》などの武器であった。輸入品は、人参、麝《じゃ》香《こう》、紅花などのほか、宋の絹織物や典籍であった。特に高麗青磁《せいじ》や朝鮮鐘《ちょうせんしょう》が好まれた。

鎌倉時代（十三世紀）にも高麗の使節が来日したが、大宰府が対応している。一二四〇年（延応二）、高麗の使節が大宰府を訪れ、進奉船に関する高麗国牒状を大宰府に提出した。大宰府は、その牒状を朝廷に届けている。朝廷では、摂政近衛兼経《このえかねつね》のもとで高麗牒状への対応を審議した。

宋海商のネットワーク

日麗貿易の背景には、宋・高麗間で活動した宋海商のネットワークがあった。

日本には、義天《ぎてん》版とよばれる高麗版の仏教典籍が宋海商によってもたらされた。義天（一〇五五〜一一〇一）は、高麗国王文宗《ムンジョン》の第四王子で、華厳宗《けごんしゅう》をはじめとする内外の諸学を修め、僧官の最高位である僧統《そうとう》に昇り、後に大覚国師《だいかくこくし》の諡号《しごう》を贈られた。一〇八五年四月、北宋に渡って、華厳宗の浄源《じょうげん》や天台宗の従諫《じゅうかん》らに学び、同時に仏教書の収集に努めた。帰国後、住持となった開城《ケソン》近郊の興王寺《こうおうじ》に教《きょう》蔵都監《ぞうとかん》を設置し、宋・遼《りょう》・日本や高麗国内から広く仏教書を集め、『続蔵経《ぞくぞうきょう》』四千余巻として刊行した（義天版）。北宋の泉州出身の海商たちは、義天と親しい関係にあり、義天版を入手することができた。海商たちは、博多の「唐房」に渡り、義天版を日本にもたらした（原美和子「宋代東アジアにおける海商の仲間関係と情報網」『歴史評論』五九二、一九九九年）。

一〇九三年、宋人一二人と倭人一九人が乗り組んだ船が、海賊と疑われて高麗延平島《ヨンピョンド》巡検軍《じゅんけんぐん》に拿捕《だほ》された事件が起きた。弓箭・刀剣・甲冑ならびに水銀・真珠・硫黄・法螺などを搭載していた。これらの品目は、日本から高麗に輸出された貿易品と一致し、倭人が多いこととあわせて、この船は日本で仕立てられた貿易船だと考えられる。この船については、①日本から高麗へ向かった船（森克己）、②日本から遼へ向かった船（藤田明良、李領、原美和子、石井正敏）、③日本から宋へ向かった船（山内晋次）の三説がある。一〇九〇年、宋海商の高麗渡航が禁止され、一〇九四年まで継続されたことを踏まえ、宋海商が主体となって日本から遼に向けて渡航した貿易船と考えたい（石井正敏「高麗との交流」前掲）。この事例は、宋海商が日本人も仲間に入れて活動していたことをうかがわせる。

宋海商が遼との貿易を試みていたことをうかがわせるものとして、日本僧明範《めいはん》入遼事件がある。一〇九一年（寛治五）、海商隆琨《りゅうこん》が、僧明範を乗せて博多から遼に渡った。翌年、隆琨の船が博多に帰着したところ、日本の朝廷は、大宰権帥藤原伊房《ふじわらのこれふさ》・対馬守藤原敦輔《あつすけ》と明範・隆琨を捉え、一〇九四年（寛保元）に処分が下されている。隆琨は、日遼航路を開いた可能性がある。その背景には、一〇九〇年から、宋が、海商の高麗への渡航を禁止したこと（前述）があり、その結果、日本から遼へ渡る海商を出現させたのである。

倭寇の発生

活発な貿易が展開するいっぽう、高麗沿岸を襲う日本人（倭寇）が登場した。

九九七年（長徳三）、朝鮮半島で狼藉行為をした日本人がいた。前述したように、高麗が大宰府在住者を通じて牒状三通を送って、日本に抗議した。

一一五二年（仁平二）には、小値賀島《おじかじま》の清原是包《きよはらのこれつみ》が高麗船を襲撃した。一二六四年（弘長四）のものと思われる高麗を襲撃した海賊の交名《きょうみょう》（名簿）が、「青方文書」の中に残されている。

鎌倉時代（十三世紀）になると、倭寇が朝鮮半島南岸を襲い、掠奪をくりかえすようになる。研究者は、初発期の倭寇または十三世紀の倭寇とよんでいる。この倭寇の中には、対馬島民もいた。一二二七年（安貞元）、「高麗国全羅州道按察使」から「日本国物《〔惣〕》官大宰府」に宛てて、対馬島人が全羅州《チョルラジュ》を襲ったことを抗議する高麗国全羅州道按察使牒《あんさつしちょう》が発せられた。これに対して大宰少弐武藤資頼《むとうすけより》は、朝廷への上奏を経ることなく、大宰府に派遣された高麗国使の前で「悪徒」九〇人の首を斬った。そしてひそかに高麗へ返牒を送った。

逃亡先としての高麗

源平合戦（治承寿永《じしょうじゅえい》の内乱）の最中、対馬守藤原親光《ちかみつ》は、一一八三年（寿永二）、上洛しようとした。

しかし平氏が京都から九州に移ってきたため京都への道を押さえられ、出発できなかった。平知盛《とももり》や原《はら》田種直《だたねなお》から屋島《やしま》へ参上するよう催促を受けたが、それを拒否した。そのため、平氏は、三度にわたり追《つい》討使《とうし》を派遣した。親光は、一一八五年（文治元）三月、高麗に渡った。親光は、妊婦を連れていたため、広野に仮屋を構えて出産させた。この時、猛虎が窺って来たのを、親光の郎従《ろうじゅう》が射止めた。高麗国王明宗《ミョンジョン》はこれに感心し、親光に三ヵ国を与えた。壇《だん》の浦《うら》の戦いの後、源範頼《みなもとののりより》は源頼朝の命を受け、親光を迎えにいく船を高麗に遣わすよう対馬島の在庁に命じた。対馬島守護人の河内五郎義長《かわちごろうよしなが》が、親光に書状を送った。

右の話は、九条兼実《くじょうかねざね》の日記『玉葉《ぎょくよう》』や、鎌倉幕府の歴史書『吾妻鏡《あずまかがみ》』にみえるものである。高麗に渡ってからの話——虎退治の記事や、三ヵ国が与えられたという件は、そのまま事実だとは言い難い。だが、親光が一時高麗へ逃れたことは、事実とみてよいであろう。逃亡先として高麗という異国が選ばれた点は注目される。

二　モンゴルの脅威と高麗・日本

1　蒙古襲来前夜の日本と高麗

モンゴル帝国の高麗侵攻

十三世紀、ユーラシア大陸では、モンゴル（中国では元朝）が台頭し、金や西夏《せいか》を滅ぼし、六期にわたる侵攻によって高麗を征服し、ついには南宋《なんそう》を滅ぼし、広大な帝国を作り上げた。モンゴル帝国は、陸路には駅伝制《えきでんせい》を導入し、都の大都と海路を結ぶなど、交通路の整備に腐心し、それにともない活発な交流が行なわれた。

十二世紀後半以降、高麗では武人の勢力争いが続いていた。鎌倉幕府の成立よりやや遅れて、一一九六年、崔忠献《チェチュンホン》《さいちゅうけん》によって武人政権が成立した。高麗とモンゴルとの接触は、一二一八年、モンゴル軍に追われた金朝支配下の契丹《きったん》人が高麗に侵入したことを契機として始まった。高麗は、契丹人を平安道《ピョンアンド》の江東《カンドン》城に追いつめ、モンゴル軍と共同作戦を取って城を陥落させた。

このように高麗とモンゴルとのあいだは、当初は親密な関係であったが、次第に険悪なものに変わっていった。そのきっかけは、一二二五年、モンゴルの使者が高麗から貢物《こうもつ》を受け取って帰国する途中、何者かに殺されるという事件であった。一二三一年、サルタクが率いるモンゴル軍が侵攻し、首都の開《ケ》京《ギョン》を包囲した（第一次侵攻）。その後もモンゴル軍は、一二三二年（第二次）、一二三五～三九年（第三次）、一二四六～四七年（第四次）、一二五三年（第五次）、一二五四～五九年（第六次）の六度にわたって侵攻を続けた。高麗全土がモンゴル軍に蹂躙《じゅうりん》され、一二五四年の被害は、捕虜となった者が二十万六千八百余人、死者は無数に及び、「骸骨野を蔽《おお》う」（『高麗史』）という惨状であった。

これに対して、崔氏政権を中心に高麗側は激しい抵抗運動を続けた。一二三二年、崔氏政権は、都を開京から江華島《カンファド》に移して、徹底抗戦の方針を明らかにした。

しかし、モンゴルの攻撃が長期化する中で、高麗の人々の疲弊は増していった。そして崔氏政権の基盤も揺らいでいき、武人どうしの抗争が起きた。そのいっぽう、国王高宗《コジョン》と文人たちを中心にモンゴルとの講和を求める動きが活発化した。一二五八年、クーデタが起こり、四代続いた崔氏政権は滅亡した。

三別抄の乱

崔氏滅亡後も武人たちが政治の実権を掌握し、モンゴルへの抵抗姿勢を維持していた。いっぽう、国王元宗《ウォンジョン》は、モンゴルとの臣従関係によって、政治的地位の回復をはかった。そして江華島を出て、モンゴルとの交渉を進め、首都を開京にもどそうとした。抵抗の拠点であった江華島から、都を開京に戻すことは、高麗側の完全な屈服を意味していた。一二七〇年、文人たちは三別抄《サンビョルチョ》（左・右夜別抄、神義軍の三部隊）という正規軍を動かし、権力を掌握していた林惟茂《イムユム》を殺害した。こうして武人政権の時代は終わりを告げ、都は開京に戻ることになった。

しかし、その三別抄が開京遷都に反対して蜂起した。三別抄は、裴仲孫《ペチュンソン》を頭領とし、元宗の弟の承《スン》化侯温《ファフォオン》を国王に擁立した。新政権樹立のため、江華島を捨て、全羅道《チョルラド》の珍島《チンド》に拠点を移した。この地を都にすべく急ピッチで都城の建設を進めた。龍蔵山城《ヨンジャンサンソン》は、三別抄によって造られた宮殿とみられる巨大な山城で、現在も石垣が残り、行宮《あんぐう》跡が確認されている。それに対して、江華島にはモンゴル兵二

珍島　龍蔵山城

〇〇〇が入り、元宗は開京に留まり、遷都は実現した。

三別抄は、珍島に新都の建設を進めるいっぽう、一二七一年初めには、全羅道をほぼ制圧し、慶尚道《キョンサンド》南岸も陥れた。モンゴル・高麗軍は再三珍島を攻めたが、その都度撃退された。

しかし同年四月半ばからモンゴルの攻勢が本格化すると、形勢は逆転した。五月、モンゴル・高麗連合軍は、珍島を攻略し、承化侯温は殺された。残党は、金通精《キムトンジョン》に率いられて、根拠地を耽羅《タムラ》（済州島《チェジュド》）に移した。この急速な衰退は、三別抄の中に親モンゴル勢力が台頭したことにあるとみられる。

珍島の敗北で、三別抄はいっそう反モンゴルの姿勢を明確にした。反乱軍は、しばらく鳴りをひそめ、その間にモンゴル・高麗の使者は、相次いで日本に渡り、モンゴルへの服属を求めている。

いっぽう、三別抄の行動範囲はますます拡大し、東は慶尚道から、北は忠清道《チュンチョンド》・京畿道《キョンギド》にいたる広範な海域に出没した。しかし一二七三年四月、モンゴル軍・漢軍・高麗軍あわせて一万余の大軍が耽羅を総攻撃し、金通精は自殺した。こうして三年余り続いた三別抄の乱は終息した。

この三別抄の抵抗は、日本側からみれば、モンゴルの日本攻撃を大幅に遅らせ、またモンゴル軍を疲弊させるものであった。そして後にみるように、三別抄は日本に向けて使節を派遣していた。

モンゴル・高麗と日本の交渉

モンゴルが日本との交渉を開始した十三世紀中頃、京都の朝廷は後嵯峨《ごさが》院政の時期であった。一二四六年（寛元四）、後嵯峨天皇は皇子久仁《ひさひと》親王に譲位（後深草《ごふかくさ》天皇。持明院統《じみょういんとう》の始まり）して院政を始め、一二五九年（正元元）、後深草天皇は弟の恒仁《つねひと》親王に譲位（亀山《かめやま》天皇。大覚寺統《だいかくじとう》の始まり）したが、後嵯峨院政は継続した。外交をはじめとする国家の大事は、院の評定《ひょうじょう》で審議されて決定した。

いっぽう、鎌倉幕府においては、一二六八年（文永五）、六四歳の北条政村《ほうじょうまさむら》が執権《しっけん》（七代目）から連《れん》署《しょ》（副執権の地位）に、一九歳になった得宗《とくそう》の北条時宗《ときむね》が連署から執権にというような執権と連署の交代が行なわれ、時宗が幕府の政策決定を主導する立場になった。

一二六六年八月、モンゴル帝国のクビライ＝カーンは、日本招諭の国書を作成し、兵部侍郎黒的《こくてき》・礼部侍郎殷弘《いんこう》を国信使に任命し、高麗を介して日本に派遣した。だが、日本との戦争に発展することを危惧した高麗の宰相李蔵用《イジャンヨン》の工作もあり、国信使は渡日しなかった。クビライは高麗の態度を叱責し、高麗国王元宗は、やむなく潘阜《パンブ》を使者として日本へ派遣した。一二六八年（文永五）正月、潘阜らは、蒙《もう》古《こ》国書と高麗国書を持参し、大宰府に到着した。これらの文書は、大宰少弐武藤《だざいしょうにむとう》（少弐）資能《すけよし》から鎌倉幕府へ届けられ、幕府の使節二人が上洛して、関東申次《かんとうもうしつぎ》の西園寺実氏《さいおんじさねうじ》に提出された。二月、院評定や仗議《じょうぎ》（陣定《じんのさだめ》）が開かれて審議が始まり、二通の牒状について検討した。その結果、返牒をしないことを決定した。

同年九月、クビライは黒的・殷弘を使者として、高麗の使節とともに再度日本へ派遣した。翌年二月、対馬島に着岸した蒙古・高麗国使は、対馬島民と不慮の喧嘩を引き起こし、対馬島民の塔二郎《とうじろう》・弥次郎《やじろう》を拉致して高麗に至った。

一二六九年（文永六）九月、モンゴル側の使節として、高麗の金有成《キムウソン》・高桑《コユ》が、対馬島伊奈浦《いなうら》に至っ

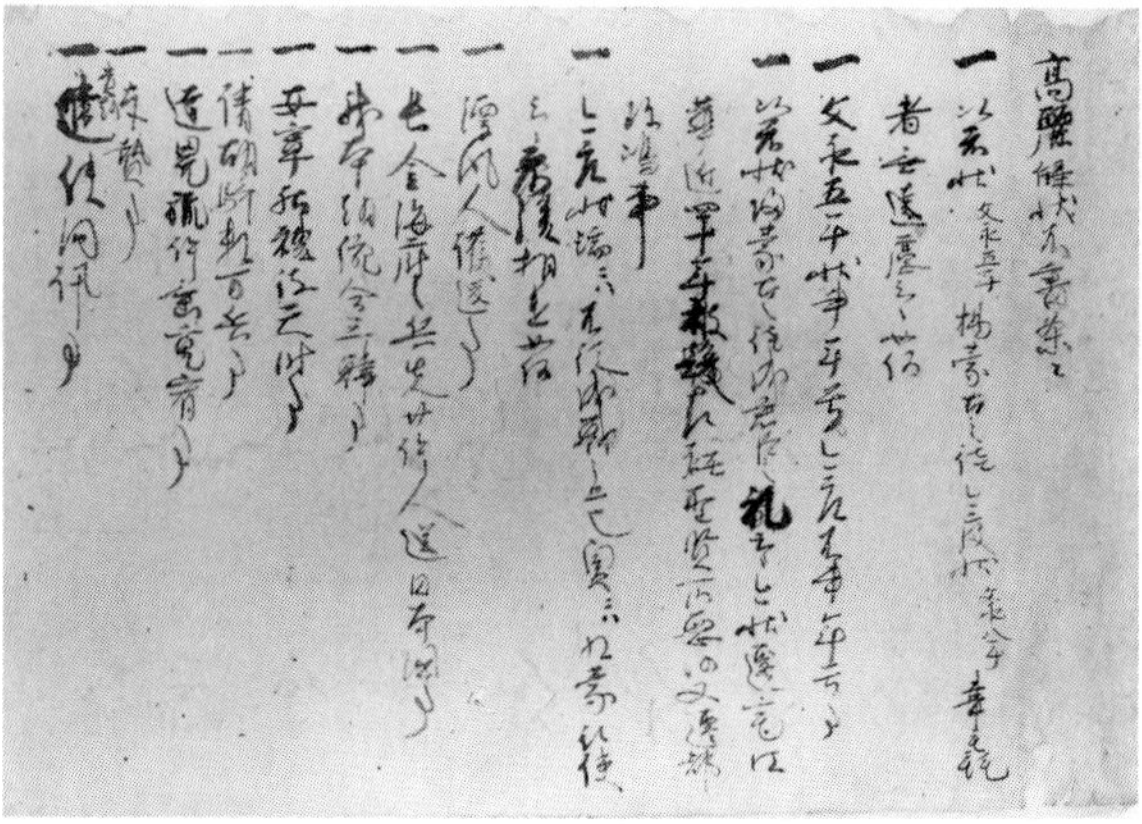

「高麗牒状不審条々」（東京大学史料編纂所所蔵）

た。大宰府から高麗国・蒙古国の牒が朝廷に提出された。院評定では、返牒を遣わすことを決定し、菅原《すがわら》（高辻《たかつじ》）長《なが》成《なり》が草者となり、太政官と大宰府守護所が差出者となった文書を作成した。この返牒の内容を伝えられた幕府は、評定を開き、先度の牒使来朝の時の例にならい、返牒を遣わすべきでないことを返答した。その結果、蒙古への返牒は送られなかった。

三別抄と日本の交渉

一二七一年（文永八）九月、鎌倉幕府の使者が、関東申次の西園寺《さいおんじ》実兼《さねかね》のもとに「高麗牒状」を届けた。この牒状は、後嵯峨院の評定にかけられ、公家たちがその解釈や対応について議論を繰り広げた。

この「高麗牒状」の内容については、東京大学史料編纂所所蔵の「高麗牒状不審条々」という文書によって知ることができる（石井正敏「文永八年来日の高麗使について—三別抄の日本通交史料の紹介—」『東京大学史料編纂所報』一二、一九七八年、同「文永八年の三別抄牒状について」『中央大学文学部紀要』史学五六、二〇一一年）。その第三条には「珍島に遷都す」という文言があり、三別抄からもたらされた牒状であった。日本側にモンゴル軍への抵抗のための援軍と兵粮を求めた。モンゴルが金海府二〇名を日本に送ったことや、高麗が数万の兵をモンゴルに派遣要請をしたという、日本にとっても有益な情報を提供している。漂流人を相互に護送しあうことや、日本からの使者の派遣を求め、日本との恒常的な外交関係を結ぶ意図もみえる。

この牒状に対して、院評定では文章を正しく理解できずに「不審」として片付け、返牒を送らなかった。鎌倉幕府は、三別抄からの情報に基づいて、九州に所領を持つ御家人に対して、九州へ下向して、守護の指揮下で異国警固にあたること、および領内の悪党への鎮圧を命じている。朝廷・幕府とも三別抄に対して、支援をすることはなかった。

2　蒙古襲来

文永蒙古合戦

この間の一二七一年十一月、クビライは新しく国号をたてて「大元」と称した。一二七三年、南宋の襄陽《じょうよう》を落とし、ついで高麗の三別抄を平定したことで、クビライの日本遠征を妨げていた条件が除かれた。

一二七四年正月、クビライは高麗に九〇〇艘の造船命令をくだし、突貫工事で造船を急がせた。日本遠征に用いられた兵数は、モンゴル人・女真《じょしん》人および金の治下にあった漢人合わせて二万人、都元帥《とげんすい》は忻都《きんと》、右副元帥は洪茶丘《こうさきゅう》、左副元帥は劉復亨《りゅうふくこう》とし、高麗の助征軍は約六〇〇〇で金方慶《キムパンギョン》が指揮、そのほか数多くの梢工《しようこう》・水手《かこ》がいた。

十月、元・高麗の連合軍は合浦《ハッポ》（慶尚南道馬山《マサン》）を出発した。対馬に上陸し、守護代宗助国《そうすけくに》（資国《すけくに》）らが応戦したが戦死した。続いて壱岐を襲った後、博多湾西部（福岡市）の今津《いまづ》―百道原《ももちばる》に上陸し、麁原《すそはら》・鳥飼《とりかい》・別府《べふ》・赤坂《あかさか》において激戦が展開された。日本軍は押され気味であったが、最終的な勝負がつかないまま元・高麗軍は船に撤退し、翌二十一日、博多湾内から元・高麗軍の船艦は姿を消していた。高麗へ向けての撤退途上、暴風雨に遭った。

近年の研究では、この遠征は、南宋接収作戦の一環として日本を牽制・威嚇したものであり、撤収は予定の行動であったとする見方が強くなっている。

「異国征伐」計画と弘安蒙古合戦

一二七五年（建治元）末から翌年にかけて、鎌倉幕府は、「異国征伐」、すなわち「異国」＝高麗に遠征する計画を立てた。

同年十二月、幕府は安芸《あき》国守護武田信時《たけだのぶとき》に対し、明年三月に異国征伐を行なうため、梶取《かじとり》《かんどり》・水手《かこ》らが九州で不足した場合、山陰・山陽・南海道からも博多に送ることを命じるとし、安芸国海辺知行の地頭《じとう》御家人《ごけにん》・本所一円地《ほんじよういちえんち》らは、催促に従い、梶取・水手らをさっそく博多に派遣すべしと命じている。異国征伐に向かわない九州の御家人は、博多湾に石築地《いしついじ》（のちに元寇防塁《げんこうぼうるい》とよばれる）の築造にあたることになった。しかし遠征計画は思うようにはかどらずに中止となり、幕府は石築地の築造に専念することになった。

一二七九年、クビライは南宋を滅ぼし、一二八一年（弘安四）、再度の日本遠征を行なった。忻都《きんと》・洪茶丘《ホンタグ》が指揮をとるモンゴル・漢軍三万人、金方慶《キムバンギョン》を指揮者とする高麗軍一万人、計四万人（別に梢工・水手がいる）、九〇〇艘の東路軍と、南宋の降兵を主体とし阿塔海《アタハイ》・范文虎《はんぶんこ》を将とする一〇万人、三五〇〇百艘の江南軍を日本に派遣した。五月、東路軍は、高麗の合浦から進撃を開始した。いっぽう、江南軍は慶元《けいげん》（寧波《ニンポー》）や舟山島《しゅうざんとう》付近で装備を整え、同年六月、順次出発した。東路軍は、対馬を襲い、壱岐を経て、博多湾頭に進んだ。この間、一部は長門に進んでいる。東路軍は志賀島《しかのしま》に足掛りを作って、攻防戦を行なった。東路軍はその後壱岐に退き、日本軍の攻撃を受けている。東路軍は、七月、平戸島《ひらど》や五島《ごとう》列島に達した江南軍と合流し、一挙に博多湾に進入すべく鷹島《たかしま》（長崎県松浦市）付近に集結したが、台風に遭って壊滅的打撃を受けた。

元の第二次日本遠征は、東路軍・江南軍とも、おおむね被征服民で戦意は低く、諸将の不和と元軍の海戦不慣れが目立った。いっぽう、日本側は、防備態勢を整えて防塁を築き、得宗のもと守護―管内武士の応戦体制は、再編強化されていた。

弘安蒙古合戦後、幕府は、再び「異国征伐」計画を立てた。少弐（武藤）氏または大友氏を大将軍とし、筑前・肥前・豊後《ぶんご》三ヵ国の御家人ならびに大和・山城の悪徒（悪党）を動員して高麗を討とうというものであった。幕府は、「異国征伐」を掲げて厳戒態勢を継続させ、悪党対策と兵員不足の補充をあわせ考えていたものとみられる。だが、この計画も実行されなかった。

三　前期倭寇と日麗関係

1　前期倭寇の隆盛

庚寅以降の倭寇

日本の南北朝内乱の最中である十四世紀後半、朝鮮半島や中国大陸を倭寇《わこう》が襲い、掠奪《りゃくだつ》を繰り返した。倭寇とは、被害を受けた朝鮮・中国側の呼称である。日本の研究者は、十四〜十五世紀に活動した倭寇を前期倭寇とよんでいる。

一三五〇年（庚寅年）二月、倭寇は、高麗の慶尚道南岸の固城《コソン》・竹林《チュクイム》・巨済《コジェ》を襲った。高麗の地方軍は倭寇と戦い、三百余級を斬獲している。このことを、『高麗史』や『高麗史節要』は、倭寇の侵入がここに始まったと記している。倭寇は、朝鮮半島南岸（慶尚道《キョンサンド》・全羅道《チョルラド》）の港などを頻繁に襲撃し、租税を運ぶ漕船《そうせん》や、営《えい》という役所を襲っている。

一三五一年の秋以降、都のある京畿道の西海岸を襲撃する倭寇も現れた。一三五一年八月、倭船一三〇艘は、紫燕《チャチェ》・三木《サムモク》の二島を襲い、廬舎《ろしゃ》を焼いた。また京畿道《キョンギド》の舟運の要所である南陽府《ナムヤンブ》・双阜県《サンブヘン》を襲った。倭寇は、喬桐《キョドン》を何度も襲撃し、倭船を停泊させ、甲山倉《カプサンチャン》を焼いている。『高麗史』は「京城戒厳」、すなわち首都の開京（開城）が戒厳体制に入ったことを記している。一三六〇年、倭寇は、江華

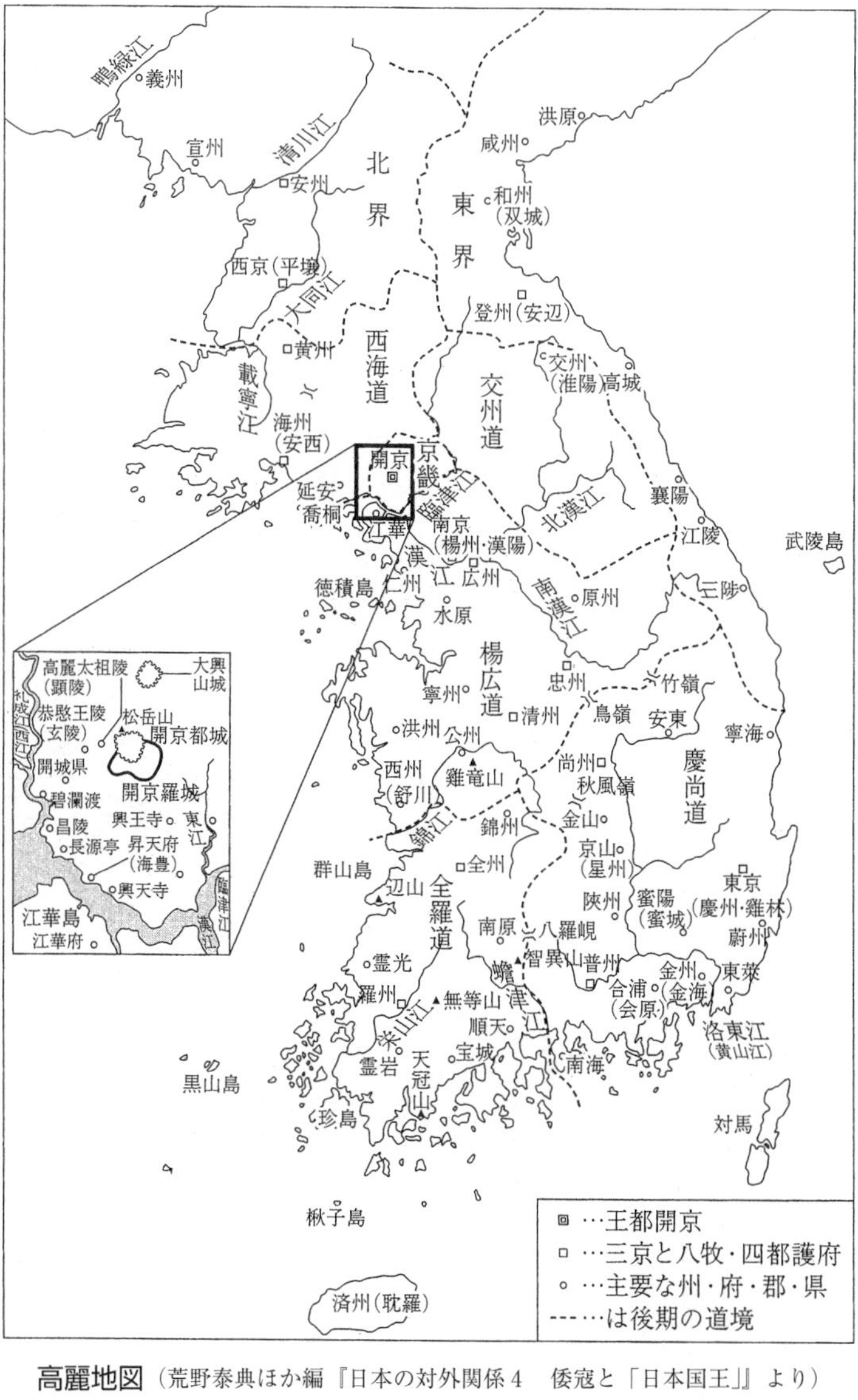

高麗地図（荒野泰典ほか編『日本の対外関係４　倭寇と「日本国王」』より）

島を襲撃し、三百余人を殺し、米四万余石《ソク》（石は、高麗の単位）を掠奪している。一三七三年、倭寇は、開京《ケギョン》を挟んで、その東西を流れている東江と西江に集まり、陽川を襲った。そして漢陽府《ハニャンフ》（ソウル）に至り、廬舎《ろしゃ》を焼き、人民を殺したり拉致し、数百里が騒然とした。京城は大いに震えたという。

倭寇の侵攻の件数は、『高麗史』によれば、一三五〇～九一年のあいだで、約三〇〇件をかぞえる。侵攻のピークは、一三七六～八五年の時期であり、一三七七年には二九件、七八年には二二件、八三年には二四件の侵攻を確認できる（田中健夫―二〇一二）。ただし一つの集団が、移動しながら連続的に侵攻したケースも多い。李領は、倭寇集団という概念を提示し、一三五〇～九一年における集団の数（延べ数）を一三六とみている（李領―一九九九）。

倭寇の中には、一〇〇・三〇〇・五〇〇艘などの大船団をくむものもあった。高麗の辛禑王《シンウワン》の時代になると、内陸部まで侵攻する大規模騎馬集団も登場した。

阿只抜都と李成桂

倭寇の頭目の一人に、阿只抜都《あきばつ》とよばれた人物がいた。『高麗史』によれば、年齢は一五、六歳、容姿は端麗で、勇ましさは他に類をみないものだった。白馬に乗って戈《か》を舞して馳突《ちとつ》し、向かう者は恐れてひれ伏し、敢えて当たる者がなかった。

高麗の将軍であった李成桂《イソンゲ》は、「荒山戦闘」（南原山城《ナムウォンサンソン》の戦いともいう）において、阿只抜都の率いる倭寇と対戦した。李成桂は、阿只抜都の兜《かぶと》を射落として、成桂の部下の李豆蘭《イドゥラン》が射殺した。倭寇は、大いに気をくじき、李成桂は、倭寇をうち破った。川の流れはことごとく赤くなり、六、七日間色が変わらず、人は川の水を飲むことができなかった。捕らえた馬は、千六百余匹にのぼった。この勝利は、李成桂が台頭する契機になり、一三九二年に朝鮮王朝を成立させる。

前期倭寇の実像

倭寇のおもな掠奪品は、食糧（米）と沿岸の住民たちである。食糧については、租米《そまい》を運ぶ輸送船や、それを備蓄する倉庫が攻撃の対象になった。彼らが奪った米や人などは、売買された。したがって、前期倭寇は、掠奪者（海賊）としての側面と、交易を行なう商人（海商）としての側面とがあった。

また倭寇に捕らえられた人々（被虜人）は、案内人（諜者）として倭寇の活動に従事させるほか、博多や壱岐《いき》・対馬や琉球の那覇などに転売された。当時の東アジア海域においては、人身売買が頻繁に行なわれ、倭寇による被虜人も商品であった。

前期倭寇のおもな構成員は、朝鮮王朝は、「三島の倭寇」とよぶ、対馬をはじめ、壱岐・松浦《まつら》地方の人々とみられるが、高麗朝に不満をもつ高麗の人々も含まれている可能性がある。また高麗の賤民である禾尺《ペクチョン》・才人《チェイン》が、倭寇をかたって、掠奪をした例がある。禾尺は揚水尺《ヨンスチョク》・水尺《スチョク》ともいい、牛馬の屠殺・皮革の加工を行ない、才人は仮面芝居の集団である。

したがって、前期倭寇を、特定の性格を有した集団ととらえるべきではなく、また日本人・朝鮮人のいずれかであるというような論法にすべきではない。倭寇たちの拠点や生活圏、行動範囲に即して、多様な集団としてとらえてみてはどうだろうか。

　このような倭寇を、村井章介は、境界人とよんでいる（村井章介─二〇一三a）。日朝の境界を活動の場とし、国家や民族という枠をまたぎ、日本と朝鮮という二つの世界を自由に往来する人々であった。

2　日麗通交関係の成立

高麗使節と室町幕府の交渉

　倭寇の被害を受けた高麗や明は、日本に使者を送り、その禁圧を求めるとともに外交関係の成立を求めた。倭寇の発生が、日本と朝鮮・中国との国交を成立させたのである。

　一三六六年、高麗の恭愍王《コンミンワン》は、使者として金竜《キムリョン》一行と金逸《キムイル》一行とを別個に日本の京都に派遣した。その目的は、日本側に倭寇の禁圧を要請することであった。

　室町幕府の将軍足利義詮《あしかがよしあきら》は、高麗使節の処遇について朝廷に奏上したが、朝廷は殿上定《てんじょうさだめ》の結果、使節の受け入れを拒否すると決定した。しかし幕府は、天竜寺《てんりゅうじ》を宿所として使節を迎えた。使節を接待したのは、天竜寺住持の春屋妙葩《しゅんおくみょうは》らの五山僧《ござんそう》であった。また将軍足利義詮も、天竜寺に赴いて使節を接見した。そして義詮の意を奉じる春屋の書状を返書とした。この時、春屋には僧録《そうろく》という肩書が加えられている。天竜寺の僧侶二人を伴って、金竜・金逸らは帰国した。この高麗使との交渉は、幕府が朝廷から外交権を接収する第一歩になった。

　しばらく高麗使節の来日は途絶えていたが、その後、五度にわたって高麗使が来日した。一三七五年に派遣された羅興儒《ラフンユ》に対して、幕府は徳叟周佐《とくそうしゆうさ》の書状を送って、倭寇の禁圧を約束した。

明の成立と日本国王良懐

中国大陸では、元朝末期の混乱を制し、一三六八年、朱元璋《しゆげんしよう》が明朝を建国して皇帝になった（太祖《たいそ》、洪武帝《こうぶてい》）。洪武帝は、一般の中国人が海上に進出することをいっさい禁止する海禁政策をとった。そのいっぽう、洪武帝は、周辺諸国の国王に対して朝貢を呼びかけた。貿易は、明皇帝が、冊封をうけた国王の使節のみに許した。こうして国家間で使節を派遣しあう通交関係が成立し、それにともない貿易を行なう体制が形成されていく。

これにいち早く対応したのは、琉球であった。沖縄本島では、中山《ちゆうざん》・山北《さんほく》（北山）・山南《さんなん》（南山）という三つの勢力が生まれていた。一三七七年、琉球国中山王察度《さつと》は、弟の泰期《たいき》らを明に派遣して、馬一六匹と硫黄一〇〇〇斤を献じた。それに対抗して、一三八〇年には山南王承察度《しようさつと》が、一三八三年には山北王怕尼芝《はにじ》が朝貢使を送っている。

洪武帝は、九州に勢力をもっていた南朝の征西将軍懐良《かねよし》親王のもとに楊載《ようさい》らを派遣して、朝貢を求めた。二度目の交渉の結果、一三七一年（建徳二）、懐良親王は祖来《そらい》を使者として明に派遣した。祖来は、懐良親王を日本国王に封じる洪武帝の詔書《しようしよ》と、明の暦である大統暦《だいとうれき》を賜り、帰国した。

懐良親王を日本国王に封じる洪武帝の詔書を携えて、明使仲猷祖闡《ちゆうゆうそせん》・無逸克勤《むいつこくごん》が、一三七二年五月、博多に到来した。だが、博多は、将軍足利義満が送った九州探題今川了俊《いまがわりようしゆん》によって制圧されていた。

了俊は、明使を博多の聖福寺《しょうふくじ》に拘留した。日本の事情を知った明使は、大宰府を失った征西府《せいせいふ》にかわって、北朝側との交渉に切り替え、翌年六月に京都に上洛した。

足利義満は、聞渓円宣《もんけいえんせん》・子建浄業《しけんじょうごう》を使者として、明使の帰国に同行させ、被虜人一五〇人を送還した。これが、室町幕府最初の遣明使《けんみんし》である。だが、洪武帝は、義満の国書は「国臣の書」であり、国王が臣下として皇帝に奉る公式な文書である表《ひょう》ではなかったため、拒絶した。

その後、「日本国王良懐」名義の使節が、たびたび明に入貢した。この使節は、拠点を失った懐良親王が派遣したものとは考えられない。このように、派遣名義人と実際の派遣者とが異なる使節を偽使《ぎし》という。この後、朝鮮王朝との交渉では、数多くの偽使が登場することになる。

今川了俊・大内義弘と高麗

高麗は、幕府との倭寇禁圧の約束に満足できず、倭寇の禁圧を期待できる交渉相手として、九州探題今川了俊および大内義弘《おおうちよしひろ》と交渉をもつようになった。

一三七七年（応安三・天授三）、安吉常《アンキルサン》が日本に遣され、倭寇の禁圧を請願した。翌年、今川了俊は、使僧信弘《しんこう》とともに、軍勢六九人を高麗に送った。この軍勢は、全羅道の兆陽浦《チョヤンポ》で倭寇と戦い、一艘を得て、被虜の婦女二十余人を獲得した。だが慶尚道固城郡の赤田浦《チョクチョンポ》において倭寇と戦ったものの敗れ、日本に戻っている。同年、日本に派遣された鄭夢周《チョンモンジュ》は、被虜朝鮮人を博多で購入している。翌年、夢周は、今川了俊の使周孟仁《しゅうもうじん》と被虜人数百人とともに帰国した。

一三七九年（康暦元・天授五）、李子庸《イチャヨン》は、今川了俊より被虜人二百三十余人を得て帰国した。また前司宰令の韓国柱は、大内義弘の配下朴居士《パクコサ》と軍兵一八六人とともに帰国している。だが朴居士は、高麗の河乙沚《ハイルチ》の援軍を得られず、倭寇に大敗した。

これらとは別に、対馬の宗氏も使節を派遣している。宗経茂《そうつねしげ》（崇慶）は、一三六八年（応安元・正平二三）に高麗に使節を派遣している。

高麗と琉球

一三八〇年代後半には、高麗軍の倭寇討伐が功を奏し、倭寇はしだいに沈静していった。

一三八九年（嘉慶三・元中六）二月、慶尚道元帥朴葳《パクウィ ぼくい》は、兵船一〇〇艘を率いて、対馬島を攻撃した。倭船三〇〇艘を焼き、沿岸の廬舎を焼きつくし、被虜高麗人の男女一〇四人を探し出して帰った。

この事件は、琉球が高麗との交渉を始めるきっかけとなった。同年、琉球国中山王察度は、初めて高麗に使節を派遣した。察度は、表を奉じて臣を称し、高麗が対馬島を伐ったことを聞いて、使節玉之《ぎょくし》を遣わした。そして被虜高麗人を送還し、高麗国王に硫黄・蘇木《そぼく》・胡椒《こしょう》を贈った。玉之は、全羅道順天府に到来している。察度は、初めて交渉をする高麗に受け入れられやすいように、表を選んだものと考えられる。また察度は、高麗軍による対馬島攻撃の情報を入手している。対馬に関する情報を知り得るような、九州北部〜琉球間の交流があったことを意味している。その情報に基づき、玉之は対馬―慶尚道のルートを避けて、全羅道ルートを選択したのである。

四　日朝通交関係と倭人

1　安定した日朝関係

日明関係の成立

一四〇一年（応永八）、足利義満は祖阿《そあ》・肥富《こいつみ》を明《みん》の建文帝《けんぶんてい》に派遣し、翌年日本国王に封じられ、日明貿易が開始された。その後、義満は、永楽帝《えいらくてい》から「日本国王之印」と刻まれた金印と勘合《かんごう》を与えられた。

足利義満が死去した後も将軍足利義持《よしもち》が、遣明使を派遣していたが、一四一一年（応永一八）、明使王進《おうしん》の入京を許さず、兵庫から帰国させ、日明関係を断絶した。義持自身が、父義満の政策に批判的だったこともあるが、明皇帝に服属するという形態を屈辱的とみなす人々が幕府や朝廷内に多かったという事情がある。

その後、将軍足利義教《よしのり》によって、日明関係は復活する。一四三二年（永享四）八月、正使竜室道淵《りゅうしつどうえん》らは、兵庫を出発した。一行は翌年、北京に入り、足利義教の表を奉じている。そして一四三四年（永享六）、明使雷春《らいしゅん》らをともなって帰国した。

足利義満・義持の時期の遣明船は、すべて日本国王の名義で派遣され（公方船）、経営の主体も幕府であった。義教の時期からは、幕府の使節を乗せた船（公方船）のほか、守護大名（山名《やまな》氏ら）や寺社（相国寺《しょうこくじ》・天竜寺など）が使船を用意して、経営に参加するようになった。また博多や堺などの商人が、遣明船に乗船して利益をあげた。このような多彩な乗組員からなる船団全体を、日本国王使として扱い、明へ派遣したのである。

琉球では、尚巴志《しょうはし》が三山《さんざん》を統一して、「琉球国中山王」として明に朝貢するいっぽう、朝鮮王朝や東南アジア諸国とも交渉した。日本の畿内や博多・南九州にも頻繁に来航し、中国産の唐物や東南アジア産の香料などをもたらした。

日朝通交関係の成立

朝鮮王朝を建国した李成桂《イソンゲ》（一三五五〜一四〇八）は、現在の咸鏡道《ハムギョンド》の永興《ヨンフン》に生まれた武人であった。全州《チョンジュ》李氏の一族とされるが、女真《じょしん》族の出身とする説もある。元末の混乱で高麗に侵入した紅巾軍《こうきんぐん》を打倒して武人として頭角をあらわした。そして女真人や、モンゴルの残存勢力、阿只抜都《あきばつ》などの倭寇の討伐に活躍し、高麗王朝の中枢に加わった。明朝成立後、高麗の官僚は、親元派と親明派とに分かれていた。親元派が辛禑王《シンウワン》をたて、倭寇攻撃に活躍した崔瑩《チョヨン》が親元派の中心人物になったのに対し、李成桂には儒教官僚の多くが与した。一三八八年、明の遼東《りょうとう》を攻撃する指揮官となったが、遠征の途中、鴨緑《おうりょっ》江《こう》下流の威化島《ウィファド》から全軍を引き返し、開京に入城して辛禑王と崔瑩を追放し、辛昌王《シンチャンワン》を擁立した。一三八九年に恭譲王《コンヤンワン》を擁立し、政治・軍事の最高権力を掌握した。一三九二年、恭譲王から王位を譲られ即位し、新王朝を開いた。即位後、明に使者を送り、「権知高麗国事」と称して国王の交代を承認された。明から国号の改定を持ち出されたことを機に、一三九三年、国号を朝鮮と定め、親明政策をとった。一三九四年、首都を開京から、漢陽《ハニャン》（一三九五年に漢城《ハンソン》と改称。現在のソウル）に移した。儒教を国教とし、成均館《ソンギュンガン》をはじめとする学校を各地に建設した。

朝鮮王朝に使節を派遣したのは、高麗末期から引き続き、今川了俊《いまがわりょうしゅん》や大内義弘らであり、当初は彼らによって日朝関係は担われていた。九州探題今川了俊は、高麗時代と同様に、朝鮮王朝にも頻繁に使節を送り、一一〇〇人以上の被虜人を送還した。

足利義満も、朝鮮王朝との交渉を開始するが、当初は大内義弘を前面に立てて交渉した。一三九七年（応永四）、大内義弘は僧永範《えいはん》・永廓《えいかく》を朝鮮に遣わした。彼らの帰還にあたり、朝鮮王朝は回礼使朴惇之《パクドンシ》を日本に派遣した。翌年八月、朴惇之は足利義満に謁見した。このとき幕府から朝鮮に送った文書は、大内義弘を通じて、幕府が倭寇の取り締まりに力をつくしていることを伝える内容であった。一三九九年五月、朴惇之は足利義満の使者とともに帰国して、被虜人百余人を送還している。したがって、義満は大内氏の仲介によって朝鮮王朝と交渉できたのである。

だが、同年十二月、大内義弘は、幕府軍と堺で戦って敗死した（応永《おうえい》の乱）。一四〇二年以降、大内氏を介さずに単独で、足利義満の使者が派遣された。『朝鮮王朝実録』では、足利義満を「日本国大相国」「日本国大将軍」として記録している。一四〇四年からは、朝鮮王朝は幕府の使節を日本国王使として扱っている。だが、幕府は朝鮮に対して、日本国王の称号は使わず、「日本国源義持」「日本国源義教」のように「日本国源某」という形式をとった。

また対馬の宗氏も使節を派遣している。一三九九年、宗貞茂《そうさだしげ》が使節を派遣し、方物と馬六匹を献じた。これ以後、対馬守護・島主である宗氏が、もっとも頻繁に使節を派遣し、日朝通交制度の一翼を担うことになる。

多元的通交関係と通交制度

中国を中心とした国際関係においては、「人臣に外交なし」というのが原則であり、日明関係は、明の皇帝と日本国王（足利氏）という一元的な関係である。それに対して、倭寇禁圧を求める朝鮮王朝側の意向により、日朝関係は、日本国王（足利氏）のほか、大内氏・島津氏・宗氏ら守護大名や、小早川氏・周布《すふ》氏らの国人層、博多・対馬などの商人層（もと倭寇であった者を含む）などの複数の派遣主が朝鮮側に受容されるという多元的な通交関係であった。

こうした通交関係が成立する契機としては、倭寇に拉致された被虜人を朝鮮王朝に送還することが、日本側の通交者にとって有効であった。佐志《さし》氏や志佐《しさ》氏など壱岐の通交者は、被虜人の送還に熱心で、それによって朝鮮王朝と密接な関係を結ぼうとした（関周一―二〇〇二）。

また朝鮮王朝は、倭寇を懐柔する政策をとった。その一つに、倭人を向化《こうか》（帰化）させる政策がある。向化倭人（または投化《とうか》倭人）とは、朝鮮国王の徳化を慕って、朝鮮に帰化した倭人をいい、その内訳は対馬島民が多いものと推測される。向化倭人には大きくみて二類型があった。第一が降倭であり、朝鮮に投降、帰順した倭寇である。第二に、来投倭人である。自ら進んで朝鮮に渡来し、向化した倭人で、生活難を理由に渡来するケースが多かった。

投化倭人のうち、官職を与えられた者を受職人という。彼らには、告身《こくしん》という辞令書が朝鮮王朝から与えられ、その官職は武官であった。元来は、朝鮮領内に居住するのを原則としたが、日本に居住することも許され、その場合、年一回の入朝が義務づけられた。受職人は通交権をもっていたことになり、通交して、貿易を行なった。

回賜品《かいしひん》、使節の滞在費や過海料《かかいりょう》（交通費）にあたる米の支給など、朝鮮側の経済的負担は重かった。そのため通交を統制する制度が、朝鮮側の主導で整備された。朝鮮王朝が通交者として認定した者の一部に、図書《としょ》という銅製の私印を与えた。図書には、通交者の実名が刻んであり、通交の際に所持する外交文書（書契《しょけい》）に押させ、通交の証とした。図書を所持している通交者を受図書人《じゅとしょにん》とよぶが、受図書人になることは、朝鮮通交権を獲得したことを意味する。最初の受図書人は、一四一八年（応永二十五）に図書を与えられた小早川則平《こばやかわのりひら》である。

諸使節の統制役として重要な役割を果たしたのが、対馬の宗氏である。宗氏は渡航証明書である文引《ぶんいん》を発給する権限を朝鮮から認められた。宗氏が、朝鮮王朝の代行者として、通交者の資格をチェックする制度といえる。この制度は、一四三八年（永享十）には確立する。文引を所持していない使節は、朝鮮側から接待を受けることはできなかった。文引は、対馬では吹挙《すいきょ》ともよばれた。当初は、日本国王使や諸大名の使節（朝鮮側は「巨酋使《きょしゅうし》」とよぶ）は対象外だったが、十五世紀後半にはすべての通交者に対して適用された。宗氏は、文引発行の手数料を通交者から徴収した。

十五世紀中期以降、朝鮮王朝は、日本の通交者が年間に派遣する船数を規定した。受図書人らの派遣船を年間一船、年間一・二船などと規定するようになる（歳遣船定約《さいけんせん》）。一四四三年、宗貞盛《そうさだもり》は、朝鮮王朝との間に癸亥約条《きがいやくじょう》を結び、歳遣船五〇隻の派遣と特送船の派遣などが認められた。

このような日朝通交制度の整備に尽力した朝鮮王朝官人の申叔舟《シンスクチュ》は、日本・琉球の風土や通交者などを記した『海東諸国紀《かいとうしょこくき》』を著している（一四七一年成立）。彼は、一四四三年（嘉吉三）に書状官として来日し、また外交文書の作成や、世宗《セジョン》の訓民正音《くんみんせいおん》制定にも寄与した。世祖《セジョ》によって、議政府領議政という最高の官職に任命された。

日朝貿易のしくみ

日朝間の貿易は、使節（朝鮮では使送倭人とよぶ）たちによって朝鮮で行なわれたが、それには次のような形態があった。

① 日本国王・朝鮮国王間の贈答、諸使節の朝鮮国王への進上と、それへの回賜。その他、使節による私進上とそれへの回賜もあった。

② 公貿易は、朝鮮王朝が官物をもって交易する形態である。世宗朝の初年、朝鮮に産しない銅・錫《すず》・蘇木・胡椒などを対象として始めたもので、両国物資の交換比率が王朝によって定められている。

③　私貿易は、公貿易の対象以外の品を役人の監督のもとに朝鮮商人と取り引きするものであった。この形態は、倭人と朝鮮人との④密貿易を生む温床にもなった。

朝鮮国王が日本国王宛に贈ったものをみておくと、経典類（大蔵経《だいぞうきょう》または個別の経典）、工芸品（銀《ぎん》樽《だる》・銀瓶《ぎんぺい》・青銅など）、布（苧布《ちょふ》・麻布《あさぬの》〈正布ともいう〉や綿紬《めんちゅう》〈絹のつむぎ〉など）、毛皮（虎皮・豹皮）、彩花席《さいかせき》（花むしろ）、人参・松子《しょうし》・精密（蜂蜜）などである。このうち麻布は、朝鮮王朝において通貨の役割を果たしており、木綿・綿布とあわせて、いずれの使節に対しても贈られる代表的な回賜品である。日本から朝鮮へ輸出したものをみると、日本国王使による贈与を含めて、多くの使節が刀剣を進上品としている。

足利将軍や大名・寺社に需要が高かったものが大蔵経である。特に幕府の使節（日本国王使）の派遣は、外交上の目的よりも、大蔵経の獲得を主眼としていた。『朝鮮王朝実録』によれば、日本国王が二五回前後、大蔵経を求請し、一～二回を除き、基本的には毎回与えられている。また大内氏が一八回前後求請したうち一二～一五回与えられ、対馬の宗氏は六～七回求請し、四～五回与えられている（須田牧子―二〇一一）。大蔵経は、高麗版が主であったが、宋版や元版、書写本、あるいはこれらの混合蔵などさまざまな種類が存在していた。

室町幕府の対朝鮮外交

室町幕府の外交実務は、京都の五山僧《ござんそう》が担っていた。中国を中心にする東アジアの国際関係においては、漢字・漢文が共通語・公用語であった。外交文書を執筆するにあたっては、四六騈儷体《しろくべんれいたい》の文章を作成できる能力が求められた。また漢詩を即座に詠めることも、外交使節のたしなみであった。使節と接待者とのあいだで、頻繁に詩の贈答が行なわれた。朝廷から外交権を接収して、武家外交を確立した室町幕府は、公家には頼らず、自前の外交担当者を必要とした。したがって五山僧が、外交文書の作成を担当し、使節をつとめることになった。

幕府外交に携わったのは、夢窓疎石《むそうそせき》とその法嗣春屋妙葩《しゅんおくみょうは》に代表される夢窓派の禅僧たちであった。特に明皇帝宛の外交文書である表《ひょう》（遣明表）は、絶海中津《ぜっかいちゅうしん》とその学統が執筆した。朝鮮王朝への国書は、当初は厳中周噩《げんちゅうしゅうがく》ら鹿苑僧録《ろくおんそうろく》が担当した。一四六六年（文正元）からは、将軍足利義政の命で、相国寺の蔭涼職《いんりょうしき》（蔭涼軒主）季瓊心蕊《きけいしんずい》が担当している。朝鮮国王・琉球国中山王《ちゅうざんおう》（「世の主」）宛の国書に押す「徳有鄰《とくゆうりん》」は、公方御倉《くぼうみくら》にあるよりも、蔭涼軒御倉にあるほうが多かった。遣朝鮮使は、将軍が直接任命せず、引見もしなかったように、遣明使に比べて格付けが低かった。これらのことは、室町幕府が対明関係に比べて、対朝鮮・琉球関係を軽視していたことの現れであった。

外交文書を集成したものが、瑞渓周鳳《ずいけいしゅうほう》の『善隣国宝記《ぜんりんこくほうき》』（一四七〇年成立）である。この書は、古代以来の国使・僧侶の海外渡航者往来の記事と、中世の外交文書（明や朝鮮王朝宛）を集成した部分から成り、外交文書の作成から知り得た先例旧記を、後世の外交文書作成者のための指針として遺すことを意図したものである。

明の皇帝から冊封されたという点では、朝鮮国王と日本国王（足利氏）とは対等な関係にある。しかし朝鮮使節を迎える場面において、朝鮮を日本よりも低いものとみなす「朝鮮蔑視観」意識が表出された（村井章介―一九八八）。

この意識は、花の御所において朝鮮使節を引見するようになった将軍足利義教の時期以降、外交儀礼を行なう場で明瞭に現れる（橋本雄―二〇一一）。一四三九年（永享十一）、通信使高得宗《コトゥヂョン》は、南面する義教に対して、三拝して国書を奉呈している。南面することは、使節に対して上位に立つことを示す。一四四三年（嘉吉三）に来日した朝鮮通信使卞孝文《ビョンヒョムン》の入京を許可するか否かを議論する際、朝廷の外《げ》記《き》の清原業忠《きよはらなりただ》は、神功皇后《じんぐうこうごう》による「三韓征伐」の故事を引用し、万里小路時房《までのこうじときふさ》は、その日記『建内記《けんないき》』にこの通信使を「高麗国朝貢使」と記している。

こうした意識は、新羅《しらぎ》・渤海《ぼっかい》を「蕃国」＝朝貢国として扱った古代の律令国家の外交理念を継承した側面がある。また相手国を低く見る姿勢は、日本のみに見られる事象ではない。中国やその周辺諸国は、外交儀礼という政治的な場面において、来航してきた外交使節を朝貢使節とみなすような、自国を上位に位置づける演出をしばしば行なうからである（橋本雄―二〇一一）。そして朝鮮王朝を交渉相手としての資格があると認識しているからこそ、使節が京都に入ることを認め、彼らを迎える政治的な演出の場を設けているのである。同じく中国の被冊封国だからこそ競争相手として認識していたといえる。

その背景には、朝鮮文化を高く評価しているという点がある。中世日本では、高麗・朝鮮王朝の文物に対する憧れや需要が高かった。

博多商人の活躍

博多は、早くから中国大陸・朝鮮半島との貿易の拠点であった。中世（十二～十六世紀）の博多は、海側の息浜《おきのはま》（興浜）と、内陸側の博多浜（古代以来の旧博多部）とに分かれ、両地域を結ぶ部分が細くくびれた二こぶ状の形をとっていた。十五世紀、息浜は一貫して大友氏が領有したのに対し、旧博多部は大内氏と少弐《しように》氏の係争地であり、一四七八年（文明十年）以降は大内氏が領有した。

申叔舟の『海東諸国紀』に「琉球・南蛮の商船所集の地なり」と記載されているように、十五世紀には、琉球船・南蛮船（東南アジア諸国の船）も来航した。瀬戸内海・日本海・九州西岸の海道などを通じて、列島各地と結びつき、西日本最大級の物資の集散地であった。

博多を拠点としながら、九州探題の今川了俊や渋川満頼《しぶかわみつより》・義俊《よしとし》、渋川氏被官の板倉満家《いたくらみついえ》などが、朝鮮王朝に対して、頻繁に使節を派遣した（川添昭二―一九九六）。また博多は、大内氏・大友氏の対外交渉の拠点でもあった。

このような諸大名の対外交流を支えていたのが、博多商人である。もっとも著名な商人・僧侶は、宗《そう》金《きん》である。彼は、はじめは、九州探題渋川氏の配下であったが、のちに大友氏の博多代官をつとめた。一四一九年（応永二十六）、応永の外寇の後、幕府は無涯亮倪《むがいりようげい》・平方吉久《ひらかたよしひさ》を朝鮮王朝に派遣したが、この使節の派遣は、九州探題渋川満頼の指示で、宗金が京都に赴き、将軍側近の陳外郎《ちんういろう》（渡来中国人陳延祐の子）を通じて実現に至ったものである。無涯亮倪は博多妙楽寺の居僧で、平方吉久は陳外郎の子である。この使節への回礼使として来日した宋希璟《ソンヒギョン》一行の博多～京都間の往復に同行し、一四二九年（永享元)、将軍足利義教の日本国王使に加わった。また渋川・大友・少弐氏らの使節もつとめて、貿易を代行している。一四二五年(応永三十二)以降は、受図書人として自らの子弟・使人を派遣し貿易を行なった。

大内氏の先祖観と朝鮮王朝

周防《すおう》国山口を拠点とする大内氏は、在京して室町幕府の政治に関与するいっぽう、朝鮮王朝や明との交渉を頻繁に行なった。大内氏は、瀬戸内海航路の要衝である周防国赤間関(現山口県下関市)を押さえるとともに、博多への進出を進めた。少弐氏との抗争に勝利し、一四七八年(文明十)以降、旧博多部を領有し、貿易船派遣の根拠地にした。博多の聖福寺《しょうふくじ》や承天寺《じょうてんじ》の禅僧に、外交の実務を委ねている。

大内義弘は、前述したように、十四世紀末期から高麗に通交し、倭寇を禁圧するために軍勢を派遣した。朝鮮王朝が成立すると、一三九五年以降、頻繁に通交した。また朝鮮王朝と室町幕府とのあいだの交渉の仲介役を果たしている。朝鮮王朝は大内氏を重要視して、大内氏の使節を日本国王使に準じた扱いにし、幕府に派遣された朝鮮使節は、途中で山口を訪れている。一四五三年(享徳二)に入明した遣明船(宝徳度遣明船)に加わって以降、大内氏は遣明船を派遣している。

大内氏は、朝鮮王朝との交渉において、次の三つの画期により、その先祖観を肥大化させていった。第一に一三九九年(応永六)、大内義弘は家系や出自を示す文書と「土田」を要求した。第二に一四五三年(享徳二)、大内教弘《のりひろ》が、大内氏は百済王子の琳聖太子《りんしょうたいし》の後胤であると称し、『琳聖太子入日本之記』という書物を朝鮮に求めた。第三に一四八五年（文明十七）、大内政弘《まさひろ》が「国史」を朝鮮に要求した。これらは、朝鮮王朝との交渉を円滑に進めることを意図したものであり、第二の画期では、朝鮮王朝は大内氏を同系と認識し、通信符を鋳造して大内氏に与えている。通信符は割符《わりふ》で、右符が大内氏に与えられ、左符は朝鮮王朝に保管されて勘合に備えられた。大内氏は、この百済王子孫説を、大内氏の領国や京都に向けても発信している。この先祖観は、大内氏の権力を正統化するものと期待されていたためであり、むしろ日本国内に向けて宣伝するために、この説を創出したと考えられる。それをもとに大内氏は、日本の朝廷に官位を求め、氏寺の興隆寺《こうりゅうじ》を勅願寺にすることを意図していた（須田牧子―二〇一一）。

朝鮮使節のみた室町時代の日本

日本に派遣された朝鮮使節は、復命後、日本での見聞を王朝に報告することが任務であった。使節の中には、一四一九年（応永二十六）応永の外寇後、室町幕府に派遣された宋希璟のように、行程の途中で詠んだ五言・七言の漢詩と散文の序という形式で『老松堂日本行録《ろうしょうどうにほんこうろく》』という著作にまとめる例もあった。

『老松堂日本行録』には、日本史料にはみえない社会の一面が記されている。

通信符（毛利博物館所蔵）

室町殿（将軍、御所）足利義持は、大名ら家臣の屋敷や寺社を訪れる御成《おなり》を頻繁に行なった。宋希璟が耳にしたケースは、ある大名は京都の屋敷に堂を構えて室町殿を迎え、弓・剣・鞍馬・銭などを献上し、水陸の御馳走を用意してもてなした。接待にあたるのは大名の妻で、浴室において室町殿の垢擦《あか》りをした。また室町殿が女性よりも少年を好んだ（男色）ことや、道沿いに遊女がいることなどに触れている。

復路、安芸《あき》国蒲刈《かまがり》（広島県呉市）においては海賊に警固を依頼した。このことを上乗《うわのり》という。この地は海賊の居住する所で、将軍の命令が及ばない地であった。東西の海賊があり、東より西に向かう船が東賊一人を乗せていれば、西賊はこれを襲わない。同様に、西から東に向かう船が西賊一人を乗せていれば、東賊を襲わないという慣行があった。そこで瀬戸内海の東から西へ向かっていた宋希璟一行は、東賊一人を乗せることとし、宗金は銭七貫を渡して東賊一人を買って船に乗せた。

赤間関の全念寺《ぜんねんじ》においては、仏殿の中で、尼と僧が経函《きょうはこ》《きょうかん》を隔てて東西に分かれて寝泊まりし、中には赤ん坊を孕む尼がいることを聞いている。

また一四二九年（永享元）に京都を訪れた朴瑞生《パクソセン》は、帰国後、一五ヵ条に及ぶ長文の復命書を、国王世宗に提出している。そこでは日本における銭の流通や、市は、簷《のき》の下に板を用いて層楼《そうろう》（棚）を設け、その上に商品を置いているため、塵《ちり》で汚れることはなく、買う側も商品を見やすいことなどを指摘している。また日本の水車を導入することを提案した。その提案は採用されたが、朝鮮は土壌が悪く、思うようには普及しなかった。

2　対馬と朝鮮

宗氏の対馬支配と朝鮮王朝

朝鮮との国境の島である対馬は、古代以来一貫して、朝鮮との交流の最前線にあった。とりわけ朝鮮王朝との交渉では、その果たした役割はきわめて大きく、日朝通交制度の多くは、対馬の人々を対象とするものであった。

申叔舟の『海東諸国紀』（前述）には、対馬島の四面はみな石山ばかりで、土は痩せて民は貧しく、島民は、製塩・漁業・交易を生業としていることが述べられている。対馬島は、南北に長い島だが、同書所収の「日本国対馬島之図」は、浅茅湾《あそう》を内側に包み込むように、北部・南部を折り曲げたように描かれている。黒田智が、クロワッサン型と名づけた図であり、島々の輪郭線をおおう波濤《はとう》と、対馬島の中央部を走る山並みの記号から構成され、八二浦が書き込まれ、二つの航路が白線で描かれている（黒田智―二〇〇九）。

対馬を十四世紀以降、支配していたのは宗氏である。宗氏は、もともと少弐氏の被官であった。室町幕府から対馬国守護に任じられたいっぽう、時には朝鮮王朝の外臣という立場を主張して、朝鮮からさまざまな権益を得た。一三九九年（応永六）に宗貞茂が朝鮮に通交を開始して以降、宗氏は通交頻度においては最大級の通交者になる。

一四四三年（嘉吉三）、宗貞盛は、朝鮮王朝とのあいだに、癸亥約条を結び、歳遣船五〇隻の派遣が

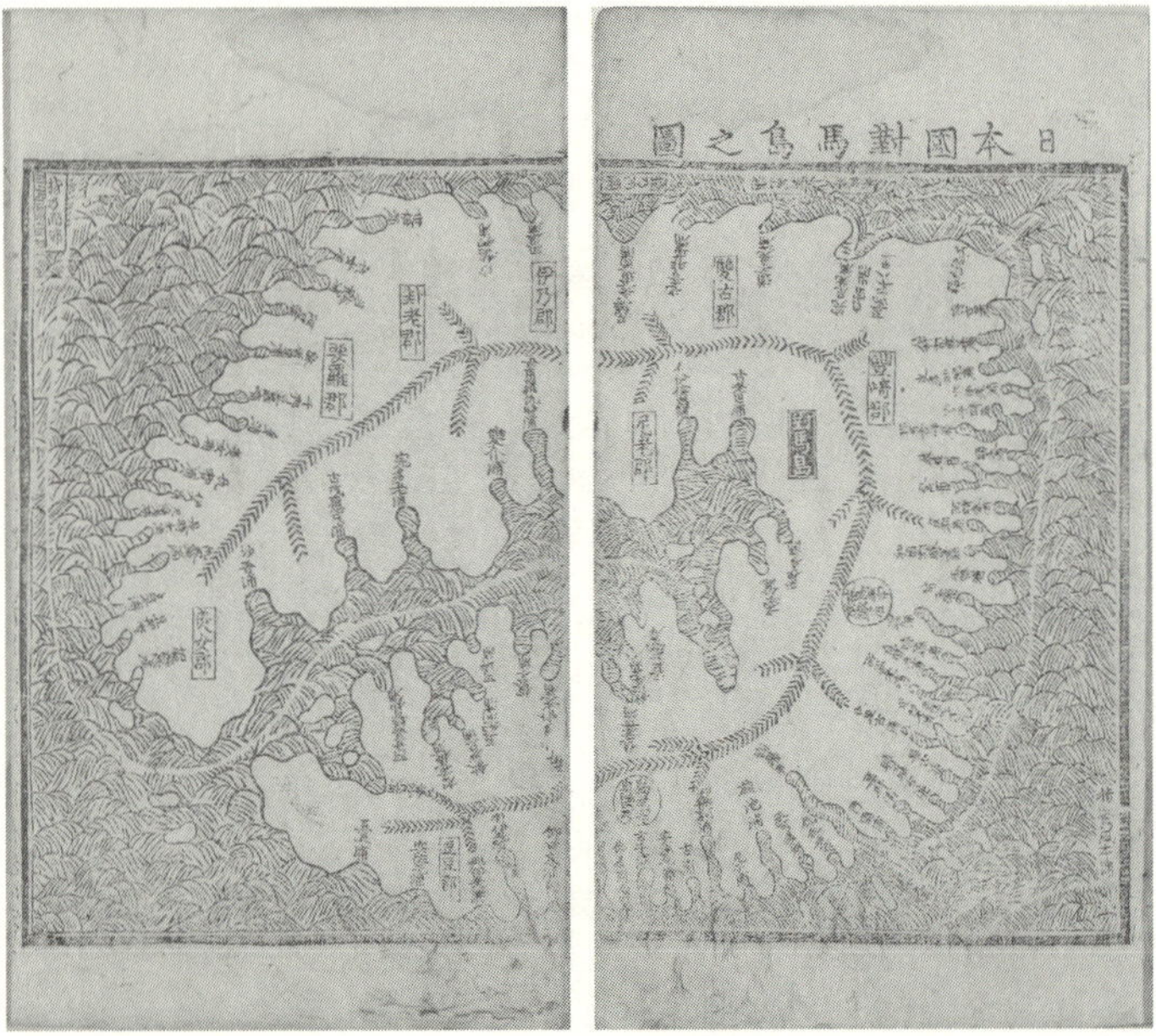

申叔舟『海東諸国紀』所載「日本国対馬島之図」（東京大学史料編纂所所蔵）

許され、歳賜米二〇〇石を与えられる権益を得ることになった。宗氏は、対馬島内最大規模の通交者の地位を得ることになると同時に、歳遣船の権利を家臣たちに与えて運用させ、島内支配の基盤を固めた（荒木和憲―二〇〇七）。

さらに宗氏は、対馬島民の活動に統制を加えている。朝鮮に渡海して交易をする船に対しては、高麗公事という渡海税を賦課する権限をもち、家臣に対して高麗公事を免除する特権を与えている。また魚や塩に対する課税もしていた。朝鮮へ通交する船に対して文引を発給する権利を朝鮮に認められたことは、前述した。この権限によって、宗氏は、対馬島内・島外の朝鮮通交者を統制できるようになった。

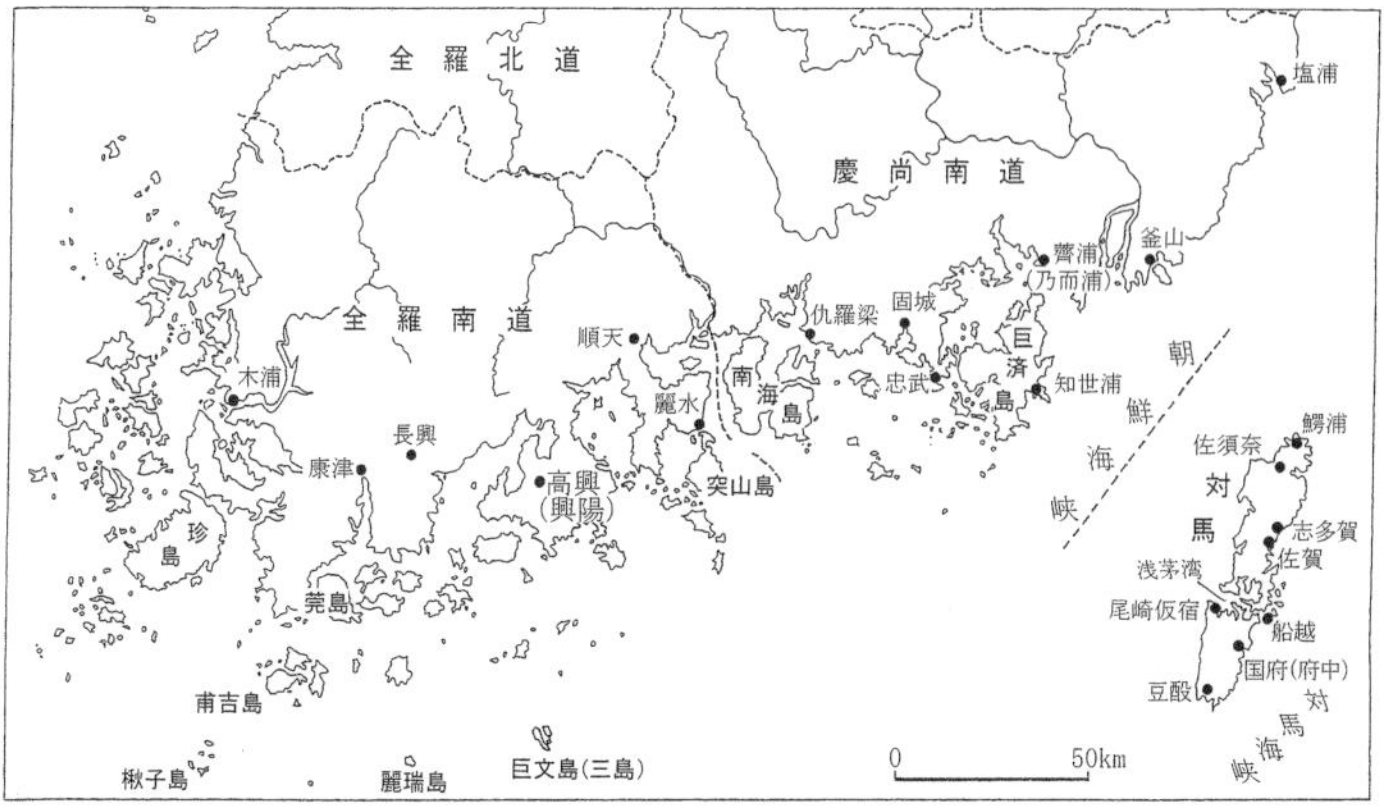

朝鮮半島南岸地域（関周一『対馬と倭寇』より）

対馬島民の中には、魚や塩を朝鮮に持ち込んで米と交換した興利倭船《こうりわせん》（乗員が興利倭人）を運営している人々がいた。一四四一年（嘉吉元）、宗貞盛は、朝鮮王朝とのあいだに孤草島《コチョド》《こそうとう》釣魚禁約《ちょうぎょきんやく》を結び、孤草島に出漁する対馬漁民に文引を与える権限を得た。狐草島は、現在の全羅南道《チョルラナムド》の巨《コ》文島《ムンド》と考えられる（長節子―二〇〇二）。

このように宗氏は、朝鮮との関係を利用して、対馬島民の活動を統制し、島内の基盤を固めた。また貿易に必要な物資は、博多から入手しており、博多との関係を緊密にする必要があった。宗氏は少弐氏の被官であったため、大内氏と対立していたが、一四七八年（文明十）、宗貞国と大内政弘とのあいだに和睦が成立した。これ以後、博多との関係は安定していく。

また宗氏は、文引制度を利用して、対馬島外の朝鮮に使節を派遣する西国の武士や商人らとの関係を緊密にすることができた。さらに西国各地に漂着した朝鮮人を、朝鮮に送還する仲介をするようになった。朝鮮人漂流人を送還することは、朝鮮国王から御礼として莫大な回賜品を得るほか、図書を与えられ、歳遣船定約を結ぶという朝鮮への通交権を得る契機となった。十五世紀前半は、多元的通交関係を反映して、漂着地の領主（武士）たちが個別に送還していたが、十五世紀後半になると、宗氏が領主と朝鮮との間の交渉役をつとめるケースがみられた。こうして朝鮮王朝との交渉・貿易を意図した西国の武士や商人らにとって、宗氏は中核的な位置を占めるようになる（関周一―二〇〇二）。

応永の外寇と対馬の帰属問題

一四一九年（応永二十六）五月、倭船五十余艘が、忠清道《チュンチョンド》庇仁《ビイン》県の都豆音串《トドゥムコツ》に突入し、兵船を焼くという事件を引き起こした。この倭寇は、明を目指したものであった。この事件を契機として、軍事権を掌握していた前国王の太宗《テジョン》（国王は世宗）は、倭寇の巣窟か、または通過地とみなしていた対馬勢力の討伐を計画した。六月、太宗が発した教書の中で、対馬がかつて慶尚道《キョンサンド》の「鶏林」（慶州《キョンジュ》の雅名）に属していたという認識を示した。これは、対馬東征を正当化する論理として創出されたものと考えられる。

三軍都体察使李従茂《イジョンム》が指揮する対馬島征討軍は、兵船二二七艘、総計一万七二五八人であった。六月、朝鮮軍は浅茅湾に入って尾崎の土寄《つちより》に上陸した。李従茂は、宗貞盛に書を送ったが、返答がないため、島内を捜索し、船を奪い、家を焼き、船舶往来の要所である船越に柵を築き、久しく駐留する意を示した。李従茂は仁位《にい》郡に上陸したが、糠岳《ぬかだけ》の戦いに敗れる。宗貞盛からの停戦修好の要請に応じて朝鮮軍は撤退し、巨済島に戻った。

朝鮮では再征が議論されたが結局中止となり、宗氏をはじめとする島内領主層や、対馬島民を朝鮮に移住させることを要求する「巻土来降」とよばれる策に転換した。朝鮮側は、対馬の空島化を図ったのである。太宗は、兵曹判書趙末生《チョマルセ》に命じて、対馬島守護宗貞盛宛に書契を送り、「巻土来降」を求め、また対馬が慶尚道に属することは典籍に明らかであると述べた。

対馬からは、宗貞盛の使者と称する時応界都《じおうかいと》が朝鮮を訪れ、対馬島民を巨済島に移住させ、朝鮮国内州郡の例により対馬の州名を定め、朝鮮から「印信」を賜ることなどを請願した。これを承けて、世宗は対馬を朝鮮の属州とすることを決定した。

その後、日本回礼使宋希璟が対馬を訪れた際、当時対馬最大の実力者であった早田左衛門大郎（もと倭寇の頭目）は、「対馬は少弐殿祖上相伝の地であり、もし属州にすれば百戦百死すれども、これを争ってやまないだろう」として、慶尚道に対馬を属させるとの決定に抗議した。

一四二一年、宗貞盛の使者である仇里安《くりあん》が、宗貞盛の書契を持って朝鮮を訪れた。貞盛の書契には、史籍や古老にあたってみたところ、対馬が慶尚道に属する根拠はないことを主張して、属州化を拒否した。結局、「印信」を受領しただけで、対馬の属州化は実行されず、また「巻土来降」も貫徹されなかった。

このように、対馬の帰属に関する交渉は、宗貞盛や早田左衛門大郎のような対馬島主または実力者、あるいはその意を受けたとする使節によるもので、室町幕府は何ら関与することはなかった。

その後、朝鮮側は対馬の内国化を求めてはいないが、対馬島がもと慶尚道に属していたとの認識を、

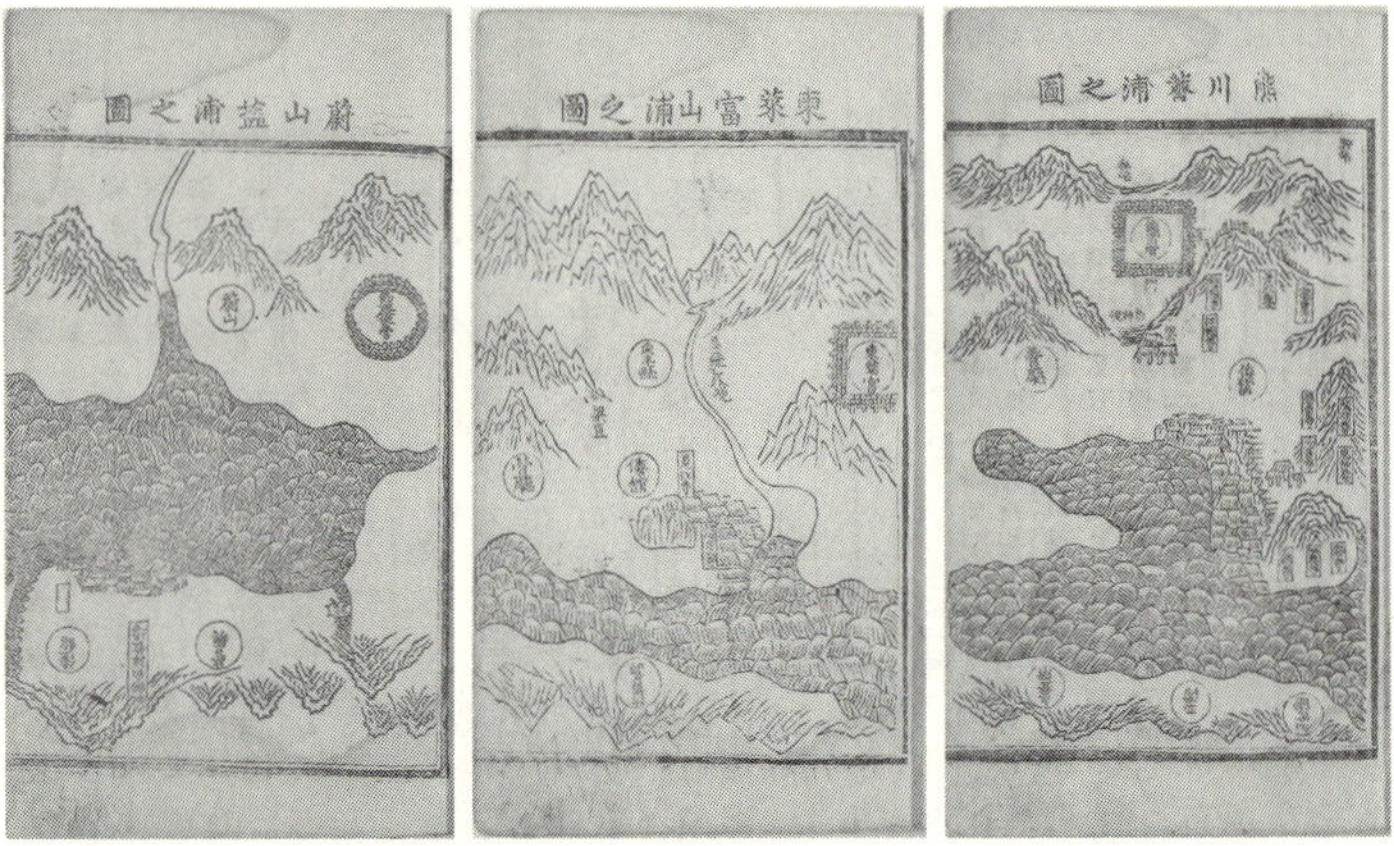

申叔舟『海東諸国紀』所載　三浦の図（東京大学史料編纂所所蔵）

その後もしばしば表明している。『新増東国輿地勝覧《しんぞうとうごくよちしょうらん》』には「対馬島」の記載があり、対馬島が現在日本国に属しているとしながらも、もとは「鶏林」（慶州）に属していたとの認識が示されている。朝鮮王朝で作成された朝鮮全図には、対馬島が描かれている。

そして、対馬に派遣した使節の名目に、敬差官《けいさかん》が使用されている。敬差官とは、本来朝鮮国内に派遣される文官の臨時職であり、それが対馬に派遣されていることは、朝鮮王朝が対馬を完全な異国とはみなしてはいなかったことを示している。

三浦の恒居倭

日本から朝鮮に派遣した使節らは、朝鮮王朝が指定した三浦《さんぽ》に停泊した。三浦とは、慶尚道の薺浦《チェポ》（乃而浦《ネイポ》）・富《プ》山浦《サンポ》（釜山浦《プサンポ》）・塩浦《ヨンポ》をさす。各浦には、倭館・営庁が設置された。三浦に滞在する倭人は、あくまでも行程の途上もしくは貿易のために滞在するのが原則であった。しかし、現実には、居所を構えて長期間居留する恒居倭《こうきょわ》が現れたのである。恒居倭の多くは、対馬島民であった。

朝鮮側は恒居倭の増加に危機感を強め、一四三六年（永享八）、宗貞盛に対して恒居倭の送還を依頼し、薺浦から二五三人、塩浦から九六人、富山浦から二九人を対馬に送還し、貞盛が滞在を要請した者となお居住を願った者二〇六人は許されて居住した。こうして朝鮮側は合計三七八人の倭人の送還に成功したが、宗貞盛管下の六〇人の居留は公認されることになった。

薺　浦（1992年）

この送還を契機に、宗貞盛は、恒居倭に対する検断権や課税権（営業税の徴収）を掌握した。従来は、早田左衛門大郎が課税権を握っていたが、早田氏の没落もあって、宗氏が掌握した。各浦には「倭《わ》酋《しゅう》」が配され、対馬から派遣された三浦代官が三浦恒居倭の全体を統轄していた。毎年、三浦代官は、恒居倭から綿布を徴収し、その額は大戸で二匹・小戸で一匹であった。

恒居倭の主目的は、交易であった。日本からの使節や興利倭船が入港すると、群がって客引きをし、また他の港からも酒を売りに来る者がいた。女は行商をなりわいとし、遊女もいた。男は漁業に従事し、三浦周辺や慶尚道沿岸を漁場とした。朝鮮人とのあいだに頻繁に密貿易を行なっていた。

こうして富を蓄積していった恒居倭は、その数をますます増加させていった。一四六六年（文正元）には、薺浦に一二〇〇人余（三〇〇戸）、富山浦に三三〇人余（一一〇戸）、塩浦に一二〇人余（三六戸）、合計一六五〇人余（四四六戸）の人々が居留していた。それが一四九四年（明応三）には、薺浦に二五〇〇人（三四七戸）、富山浦に四五三人（一二七戸）、塩浦に一五二人（五一戸）、合計三一〇五人（五二五戸）というように、薺浦を中心にほぼ倍増している。また薺浦に一〇、富山浦に四つの寺院があった。このような三浦の景観を表現した地図が、『海東諸国紀』におさめられている。

偽使

朝鮮への使節（使送倭人）には、相当数の偽使が含まれていることが、十五～十六世紀の日朝関係の大きな特徴である。偽使とは、名義人と実際の派遣者が異なる使節であり、その場合の名義人は実在しない架空名義の場合も多かった。

偽使派遣勢力として想定されるのは、博多の商人や禅僧らである。朝鮮王朝に対して派遣された使節は、朝鮮国王もしくは、外交を担当する礼曹宛の外交文書（朝鮮では書契と呼ぶ）が必要である。それは、高度な水準の漢文で書かなければならない。室町幕府が五山僧らに担当させたように、学識のある禅僧が執筆を担うことが多く、使節も禅僧がつとめることが多かった。また朝鮮国王に対する進上品や公貿易・私貿易のための商品も必要である。博多は、こうした条件をもっていた。また対馬の宗氏らは、朝鮮通交のノウハウに精通しており、博多から物資を得れば、同様な条件を有していた。宗氏は、文引の発行に際して、朝鮮への使節を審査したが、それにより使節派遣者の名義や実情などに通じていた。宗氏は、通交を規制するための制度であった文引制度を逆に利用して、偽使を創出するようになった。

偽使は、琉球王国の対朝鮮使節にもみられた。琉球王中山王の尚《しよう》氏（第一尚氏）は、朝鮮王朝に対して使節を頻繁に送っていたが、十五世紀前半、その使節を博多や対馬の商人が請け負っていた。一四七〇年、金丸《かなまる》がクーデタを起こし、即位して尚円《しようえん》を名乗る（第二尚氏）。この時以降、朝鮮を訪れた使節は、博多商人が琉球国使を偽称したもの（偽使）であった（田中健夫―一九七五、橋本雄―二〇〇五）。

なぜ偽使が発生したのだろうか。その鍵は、琉球の対朝鮮使節のように、博多商人が、壱岐など九州各地の使節の派遣を請け負っていたことにあると考えられる。彼らが、派遣主の名義を借りて、実質的に経営を担うことも考えられる。その結果、博多商人が、派遣主の意思とは無関係に独自に使節を派遣し、偽使が生まれたのではなかろうか。進上品などの輸出品を博多商人が用意し、博多の禅僧が書契を作成していた。対馬の宗氏らも、同様に使節の派遣を請け負っていたものと推測される。

すなわち博多商人や対馬の宗氏らが①派遣主の許可を得た、ないしは派遣主から請負った場合と、②派遣主の許可を得ずにその名義を使用した、または架空の派遣主名義を使用する場合とがあり、②が偽使にあたると考えられる。

十五世紀後半以降、偽使の数は増大していく。応仁の乱の時期に、在京有力守護を名乗る使節（朝鮮王朝では、「王城大臣使」として扱う）が頻繁に朝鮮に派遣された。『海東諸国紀』には、朝鮮国王世祖の奇瑞に応じて臨時に渡航した使節が八〇件ほどみえる（長節子「朝鮮前期朝日関係の虚像と実像―世祖王代瑞祥祝賀使を中心として―」『年報朝鮮学』九、二〇〇二年）。

偽使への対策として、一四七四年（文明六）、朝鮮王朝は、足利義政の提言に応えて、象牙製の割符《わりふ》（牙符《がふ》第一～第十）を作り、右の半片一〇枚を、帰国する日本国王使正球に託して、幕府に送った。一四八二年、日本国王使栄弘が第一牙符を朝鮮にもたらし、牙符制は正式に発効する（橋本雄―二〇〇五）。これ以後、日本国王使は象牙符の持参が義務づけられた。

五　対馬の朝鮮通交独占から豊臣秀吉の「唐入り」へ

1　対馬と後期倭寇

三浦の乱

十五世紀後半、恒居倭や、対馬などを拠点にする倭人たちの活動範囲は、三浦に留まらず、朝鮮半島南岸の海域にまで出漁する者も多かった。倭人の活動に刺激され、一四七〇年代以降、水賊とよばれる朝鮮人海賊の活動が活発になった。彼らは、服を着て、倭語を話し、島嶼に潜みながら、海上を自由自在に横行できる海民であり、その多くは済州島民であった。その中には倭人と混在する人々もいた。

十五世紀末には、朝鮮の船とのトラブルをひきおこしたり、海賊行為をする倭人が続出した。これに対して朝鮮王朝は、厳格な対処をするようになり、恒居倭の特権の一部を奪い、貿易を制限するようになった。そのために恒居倭らは利益を大幅に減らし、朝鮮の官人に対する不満を高めていった。

一五一〇年（永正七）、薺浦・富山浦の恒居倭は、対馬島主宗盛順《そうもりより》の代官宗盛親《もりちか》（対馬の史料では国親《くにちか》）と結んで蜂起し、巨済島の水軍根拠地を攻撃した後、薺浦に結集した（三浦の乱）。しかし薺浦を総攻撃した朝鮮軍の前に、敗北した。

乱後、恒居倭はすべて対馬に送還されて、貿易は一時途絶した。一五一二年、宗盛順と朝鮮王朝とのあいだで、壬申約条《じんしんやくじょう》が結ばれ、通交関係は再開する。だが、対馬島主歳遣船は五〇隻から二五隻に半減し、歳賜米豆は一〇〇石とし、歳遣船以外に派遣を許された特送船が廃止され、宗氏の権益は大幅に削減された。開港する港は、薺浦（乃而浦）のみ（のち釜山に変更）となり、恒居倭は廃止された。この後、対馬島民らは、倭館に長期滞在する留館倭人《りゅうかんわじん》として、かろうじて朝鮮領内に留まることになった。

明でも、一五二三年（大永三）、細川船と大内船の抗争による寧波《ニンポー》の乱《らん》が起こった。事件後、明は、日本船の来航を一時禁止した。再開後の遣明船は、大内氏の独占のもとで派遣された。

石見銀山と後期倭寇

十六世紀に入り、海域アジアの物流はいっそう拡大していった。しかし三浦の乱や寧波の乱を契機に、朝鮮王朝や明という国家の管理下の貿易は規制が強化され、その規模は縮小していった。その間隙を縫って、舟山《しゅうざん》群島を拠点にする中国人密貿易商の活動が活発化していく。これが後期倭寇（十六世紀の倭寇）であり、民衆主導の交流が、国家を主体とする通交関係を揺り動かしていった。

そうした動向が進展する契機になったのが、十六世紀前半の石見《いわみ》銀山の採掘開始である。『銀山旧記』では、次のような説明をしている。銀山の経営を始めたのは、博多の豪商であった神谷《かみや》（神屋）寿《じゅ》禎《てい》であった。一五二六年（大永六）、寿禎は、博多から船で出雲へ向かう途中に銀鉱脈を発見し、出雲国鷺浦《さぎうら》の銅山主三島清左衛門と協力して採掘を開始した。また博多から宗丹《そうたん》と慶寿《けいじゅ》を連れてきたことで灰吹法《はいふきほう》が伝わり、石見銀山で精錬を行なうようになった。以上のような『銀山旧記』の説明に対し、秋田洋一郎は、「おべに孫右衛門縁起」などの史料には宗丹の名はなく、豊臣政権期に博多の豪商として活躍した神屋宗湛《そうたん》の名が、江戸時代に加筆されたのだと解している（秋田洋一郎「一六世紀石見銀山と灰吹法伝達者慶寿禅門―日朝通交の人的ネットワークに関する一試論―」『ヒストリア』二〇七、二〇〇七年）。

灰吹銀は博多まで運ばれ、その一部は朝鮮にまで輸出された。一五四二年四月、日本国王使安心東堂が実に八万両の銀をもたらしたが、それは朝鮮の木綿九千余同に相当するものであった。この使節は、対馬宗氏による偽使であった。

一五四〇年代になると、日本列島と中国大陸とを直行する航路により、日本銀が明にもたらされるようになる。中国人の密貿易商人（後期倭寇）が日本列島に渡来し、銀を購入した。彼らの多くは、中国の舟山群島の双嶼《そうしよ》や瀝港《れつこう》（列港）などを拠点に、中国沿岸部や東南アジアで密貿易を行なっていた中国人海商らであり、後にはポルトガル人も加わるようになった。種子島に来着した後期倭寇の頭目王直《おうちよく》は、その先駆けである。ジャンク船にポルトガル人を乗せ、鉄砲とその生産技術を日本に伝えることになった。後期倭寇の経営する「唐船」は、九州をはじめ、日本海側の港に来航した。

こうした後期倭寇の余波が、朝鮮半島周辺の海域にまで及んでくる。朝鮮半島南岸に漂着した荒唐船《こうとうせん》もその一つであった。中国南部沿岸地域の船が朝鮮に漂着したもので、おおむね銀を求めて日本に向かった船である。第一波は、一五四四～四七年の一一例で、福建《ふつけん》・潮州《ちようしゆう》（広東《カントン》）の人が主体であった。それに対して、第二波は一五五二～五四年の八例で、中国人のほか、北九州の倭人がむしろ多かった。すなわち第一波と第二波とのあいだに、中国人と倭人とのあいだの連合が、朝鮮半島南岸から北九州という海域において進展していることを示している（高橋公明「一六世紀中期の荒唐船と朝鮮の対応」田中健夫編『前近代の日本と東アジア』吉川弘文館、一九九五年）。

甲辰蛇梁《こうしんだりょう》の倭変（一五四四年）や乙卯達梁《いつぼうたつりょう》の倭変（一五五五年）も、後期倭寇の動静の影響をうけたものである。この二つの変により、対馬＝朝鮮関係は、一時中断されるが、一五四七年の丁未約条《ていびやくじょう》で、対馬島主歳遣船は二五隻となり、一五五七年の丁巳約条《ていしやくじょう》で、島主歳遣船は五隻増え、計三〇隻となる。

対馬の朝鮮通交独占

朝鮮王朝の通交規制に対して、対馬島主宗氏は、大規模な貿易が可能な日本国王使を頻繁に派遣した。三浦の乱以後の日本国王使のほとんどが、宗氏によって仕立てられた偽使である。

宗氏は、後期倭寇や海賊たちを抑えるため、壱岐《いき》や五島《ごとう》列島など周辺の諸領主との関係を保持しながら、次の二つの方法によって朝鮮王朝の歓心をひこうとした。第一に、頻繁に横行する海賊船に関する情報を、朝鮮に通報することである。第二に、対馬島に漂着した朝鮮人漂流人を送還することである。宗晴康《はるやす》は、漂流人の送還にあたって家臣の大浦民部大夫に書状を送り、朝鮮人漂流人の送還は、朝鮮王朝への「御奉公」であることを言い聞かせている。

こうした宗氏側の努力の甲斐もあって、一五六三年には一〇名、一五六七年には一二名の深処倭《しんしょわ》（九州の倭人ら）の図書の復旧に成功することになる。しかし、その図書の名義人は、対馬によって作りだされた偽りの名義人であった。このように偽の名義人の図書を獲得したり、あるいは図書そのものを偽造したりすることによって、対馬は通交権益を増加させていき、その権益は家臣に分配された。

2　豊臣秀吉の「唐入り」

豊臣政権の成立と「唐入り」構想

日朝関係に劇的な転換を強いたのが、豊臣秀吉による「唐入り」である。この戦争の呼称について、朝鮮（韓国・北朝鮮）では当時の干支をとって「壬辰《じんしん》・丁酉《ていゆう》の倭乱」とよび、中国では明の年号を使用して「万暦朝鮮の役」とよぶ。日本では、同時代において「唐入り」「高麗陣」とよんだが、江戸時代になると「征韓」「朝鮮征伐」とよぶようになった。近代に至っても「朝鮮征伐」の呼称は続いたが、それとならんで「文禄《ぶんろく》・慶長《けいちょう》の役」ともよばれるようになった。今日の日本では「文禄・慶長の役」「朝鮮出兵」「朝鮮侵略」とよんでいる。

秀吉は、天下統一事業を進めるなかで、明を中心とした東アジアの征服を構想するようになる。従来の研究では、一五八五年（天正十三）七月、秀吉は関白に就任した直後から、その構想を示したのだと理解されてきた。その根拠は、同年九月に、腹心の武将である一柳末安《ひとつやなぎすえやす》に宛てた文書で、分不相応の家臣を抱えた加藤光泰《かとうみつやす》を大垣《おおがき》城主から解任したことを伝えたものである。その中で、秀吉は大陸出兵を宣言したと解された（岩澤愿彦「秀吉の唐入りに関する文書」『日本歴史』一六三、一九六二年）。しかし鴨川達夫によれば、該当の箇所は「加藤がこんなわがままを言い出したところを見ると、自分が望めば、秀吉は唐国だって任せてくれる、つまり自分の言うことは何でも通る、加藤はそんな気持ちでいるのではあるまいか」という気持ちを秀吉は述べたのであり、加藤のわがままの背後にある思い上がり、それを強調するための技巧として秀吉は「唐国」を持ち出したのだと考えられる（東京大学史料編纂所編『日本史の森をゆく』中央公論新社、二〇一四年）。秀吉の「唐入り」構想が明確にうかがえるのは、翌一五八六年、イエズス会宣教師ガスパール・クェリョに話したもので、秀吉は朝鮮・明の征服の意思があることを告げている。クェリョは、軍艦二艘と乗組員を提供して援助する意向を示した。

「唐入り」の構想が現実のものになっていくのは、一五八七年の九州平定の直後からである。五月、薩摩国川内《せんだい》で島津義久《しまづよしひさ》の降伏を受け入れた秀吉は、博多近郊の箱崎《はこざき》へ凱旋して九州の国割を行なって博多の復興に着手する。宣教師たちに二〇日以内に国外退去を命じるバテレン追放令を発するいっぽう、「高麗・南蛮・大唐」までも従えるというようになった。

対馬宗氏の朝鮮との交渉

では秀吉による「唐入り」の経過を述べておこう。以下の記述は、北島万次の研究に主に拠っている（北島万次―一九九〇、一九九五、二〇〇二ａｂ、二〇一二）。

一五八七年（天正十五）六月、豊臣秀吉は対馬の宗義調《そうよししげ》・宗義智《よしとし》父子に対して、対馬一国を安堵するいっぽう、朝鮮王朝に対して、自らのもとに服属し、明征服の先導をするよう命じた。

この強圧的な秀吉の要求を朝鮮が受け入れることは考えられなかった。そのため、宗氏は、家臣の橘（柚谷）康広を日本国王使に仕立て（偽使）、「秀吉が日本を統一し新しい国王となったので、親善の通信使を派遣してほしい」という内容にかえて朝鮮に要請した。従来と同様、偽の日本国王使を朝鮮に派遣したのである。朝鮮側は秀吉が日本国王の地位を簒奪したものとみなし、これを断わった。

一五八九年、秀吉の再度の命令により、宗義智自身が、博多の聖福寺の外交僧景轍玄蘇《けいてつげんそ》、博多の豪商島井宗室《しまいそうしつ》らとともに朝鮮に渡海し、秀吉の日本統一を祝賀する通信使の派遣を重ねて要請した。朝鮮側は、黄允吉《ファンユンギル》を正使、金誠一《キムソンイル》を副使とする通信使を日本に派遣した。このころの朝鮮王朝の官僚たちは、改革派の東人派と保守派の西人派とに分かれて激しい党争を繰り広げていた。黄允吉は西人派、金誠一は東人派であった。

一五九〇年十一月、秀吉は聚楽第《じゅらくだい》で通信使を引見した。秀吉は彼らを服属使節と思いこみ「征明嚮導《せいみんきょうどう》」（明征服の先導をすること）を命じた。朝鮮に帰国後、国王宣祖は秀吉の朝鮮出兵の有無を彼らに尋ねた。黄允吉はあると、金誠一は無いと答えた。左議政の柳成龍《ユソンニョン》は、東人派の領袖《りょうしゅう》であったため、金誠一の意見が採用された。そのため朝鮮側は秀吉の出兵への備えをしなかった。

通信使の帰国に際して、宗義智と小西行長《こにしゆきなが》は、景轍玄蘇と義智の重臣である柳川調信《やながわしげのぶ》を同行させた。彼らは、秀吉の「征明嚮導」命令を「仮途入明」（明に入りたいので朝鮮の道を貸してほしい）という要求にすりかえて朝鮮王朝と交渉したものの、拒絶された。このように、対馬の宗義智は、秀吉の命令をすりかえて交渉をしたが、これはまさに偽使派遣の手法である。

一五九一年十月、秀吉は、浅野長政を総奉行に、黒田孝高《くろだよしたか》（如水《じょすい》）を縄張り（設計）奉行として、肥前名護屋城《なごや》（佐賀県唐津市鎮西町名護屋）の築城普請を進めた。名護屋には、全国から集められた諸大名

東　莱　城

の陣屋が立ち並んだ。大名や家臣たちの需要を見込んで、京都・堺・大坂などから商人や職人が集まり、一大城下町が誕生した。諸大名の陣屋の遺跡は、一三〇ヵ所以上で確認されている。また名護屋の本営から朝鮮に渡るための御座所として、壱岐に勝本《かつもと》城、対馬に清水山《しみずやま》城を築城させた。

壬辰倭乱の開始

一五九二年（天正二十）三月、秀吉は、九州・中国・四国の諸大名約一六万の兵力を九軍に編制して朝鮮に渡海させた。四月、宗義智と小西行長の率いる第一軍は釜山に上陸した。「仮途入明」の最後通牒を釜山鎮に示したが、返事がなく、釜山鎮を陥した。翌日、義智らは東莱《トンネ》城に迫り、「戦うなら相手になろう、戦わなければ道を通せ」という木札を投げ込んだ。これに対し、東莱府使宋象賢《ソンサンヒョン》は「死ぬのは簡単だが、道を通すのは難しい」という木札を投げ返した。合戦が始まり、日本軍は東莱城を奪取した。

第一軍についで加藤清正・鍋島直茂《なべしまなおしげ》らの第二軍が釜山浦に、黒田長政らの第三軍が金海江に上陸した。同年五月、朝鮮の都漢城（ソウル）が陥落し、朝鮮国王宣祖は、平壌《ピョンヤン》に向けて逃亡した。その報告を受けた秀吉は、明征服ののち、後陽成《ごようぜい》天皇を北京に移し、日本の天皇は良仁《よしひと》親王または智仁《としひと》親王とし、関白豊臣秀次を中国の関白に、日本の関白には羽柴秀保《はしばひでやす》または宇喜多秀家《うきたひでいえ》を任命し、秀吉自身は寧波を居所とし、朝鮮は羽柴秀勝または宇喜多秀家に与えるなどの構想を、秀次に示した。

日本軍は、臨津江《イムジンガン》の戦いを経て、開城を陥落させた。第一軍は平壌に迫り、宣祖は明との国境近くの義州《イジュ》に向けて逃れた。六月、小西行長の軍勢は平壌を陥落した。

壬辰倭乱関係地図
(北島万次『秀吉の朝鮮侵略と民衆』より，一部改変)

朝鮮に出陣した諸大名は、朝鮮八道を分担して支配することにした。京畿道《キョンギド》に宇喜多秀家、忠清道《チュンチョンド》に福島正則《ふくしままさのり》、全羅道《チョルラド》に小早川隆景《こばやかわたかかげ》、慶尚道《キョンサンド》に毛利輝元、黄海道《ファンヘド》に黒田長政、平安道《ピョンアンド》に小西行長、江原道《カンウォンド》に毛利吉成、咸鏡道《ハムギョンド》に加藤清正をそれぞれ配置した。その目的は、朝鮮全域を明征服の足場として固め、租税=兵粮米を徴収することや釜山から義州までの道筋を確保することにあった。咸鏡道に入った加藤清正軍は、七月、会寧《フェリョン》で朝鮮の二人の王子臨海君《イムヘグン》・順和君《スンファグン》を捕らえた。そして豆満江《トマンガン》を超え、オランカイに侵入し、女真族と戦っている。

このころ、秀吉は自身の朝鮮渡海を計画していたが、徳川家康らの引きとめによって延期した。その代わりに石田三成・増田長盛《ましたながもり》・大谷吉継《おおたによしつぐ》らが朝鮮奉行として渡海し、諸大名を指揮することとなった。

朝鮮の各地に侵入した諸大名は、民衆を農耕につかせ、兵粮米をとり、反抗するものを処罰するという占領政策を施行した。咸鏡道の場合、鍋島直茂は朝鮮民衆を人質とし、人質と引きかえに兵粮米を徴収し、検地を強行した。

義兵と李舜臣

日本軍の侵攻に対し、朝鮮民衆は両班層《ヤンバン》を指導者に、義兵を組織して決起した。慶尚道では郭再祐《クァクぜウ》、全羅道では高敬命《コギョンミョン》や金千鎰《キムチョンイル》、忠清道では趙憲《チョホン》と僧侶霊圭《ヨンギュ》、平安道では李柱《イジュ》、咸鏡道では柳応秀《ユウンス》や鄭文孚《チョンムンプ》が、義兵を率いて日本軍と戦った。義兵の決起は朝鮮全域に広まり、日本軍に打撃を与えた。

朝鮮半島南方の海戦においては、李舜臣《イスンシン》の率いる朝鮮水軍が、日本水軍を破って日本の補給路を断った。若いころより柳成龍（東人派）と交友があり、その推挙で加里浦《カリポ》水軍僉節制使《せんせつせいし》から全羅左道水軍節度使に抜擢された。一五九二年、倭乱が始まると、日本軍との戦にひるむ慶尚右道水軍節度使の元均《ウォンギュン》を助け、玉浦の海戦閑山島《ハンサンド》の海戦などにおいて亀甲船を駆使し巧みな戦術を用いて日本水軍を撃破した。

この間、忠清・全羅・慶尚三道水軍統制使となった。

亀甲船は、亀船《きせん》ともいう。矢や敵の侵入を防ぐため、上部を厚板（亀甲板）で覆い、亀甲状の形態をしている。十五世紀初め、倭寇撃退用に考案されたが、倭寇鎮静後は忘れられていた。李舜臣は、接近戦に優れるという特性に着目し、改良して海戦に使い、大勝利を収めた。李舜臣の改良船は長さ二七〜二八メートル《メートル》、幅八〜九メートル《メートル》で、亀甲板に薄い鉄板をかぶせて鉄釘で留めてあり、一面に錐刀《すいとう》を植え、船首に竜頭、船尾に亀尾を取り付けてその陰に銃眼《じゅうがん》を備えていた。

また冊封した朝鮮国王宣祖の要請に応じて、宗主国である明（万暦帝《ばんれきてい》）からの救援軍も朝鮮に入った。一五九三年正月、提督李如松《りじょしょう》の率いる明軍は、平壌の戦で小西行長・宗義智の日本軍を破って、漢城（ソウル）に向けて南下した。これに対し小早川隆景《こばやかわたかかげ》・立花宗茂《たちばなむねしげ》は、漢城の北方にある碧蹄館《ピョクジェグァン》で明軍を破り、李如松は撤退した。

平壌と碧蹄館の戦を契機とし、石田三成らの朝鮮奉行は、咸鏡道の加藤清正らを漢城に撤退させることとした。清正は咸鏡道の各地に籠城している家臣を救出し、鍋島直茂らとともに漢城へ引き揚げた。

碧蹄館の戦で明軍は敗北したものの、その南下により、朝鮮軍は勢いづいた。一五九三年二月、日本軍が漢城に結集するのを見て、全羅道巡察使の権慄《ウォンユル》が率いる朝鮮軍は、漢城の西にある幸州山城《ヘンジュサンソン》に陣を構え、宇喜多秀家らに勝利している。

日明講和交渉

一五九三年三月、明の軍務経略（総指令官、文官）の宋応昌《そうおうしょう》は、漢城に陣する日本軍の糧道を断つ作戦をとり、漢城の南にある竜山倉《ヨンサンチャン》を焼討ちした。これにより、日本軍は、二ヵ月分の兵粮のほとんどを失った。

同年四月、明の遊撃将軍の沈惟敬《しんいけい》は、小西行長に対して「まもなく四〇万の明兵が出動し、日本軍の前後を遮断する。今、二人の朝鮮王子を還し、日本軍が漢城を撤退すれば、明日から和議の使節を派遣するだろう」と伝えた。行長はその提案を聞き入れ、和議の前提条件とした。

朝鮮側は、日本軍には歴代国王の墓陵をあばかれ、共に天を戴かざる万世必報の讐ありと、和議に反発したが、宋応昌はその反発を抑え込んだ。そして応昌は、配下の謝用梓《しゃようし》と徐一貫《じょいっかん》を、明皇帝からの使節と詐《いつわ》って日本の陣営に送り込んだ。日本軍は正式の明使節と思い込んで、朝鮮二王子と彼らを連れて、漢城を離れて釜山に向けて南下した。偽「明使節」は石田三成らの案内により、同年五月、肥前名護屋に着いた。

徳川家康や前田利家らは「明使節」を歓待し、博多の聖福寺の景轍玄蘇や、南禅寺の玄圃霊三が和議の折衝を行なった。その折衝を踏まえて相国寺の西笑承兌《せいしょうじょうたい》が和議条件の草案をまとめた。同年六月、秀吉は和議条件七ヵ条と「大明勅使に対し、告報すべき条目」を「明使節」に示した。

和議条件七ヵ条の要点は、①明皇帝の姫を日本の天皇の后にすること（第一条）、②日明貿易＝勘合貿易の復活（第二条）、③朝鮮の領土については、北部の四道と漢城を朝鮮国王に還す（第四条）、というものであった。また、「大明勅使に対し、告報すべき条目」は、①日本は神国で、秀吉は「日輪《にちりん》の子」であり、秀吉の天下統一は天命である、②秀吉は海賊取締令（一五八八年）によって海路を平穏にしたのに、明が謝詞を示さなかったのは日本を小国と侮ったもので、そのため明を征服しようとして兵を起こした、③朝鮮は日本と明との会談を斡旋するといいながら、それを実行しなかったので、日本はその違約をただすために朝鮮に兵をだしたところ、朝鮮が抵抗して戦いとなった、④明は朝鮮の急難を救おうとして利を失ったが、その責任は朝鮮にある、というものであった。「明使節」謝用梓らはこの条件を聞き入れ、名護屋を出発した。

いっぽう、朝鮮では沈惟敬と小西行長が、行長の家臣内藤如安《ないとうじょあん》を偽りの講和使節に仕立て、偽作した秀吉の「降表」（表は、皇帝に奉る文書）を持たせて明皇帝のもとへ派遣した。

その間、秀吉は朝鮮南四道の割譲を既成事実化し、日本軍の士気を高めるねらいで、慶尚道の晋州《ジンジュ》城の総攻撃を命じた。一五九三年六月、日本軍は晋州城を取り囲み、九日間にわたる攻防の結果、陥落させた。

講和交渉の決裂

講和交渉の長期化にともない、日本軍は朝鮮南岸に築いた倭城に駐屯していた。西生浦《ソセンポ》城に加藤清正、林浪浦《イムランポ》城に毛利吉成ら、機張《キジャン》城に黒田長政、釜山城に毛利秀元、東萊《トンネ》城に毛利秀元ら、加徳島《カトクド》城に毛利秀元ら、竹島《チュクド》城に鍋島直茂、熊川《ウンチョン》城に小西行長、安骨浦《アンゴルポ》城に九鬼嘉隆《くきよしたか》ら、巨済島《コジェド》城に島津義弘らが駐屯した。

一五九四年四月、朝鮮に出陣していた明の総兵劉綎《りゅうてい》と朝鮮の都元帥権慄《クォンユル》は、義兵兵将でもあった松雲大使惟政《ユジョン》を加藤清正のもとへ派遣した。その目的は、倭城の様子を探ること、不仲の風聞のある清

倭城の配置（1593年時点，北島万次『秀吉の朝鮮侵略と民衆』より）

西生浦倭城

正と小西行長を離反させること、秀吉の和議条件の内容を聞き出すことであった。清正側の本妙寺（熊本市）の僧日真《にっしん》を通じて、惟政は清正と三回会談している。四月の会談で、清正から秀吉の和議条件を聞き出し、同年七月の会談で行長が明と折衝している和議条件が秀吉のものとは異なる封貢要求であることを伝えた。この会談を察知した行長は、朝鮮の慶尚右兵使である金応瑞《キムウンソ》に、清正のいう明皇帝の公主降嫁や朝鮮南四道の割譲などの条件は、清正が独断で提唱したものと弁明している。

そのころ、日本軍から朝鮮側に投降する将卒や雑役夫などが続出していた。朝鮮側は彼らを降倭《こうわ》とよび、最初は問答無用で殺害することが多かったが、やがて、日本軍に動揺を与える効果と、鉄砲などの軍事技術の獲得をねらって、積極的に投降をそそのかす方針に転じた。降倭の続出は、長びく駐留で疲弊した日本軍の陣中に、撤兵・帰国を望む気分が蔓延していたことを示している。朝鮮王朝は、降倭を使って加藤清正を暗殺する計画を立てた。成功には至らなかったものの、朝鮮では講和をめぐってさまざまな画策が行なわれていたことをうかがわせる。

内藤如安の行動に目を移すと、一五九四年十二月、明の北京に至り、万暦帝《ばんれきてい》に朝見した。明の兵部尚書石星《せきせい》らは、①釜山周辺に駐屯する日本軍は、対馬に留まらずに帰国すること、②秀吉は冊封のほか貢《こう》市《し》（朝貢による貿易）を求めない、③日本は朝鮮と和解し、ともに明の属国になるという和議三条件を如安に提示し、如安は承諾した。万暦帝は秀吉を「日本国王」に冊封する誥命《こうめい》、冠服、「日本国王」の金印を作成し、冊封正使に李宗城《りそうじょう》、副使に楊方亨《ようほうこう》を任命した。

一五九五年正月、冊封使一行は北京を出発し、四月には義州、ついで漢城に到着した。日本軍を撤退させるために、楊方亭は、十月に釜山に入り、小西行長・景轍玄蘇と会談して撤兵を求めた。十一月、李宗城が釜山に入ったが、撤兵は一向に進まなかった。

一五九六年四月、李宗城は、宗義智から秀吉には別の和議条件があることを聞き、さらに秀吉は明の冊封を受ける意志はなく、冊封使が日本へ渡れば拘束されるとの風聞を耳にした。恐れをなした宗城は、逃亡してしまった。五月、万暦帝は楊方亭を冊封正使、沈惟敬を副使として日本側との交渉にあたらせた。沈惟敬はすでに同年正月に、小西行長とともに日本に渡っていた。

同年六月、楊方亭は対馬に渡り、その後堺に到着した。対馬の柳川調信《やながわしげのぶ》に督促されて、朝鮮王朝は、冊封使に同行する通信使黄慎《ファンシン》を派遣した。

小西行長から朝鮮通信使の来日の報告を受けた秀吉はこれを喜び、冊封使と一緒に会うこととした。しかしその後、人質の朝鮮王子が来日しないことなどを理由に、通信使との会見を許さなかった。

九月、秀吉は大坂城にて楊方亭・沈惟敬一行を引見した。彼らは、万暦帝の誥命・金印・冠服を進呈したが、秀吉は受封の意思を示さなかった。そして翌日の饗宴の席で、沈惟敬らは日本軍の朝鮮からの完全撤退を求めたのに対し、秀吉は反発して講和交渉は決裂した。

丁酉倭乱

一五九七年（慶長二）二月、秀吉は朝鮮南部の四道を奪うことを目的に、再び一四万の軍勢を朝鮮に派遣した。当初の目標を全羅道の奪取においた。

同年正月初旬、加藤清正率いる兵船は対馬に投錨《とうびょう》していた。これを知った小西行長は、通事の要時羅《ようしら》（梯七大夫《かけはししちたいふ》）を慶尚右兵使金応瑞のもとへ派遣し、和議交渉破綻の理由は清正が戦いを主張したことによるものであり、上陸前に朝鮮水軍が清正を襲撃することを提案した。金応瑞は、国王宣祖《ソンジョ》へ報告した。宣祖は、閑山島に陣を構える李舜臣のもとへ黄慎を派遣し、この作戦の実行を命じた。李舜臣は、日本軍は「変詐」（上手にかけひきして嘘をいうこと）を弄し、その策にのれば、その術中に陥るとして命令遂行を拒絶した。清正は、慶尚道の多大浦に上陸し、西生浦の倭城に入った。

このころ、朝鮮王朝では、水軍の将として李舜臣と元均《ウォンギュン》のどちらが有能かとの議論があった。その背景には、李舜臣を推す東人派と、元均を推す西人派の対立があった。李舜臣は、王命無視の罪により、三道水軍統制使の地位を剝奪され、同年三月、投獄された。三道水軍統制使には元均が任命された。

同年六月、釜山浦の西海域で戦闘が開始された。七月、藤堂高虎《とうどうたかとら》・加藤嘉明・脇坂安治らの水軍は、元均の率いる慶尚道巨済島の水軍を破り、元均は加徳島で敗死した。この後、李舜臣が、再び三道水軍統制使となり、水軍を建てなおし、明軍と力を合わせ日本軍と戦った。

八月、慶尚道黄石山《ファンソクサン》城の戦では、加藤清正らの日本軍がこれを陥した。同月、全羅道南原《ナムウォン》城の戦では、宇喜多秀家・島津義弘らの日本軍はこれを陥落させ、明の副総兵楊元《ようげん》は逃走した。

南原城の戦いのころから朝鮮人の鼻切りが横行した。秀吉は、老若男女僧俗すべての薙《なで》切りを指示した。秀吉が派遣した軍目付が諸大名から鼻を受け取り、「鼻請取状」を発給した。さらに大名が家臣に戦功の証しとして鼻切りを強制した。加藤清正は、家臣一人につき鼻三つを割り当てた。切り取った鼻

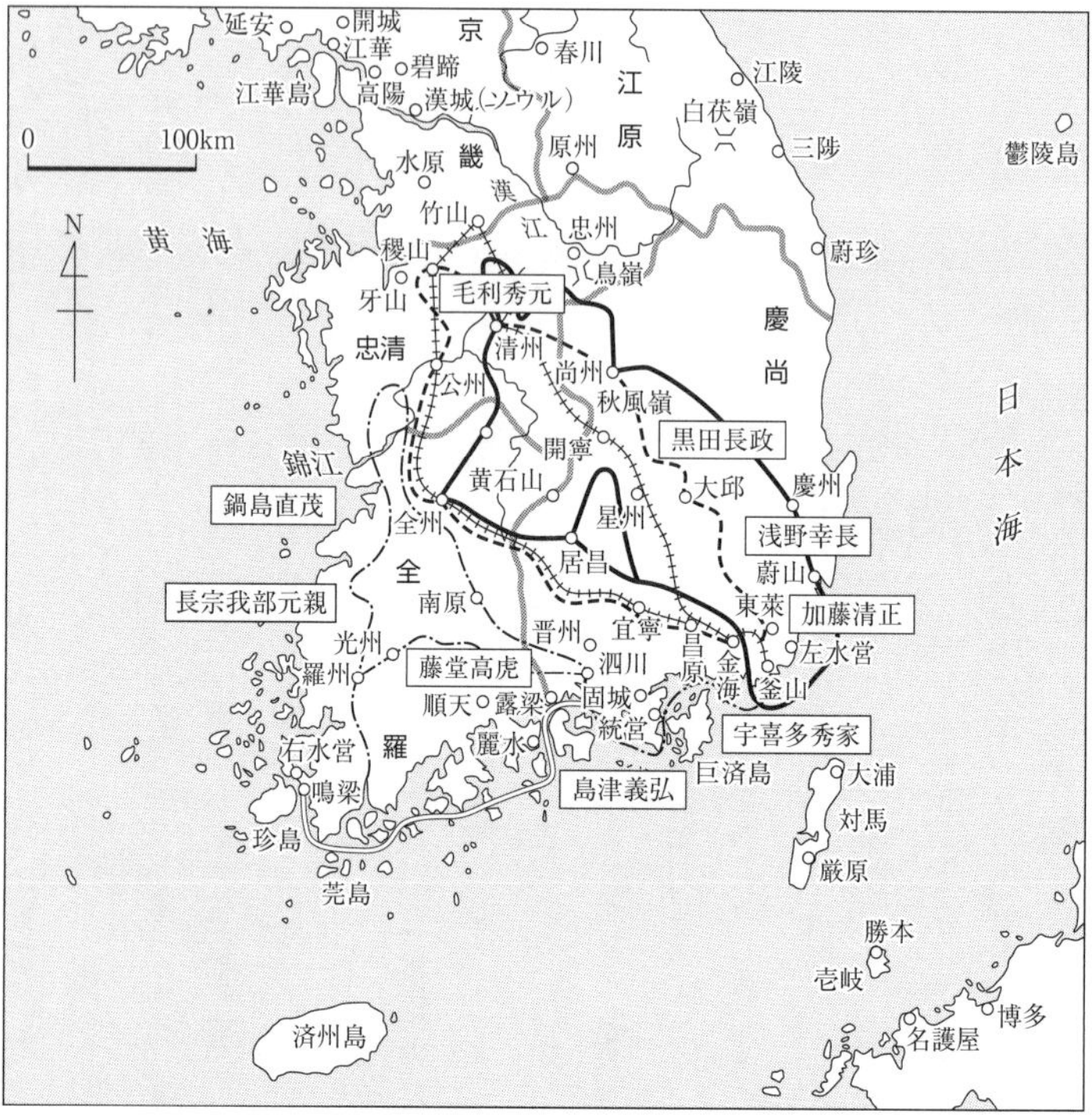

丁酉倭乱関係地図（北島万次『秀吉の朝鮮侵略と民衆』より，一部改変）

は塩漬けにし、石灰をまぶして壺や桶に詰め、秀吉のもとに送られた。秀吉は京都東山の方広寺の近くに鼻塚（現在は、耳塚と呼んでいる）を築いてこれを埋めた。同年九月、秀吉は西笑承兌を導師として「大明・朝鮮闘死の衆」の供養をした。

同年九月、忠清道稷山《チクサン》の戦では、毛利秀元と黒田長政らが明の副総兵解生《かいせい》らと戦ったが、決着がつかず、両軍とも引き揚げた。

同月、李舜臣は一三隻の兵船をもって、一三三隻の兵船を擁する藤堂高虎・加藤嘉昭・脇坂安治らの水軍を、全羅道珍島の鳴梁《ノリャン》海峡で撃破した。李舜臣は鳴梁海峡の西側に、漁船を兵船に偽装して布陣し、そこに東から攻めてくる日本軍を誘い込んだ。海戦の当初は潮流は東から西であったが、途中で西から東に変わり、潮流に乗って李舜臣の水軍は、日本水軍を破った。

鳴梁海峡

現在，珍島大橋が架かる．

同年十一月、加藤清正・浅野幸長らは慶尚道蔚山《ウルサン》で新城普請にかかった。明・朝鮮軍は十二月、蔚山城に迫って蔚山城の水道を断った。このため蔚山城の日本軍は、兵粮も水も尽きていく中で籠城せざるを得なかった。日本軍は飢えと寒さに苦しめられ、城内には井戸がなく雨水でしのいだ。一五九八年正月、毛利秀元らが蔚山を囲む明・朝鮮軍を背後から攻めて、ようやく籠城が終わった。

一五九八年十月、明提督董一元《とういちげん》の率いる明・朝鮮軍は、島津氏が普請した慶尚道の泗川《サチョン》城を攻撃した。蔚山の場合と違って城普請が終わっており、島津氏の鉄砲隊は明・朝鮮軍を撃破した。島津氏側の史料によれば、明・朝鮮軍から討ち取った首の数は約三万八〇〇〇にのぼったという。

同年十月、明の西路軍提督劉綎の率いる明・朝鮮軍は、小西行長が普請した全羅道の順天《スンチョン》城を攻撃したが、失敗した。ついで明の水軍都督陳璘《ちんりん》および李舜臣の朝鮮水軍が順天城の挟撃をはかったが、行長から賄賂を受け取った劉綎は挟撃をせず、これも失敗した。

朝鮮において激しい戦闘が続いているなか、一五九八年八月、豊臣秀吉が没した。それを契機に日本軍は朝鮮から撤退を始めるが、朝鮮水軍と明軍は日本軍の追撃作戦をはかり、同年十一月、順天から撤退する小西行長らの退路をおさえた。このため、島津氏は慶尚道露梁津《ノリャンジン》に、陳璘と李舜臣が率いる明・朝鮮の水軍を誘い出して戦った。李舜臣は、島津勢と戦ったが、銃弾にあたって戦死した。この間に行長らは、順天を逃れた。朝鮮では、李舜臣は、祖国を救った英雄として讃えられ、宣武功臣第一等の列に加えられた。

降　倭

二度にわたる倭乱の最中、朝鮮側に投降する日本人（倭人）が数多くいた。このような倭人は前述したように降倭《こうわ》（もしくは向化倭《こうかわ》、順倭など）とよばれ、朝鮮軍に内応して行動した。

一五九三年以降、このような降倭が続出したため、朝鮮王朝はその措置を講ずるようになった。言語・習俗に通じた者は、通訳や外交折衝の任にあたらせ、武術に優れた者は、朝鮮兵に剣術や鉄砲の指南をさせ、造兵技術をもっている者は、鳥銃（火縄銃）や火薬の製造に従事させた。また勇者を選び、投順軍と名づけた部隊を編制して、北辺国境地帯の警備などに赴かせた。功績が顕著な者に対しては、物資や銀を与えたり、また官職を授け、姓名を賜って優遇した。朝鮮側は、彼らを朝鮮領内の各地の官衙の下で分置する方針をとっており、一部を京中に連行した。

広く知られている降倭に、沙也可《さやか》がいる。この名前は朝鮮側史料にみえるもので、日本名は特定できないが、肥後の土豪で、加藤清正が肥後に入部した後、その家臣団に加えられたものと考えられる。彼は、朝鮮王朝に投降して金忠善《キムチュンソン》を名乗った。十八世紀末、金忠善の子孫が、彼の年譜と記録を『慕夏《ぼか》堂文集《どうぶんしゅう》』にまとめている。それによれば、一五九二年四月、清正の先鋒将として朝鮮侵略に従軍したが、朝鮮の東土礼儀の俗を見て、中華文物の盛んなるを慕い、その配下を率いて朝鮮側に投降した。壬辰倭乱に功績をあげたため、朝鮮国王から官職と金海金《キムヘキム》氏の姓を賜り、慕夏堂の号を受けた。

降倭が朝鮮軍に従軍している様子を、李舜臣の『乱中日記』にみることができる。それによれば、乱《ナ》汝文《ニョムン》（南右衛門）という降倭が、李舜臣の側近として頻繁に登場している。彼は、豊臣秀吉の死の情報（誤報）を聞いて、大喜びしている。火事をおこした倭人三名や、降倭沙古汝音《サゴヨウム》（作右衛門）を切るよう李舜臣から命じられた。恋隠己《ヨヌンギ》・沙耳汝文《サイヨムン》らは南右衛門と敵対して襲撃しようとしたため、逆に南右衛門に斬られた。また也汝文《ヤヨムン》（弥右衛門）という降倭は、信是老（信次郎）を殺すことを李舜臣に願い出て、許されている。また降倭たちには、さまざまな遊戯を楽しむという一面もみられる。このように、降倭は決して一枚岩ではなく、同じ降倭同士で敵対して殺し合うケースもあった。李舜臣は、彼らのこうした対立を利用しながら、軍の統制を強化していたのである。

六　中世日朝関係から近世日朝関係へ

1　日朝国交回復

日朝講和交渉

朝鮮出兵にともなう対馬の疲弊は深刻であった。労働力が不足し、また自前の百姓身分が維持できず、「かかえ」百姓（隷属民）や逃散する者も現れた。何といっても痛手だったのは、朝鮮との貿易が途絶えたことであり、その長期化は対馬の経済が成り立たなくなることを意味した。

そこで対馬島主の宗義智《そうよしとし》は、「唐入り」の終わった一五九八年（慶長三）末から、釜山へ使者を派遣し始めた。一五九九年六月に派遣した使者は、家老の柳川調信《やながわしげのぶ》の書契《しょけい》を持参していた。しかし交渉は不首尾に終わった。

一六〇〇年二月に派遣された使者は、講和は徳川家康の意思であることを述べ、被虜人約二〇〇人を送還した。宗義智と家臣の柳川調信・寺沢正成《てらさわまさなり》・小西行長との連名の書を送っている。

一六〇一年、宗義智は橘智正《たちばなともまさ》（井手弥六左衛門）を派遣し、ようやく朝鮮側からの回答を得た。その内容は、壬辰倭乱の戦禍を悔いて誠意を示せば明将も講和に応じるであろうというものであった。宗義智は朝鮮の礼曹宛に外交文書（書契）を送り、徳川家康の意向であることを強調した。その後も再三にわたり、宗義智は橘智正らを使者として朝鮮に派遣し、国交回復の交渉を続けた。

一六〇四年、朝鮮王朝は、日本事情を探る目的の「探賊使」として松雲大師惟政《ユジョン》と、随員の孫文彧《ソンムンウク》らを日本に派遣した。惟政と孫文彧は、将来の貿易を許す「開諭書《かいゆしょ》」を携えて同年八月に対馬に到着した。宗氏にとっては貿易再開の道筋が見えた。その後、惟政と孫文彧は、宗義智や景轍玄蘇《けいてつげんそ》に伴われて、同年十二月に上洛し、翌年三月、京都の伏見《ふしみ》城で徳川家康に謁見した。家康は、本多正信《ほんだまさのぶ》や西笑承兌《せいしょうじょうたい》を通じて、朝鮮への恨みはなく、国交回復の意思があることを伝えた。また惟政は、幕府と交渉して、一三九〇名前後の被虜人の送還を実現させた。

一六〇六年、朝鮮王朝（国王は宣祖《ソンジョ》）は、宗義智を通じて江戸幕府へ講和条件を提示した。その条件とは、第一に、徳川家康の方から先に日本国王としての国書を朝鮮に送ること、第二に、先の侵略の折、漢城《ハンソン》《かんじょう》府内の王陵を荒らした犯人を捕らえて朝鮮側へ差し出すことの二点であった。このうち第一の条件は、当時の外交上の慣行からすれば日本側が降伏することを意味した。朝鮮側は、全継信《チョンゲシン》を対馬に派遣して、二条件を督促するのとあわせて家康の態度を探らせた。この時、継信は橘智正から「内府書《ないふしょ》謄《とう》」（家康からの文書の写）を見せられた。継信は内容が不遜であること、王陵犯の縛送の語がないことから、この書の改作を強く要求した。

そこで、宗義智と家老の柳川調信は、橘智正を朝鮮に派遣し、徳川家康の国書を送り、また対馬島内の罪人二人を、王陵を荒らした犯人に仕立てて朝鮮に送った。宣祖は、王陵を犯したとされる二人の年齢が若すぎるから真犯人ではないとし、また家康国書に明の年号、「日本国王」号、「日本国王」印が使用されていることに疑問を提示している。また全継信は帰国後、宗義智と柳川景直が家康国書を改竄《かいざん》したことを報告している。

この家康国書については、対馬が国交回復を急ぐあまり、朝鮮側に通りのよいように書き替えて偽造したという学説（中村栄孝、田中健夫、田代和生、米谷均）と、家康国書は家康自身の意思によって発給されたとする学説（対馬側が最後に改竄したとする説も含む）（高橋公明、紙屋敦之、閔徳基）とがある。右にみた朝鮮側の対応や、駿府《すんぷ》にいる家康との往復の日数や、朝鮮国書の改竄（コラム参照）を考慮すれば、宗氏らによる偽作とみた方が妥当であろう（仲尾宏─二〇〇七）。

回答兼刷還使の派遣

宣祖は、日本側の対応に不信感をもちつつも、北方の女真《じょしん》（後金）に対峙しなければならないという事情を勘案し、日本との国交回復を決断した。一六〇六年九月、宣祖は日本への使節派遣を決定した。使節の名称は、日本からの国書に回答するということで「回答使」、被虜人の刷還《さつかん》（送還）を要求することから「刷還使」が選ばれた。

一六〇七年（慶長十二）、回答兼刷還使呂祐吉《ヨウギル》ら一行、総勢五〇四名が日本に派遣された。壬辰倭乱後、最初の朝鮮使節団の派遣であった。使節の目的は、国交回復のための日本側のはたらきかけに対する回答と、被虜人の送還を要求することであった。そして軍楽隊を含めて、礼儀をつくした使節団とし、また各界の日本人との交流を予想して、通事（通訳）だけでなく、学官・写字官・画員なども一行に加え、朝鮮の文化を披露して文化交流の実をあげることを企図していた。さらに、女真への対抗から、日本での鳥銃などの武器を購入することも企図するいっぽう、日本人との密貿易・密通は厳禁とされた。

一行は、釜山を出航して対馬に渡り、対馬藩主宗氏の居館のある府中（厳原《いづはら》）において接待を受けた後、大坂・京都などを経て江戸に到着した。江戸城大広間において将軍徳川秀忠に対して、国書伝達の儀式が挙行された。コラムで述べるように、この国書は宗義智らが改竄したものである。その後、秀忠の返書が使節に渡されたが、それには「源秀忠」とのみあって「日本国王」の印章もなく（秀忠は、明皇帝から冊封されていない）、年号は当年の干支を記し、そのあとは「当年」を意味する「龍集」として、明年号を用いていなかった。江戸幕府は、室町幕府の朝鮮国王宛の国書の様式を踏襲していたことがわかる。

使節一行は、徳川家康の意向で鎌倉を遊覧した後、駿府近くの興津《おきつ》（静岡市清水区）の清見寺《せいけんじ》に入り、駿府城において家康に謁見した。

また被虜人の調査と送還については、江戸の老中から朝鮮の礼曹（外交担当）宛の文書に、送還の努力を約束する旨を書き入れさせた。対馬から江戸を往復する間、被虜人が使節の宿泊所に来ると、その都度、使節に同行して帰国することを勧めた。しかし日本の主人が帰国を許さなかったり、すでに結婚していたりなどと、容易に説得することはできなかった。畿内各地のほか、赤間関《あかまがせき》（山口県下関市）で百余名、筑前藍島で博多からの百余名、肥前名護屋で一四〇名、壱岐と対馬で各地から集まってきた人々も加えて総数約一三〇〇名の被虜人を朝鮮に送還した。

女真対策のため、鳥銃などの武器の購入も行ない、京都で長剣一〇〇柄、大坂滞在中に堺の商人から鳥銃五〇〇柄を入手した。

被虜人の送還

被虜人は、豊臣秀吉による「唐入り」の過程で、大名や人買い商人らによって拘束され、売買された人々である。日本で農耕を強制された人々をはじめ、多様な人々がいた。侍者・茶坊主・しもべ・厨子（料理人）や、女性に仕える侍女・宦者、陶工・印刷工などの職人、薬屋・茶屋のような商人などがいた。都市に拘留された人々は、主人に拘束されながらも、ある程度自由な活動が許された。

また高名な朱子学者である姜沆《カンハン》《きょうこう》のような知識人も含まれていた。彼は、儒学者李退渓《イテゲ》の門流をくむ。南原《ナムウォン》城への兵粮運搬の監督にあたっていた時、藤堂高虎《とうどうたかとら》の兵に捕らえられ、伊予国大津へ連行された。その後、伏見に移され、藤原惺窩《ふじわらせいか》と出会った。惺窩は彼から実践的な朝鮮朱子学を学び、近世朱子学の基礎を築いた。

回答兼刷還使は、第二回が一六一七年（元和三）、第三回が一六二四年（寛永元）に日本に派遣された。しかし被虜人の送還は、思うようには進まなかった。第二回が三二一名、第三回が一四六名を送還したのに留まった。その後も一六三六年に二名、一六四三年は一四名の帰国にとどまり、それ以後は帰国した例は見いだせない。内藤雋輔は、全体で約七五〇〇人の被虜人が送還されたと推測し（内藤雋輔―一九七六）、米谷均は六三二三人としている（米谷均「朝鮮侵略後における被虜人の本国送還について」鄭朴熙・李璟珣―二〇〇八所収）。

被虜人が本国へ帰還する経緯は、①被虜人の自力帰還、②対馬宗氏などを介在した送還、③これまで述べてきた朝鮮使節（回答兼刷還使や通信使）が来日した際の送還の三つに大別される。朝鮮使節が被虜人を招募するにあたっては、使節の分遣隊に同行したり、また諸大名との交渉にあたるなど、対馬藩が果たした役割は大きかった。いっぽう、諸大名にとっては、被虜人の本国帰還は領民確保という点で彼らの利にならず、おおむね消極的な態度をとった。また帰国を断る被虜人もあった。すでに家族をもつなど、ある程度日本社会に適応していたためであろう。また、ポルトガル人らの手によって、東南アジアなどに売られる被虜人も多かった。

帰国しなかった被虜朝鮮人は、おおむね日本社会に同化していった。有田焼・薩摩焼・高取《たかとり》焼・上野《あがの》焼などを創始する陶工は、その代表といえる。彼らはおおむね日本式の姓名を名乗っており、日本人との通婚を通じて、しだいに日本社会に同化していった。薩摩苗代川《なえしろがわ》の陶工たちのように、薩摩藩の政策によって隔離・集住させられ、藩の保護を受けながらも、朝鮮の習俗を守っていくケースもあったが、それはあくまでも特例であった。

被虜人全体からみればわずかではあるが、武士身分に取り立てられる被虜朝鮮人も存在した。彼らは、医学・儒学・漢学などの素養、すなわち文の素養を認められて武士に取り立てられた。例えば、加賀藩では、脇田直賢九兵衛（金如鉄《キムヨチョル》）や菅野加右衛門ら一一家あり、そのうち、「正規の武士」身分といえるものは三家である。二世以降はおおむね、朝鮮人の系譜をひくからといって差別された形跡はみられない。

己酉約条

朝鮮王朝と対馬島主宗義智とのあいだでは、一六〇九年（慶長十四）五月、己酉約条《きゆうやくじょう》が結ばれた（鶴田啓―二〇〇六）。

条文は一一ヵ条（一三条とする史料や、一二条だったとする説もある）から成る。釜山の倭館で接待される日本からの使は、日本国王（将軍）の使臣、対馬島主の特送（歳遣船以外に派遣する使節）、対馬島内受職人の三者に限定した（第一条）。このうち特送船は壬申《じんしん》・丁未《ていび》両約条と同様、歳遣船に組み入れられて、島主歳遣船は特送船三隻を含む二〇隻とされ、その内訳は、大船が六隻、中船・小船が各々七隻であった（第三条）。対馬島主への歳賜米と大豆はあわせて一〇〇石《ソク》（朝鮮の単位）とする（第四条）。受職人は、戦中・戦後の授職者に限ることとし（第五条）、船の大中小の長さと乗員数を規定した（第六条）。すべての渡航船に島主の文引《ぶんいん》（渡航証明書）を受けさせた（第七条）。対馬島主に対しては前例により図書を造って与え、どのような印であるかは紙に捺して礼曹と校書館（印刷・刊行・印などをつかさどる役所）に保管するとした。そして釜山浦《プサンポ》において書契《しよけい》（外交文書）が来るたびに、その印の真偽を検査し、規定に反する船は帰らせるとした（第八条）。そして入港が認められたのは、釜山浦一港であった（第八・九条）。

このように中世以来の対馬島主宗氏の特権は認められ、日本側の通交者は対馬藩という単一の主体となった。そのいっぽう、歳遣船が三〇隻から二〇隻に減らされたため、後にさまざまな名目をつけて実質的な船数の増加をはかった。そして図書については、従来のような他人名義の図書が使用できず、偽使の派遣はできなくなった。だが、朝鮮国王や徳川将軍の国書の偽造と改竄は続けていった。

また日本から朝鮮に派遣された使節では、一六二九年（寛永六）、日本国王使の正使として朝鮮に渡った規伯玄方《きはくげんぽう》が、朝鮮の首都漢城までの上京を果たしている。このケース以外では、使節は釜山に留まるのが通例であった。

2　近世日朝関係への転換

柳川一件

こうした対馬藩ぐるみの国書の改竄が、ついに発覚する（柳川一件《やながわいっけん》、柳川事件）（田代和生―一九八三）。事の発端は、寛永年代に起きた対馬宗氏と重臣柳川氏との御家騒動である。柳川氏は、戦国時代末期の調信《しげのぶ》のときに急速に台頭して、家臣団の筆頭にまでなった。徳川家康は、宗氏と日朝関係の統制のために、調信の孫調興《しげおき》を人質として駿府に置いた。調興は、徳川家康・秀忠幕閣に人脈をもっており、江戸幕府・朝鮮王朝の双方に実力を認められ、藩内では突出した存在であった。宗義智の死後、対馬内部は宗義成《そうよしなり》と柳川調興による二頭政治が行なわれた。

一六三三年（寛永十）、柳川調興は、宗家を離れて幕府の直参旗本《じきさんはたもと》となるべく行動を起こし、それを阻止しようとする宗義成が双方とも幕府に訴えた。その過程で、国書の偽造や改竄の事実が明らかになった。ただし暴露されたのは、柳川氏の関係者が関与していない一六二一年（元和七）と一六二九年（寛永六）の二回のみであった。

この争論は、一六三五年、江戸城における将軍徳川家光の親裁によって、柳川調興の有罪、宗義成の無罪が確定した。印鑑や国書偽造の実行犯であった、宗家の右筆《ゆうひつ》である島川内匠《しまかわたくみ》と、柳川家の重臣である松尾智保《まつおともやす》は死罪となった。柳川調興は弘前《ひろさき》藩へ、柳川氏の外交僧玄昊《げんこう》は秋田藩へ、宗義成の従兄弟である宗智順《そうとしまさ》は新庄藩へ、宗氏の外交僧である規伯玄方《きはくげんぽう》は盛岡藩へ各々流罪となった。双方の処罰者は、同数であった。

一六三〇年代は、幕府の対外政策（「鎖国」）が次々と実施された時期である。一六三九年にはポルトガル船の来航が禁止され、交流の相手国は中国（明）・オランダ・朝鮮・琉球、そして蝦夷地のアイヌに限定された。そうしたなかで中世以来、朝鮮王朝と独自な関係を続けてきた対馬の宗氏なくしては、朝鮮王朝との外交・貿易は成り立たないというのが、幕府の判断であったものと考えられ、それが宗義成の勝利した理由である。

以酊庵輪番制と宗氏の家役

柳川一件の後、江戸幕府が朝鮮外交に直接介入するようになった。国書などの外交文書の扱いは、京都五山《ござん》の僧侶が交代で対馬に派遣され、以酊庵《いていあん》でその任にあたる以酊庵輪番制《りんばんせい》が開始される。こうして中世以来の偽使派遣体制は終焉を迎える。

一六三六年（寛永十三）、宗義成は、幕府から通信使を来日させるよう命じられ、対朝鮮関係を担当する大名としての位置（幕府に対する家役）が再確認された。そして宗氏は藩政改革を進め、家中に分配されていた朝鮮への使節船派遣の権利（使船所務権）を宗氏へ返上させ、改めて扶持米《ふちまい》（俸禄米）の形で支給する制度に転換した。このことは宗氏が近世大名へ脱皮していったことを示し、それにともない日朝関係も近世固有のものに変わっていった。

コラム　偽造された国書

関　周一

本文でも述べたように、十五世紀以降対馬《つしま》の宗《そう》氏は、朝鮮に頻繁に偽使を派遣し、朝鮮通交による多大な権益を得ていた。偽使の派遣のため、使節にもたせる朝鮮宛の文書（朝鮮では書《しょ》契《けい》という）を偽造ないしは改竄《かいざん》を続けた。

それを可能にしたのは、書契に押す図書《としょ》などの印を宗氏が所有していたためである。宗家旧蔵資料（九州国立博物館所蔵）の中には、朝鮮王朝から与えられた銅製の図書が二三個ある。その多くは、一五六三・一五六七年に、図書の復旧に成功した深処倭《しんしょわ》（九州の倭人ら）の名義であった。だが、その名義人は、対馬によって作りだされた偽りの名義人であった。その他、足利将軍印である「徳有鄰《とくゆうりん》」印が四個、大内氏が朝鮮王朝から与えられた割符《わりふ》である通信符が二個、朝鮮国王印である「為政以徳《いせいいとく》」印が一個あり、いずれも対馬で偽造された木印であった（田代和生・米谷均「宗家旧蔵『図書』と木印」『朝鮮学報』一五六、一九九五年）。

宮内庁書陵部に現存している、万暦十八年（一五九〇）三月日付の「朝鮮国王李昖《りえん》（宣祖《せんそ》）

万暦18年（1590）**3月日付「朝鮮国王李昖**（宣祖）**国書」**
（部分，宮内庁書陵部所蔵）

「為政以徳」銘木印
（九州国立博物館所蔵）

書契」（朝鮮国書）と同年月日付の「朝鮮国王李昖別幅」（別幅とは、進物目録のこと）は、黄允吉《ファンユンギル》を正使、金誠一《キムソンイル》を副使とする朝鮮通信使が、同年七月、豊臣秀吉に送ったものである。しかし、二通とも宗義智《よしとし》らによって改竄された文書である。前述した宗家旧蔵資料の「為政以徳」印には、捺印した時の朱が今も付着しており、成分分析の結果、この二通の文書の印影の朱と成分が一致している。この木印も、改竄の時点で作成されたものではなかろうか（九州国立博物館編『戦国大名　九州の群雄とアジアの波涛』西日本新聞社・TVQ九州放送、二〇一五年）。

秀吉から朝鮮国王の参洛を求められた義智は、日本国王使を再三朝鮮に送り、秀吉の天下統一を祝う通信使の招聘に交渉内容をすり替えた。その際、義智は秀吉の国書を無断で作成した。それに応えて作成された、通信使が持参してきた朝鮮国書には「朝鮮国王李昖　奉復　日本国王殿下」との書き出しで始まり、「奉復」のように、秀吉国書に対する返信であることを示す表現が使われていた。現存する右の国書は、「奉復」ではなく、往信文言の「奉書」が使われていた。朝鮮国王の印章「為政以徳」印も偽造木印が使われていた。

本物の朝鮮国書・別幅の料紙は、厚手の楮紙《ちょし》を用い、表面を滑らかにして筆を運びやすいように打紙《うちがみ》をされている。しかし改竄された右の国書・別幅の料紙は、雁皮紙《がんぴし》二枚を貼り合わせ、その両外側に竹紙《ちくし》一枚ずつを貼って厚みを持たせている。

倭乱後の朝鮮王朝との交渉に際しても、宗義智らは国書の改竄を続け、国交回復にこぎつけた。京都大学総合博物館所蔵の万暦三十五年（一六〇七）正月日付の「朝鮮国王李昖（宣祖）書契」（朝鮮国書）と同年月日付の「朝鮮国王李昖別幅」はともに改竄されたもので、楮紙二枚を貼り合わせ、その両外側に竹紙一枚ずつを貼ったものである。国書については、「奉復」を「奉書」に変更し、「過去を反省して国書を先に送った」という部分などを削除して、つじつま合わせをしている。この国書を受け取った徳川家康は、朝鮮との国交回復を決断するのである。

Ⅲ　近世の日朝関係とその変容

木村直也

国際的孤立と捉えられてきた「鎖国」概念が近年見直され、「四つの口」での対外交流が注目されるなかで、江戸時代の平和的な日朝関係（交隣関係）の再評価も進んだ。

豊臣秀吉の侵略後、対馬《つしま》の宗《そう》氏が日朝国交を回復させ、一六三五年の柳川一件ののちに日朝通交が整備・再編成され、対馬藩は釜山の倭館に使船を派遣して通交・貿易を行なった。しかし、宗氏は徳川将軍と主従関係にある一方で、朝鮮国王に対して朝貢・臣従しているかのような形式もとっており、幕府・朝鮮王朝・対馬藩の微妙な三角関係が近世日朝通交システムを支えていた。江戸時代には合計一二回の朝鮮通信使が来日し、さかんな文化交流が展開された。雨森芳洲《あめのもりほうしゅう》は日朝交流に尽力した人物として近年は知られるようになったが、熾烈な交渉も経験している。また江戸時代の交隣関係の陰で、相互の認識の齟齬など必ずしも友好的でない要素もあり、密貿易など通交システムを逸脱する動きもあったが、両国関係は二世紀半にわたって平和的・安定的に維持された。

農業生産に乏しい対馬藩は、朝鮮貿易や朝鮮米に依存せざるをえない。近世中期になると、幕府による貿易制限や国産化によって日朝貿易はしだいに衰退に向かい、対馬藩は財政が窮乏し、幕府援助にも頼るようになっていく。通信使は、一八一一年に対馬易地聘礼《えきちへいれい》が行なわれたのを最後に来日しなくなる。一九世紀になると日本では「鎖国」概念が形成・普及していくとともに、内憂外患の意識を背景に対外進出論が広く唱えられるようになった。

一八六一年にロシア艦ポサドニック号の対馬占拠事件が起こると、対馬藩は移封の内願書を幕府に提出した。それは実現しなかったが、翌年に対馬藩の実権を握った尊王攘夷派は、長州藩や幕府要路と接触しつつ幕府に対して援助要求運動を展開した。対馬藩は従来の日朝通交の問題点を指摘し、一八六三年には年々三万石の米の援助を求める願書を幕府に提出し、その中で朝鮮進出論を唱えた。幕府はこの要求を認め、また対馬藩士大島友之允《おおしまとものじょう》は朝鮮進出建白書を幕吏に提出した。尊攘運動の失墜とともに幕府の対馬・朝鮮問題への取り組みは棚上げになるが、徳川慶喜政権は、一八六六年の朝鮮での丙寅洋擾《へいいんようじょう》を契機に朝鮮への幕府使節派遣計画をたてた。これには日朝通交変革を狙う対馬藩も積極的に関与した。しかし朝鮮側からすれば、対馬藩の通交変革への動き、異例な幕府使節計画、そしてこのころに起こった八戸順叔《やべじゅんしゅく》征韓記事問題は、日本に対する猜疑心を喚起することになった。

　幕府が倒れると、対馬藩は明治新政府に日朝通交刷新建議を行なった。また対馬藩が外国官と協議して作成した新政府樹立通告書契《しょけい》は、従来の慣例を破り、日本を朝鮮の上位に置く形のもので、朝鮮側は拒絶した。新政府内部でも木戸孝允らの「征韓論」がみられるようになる。政府による日朝外交接収の動きがみえてくると、対馬藩は既得特権維持との矛盾に苦しむことになった。しかし一八七一年に廃藩置県が断行されると、外務省が日朝外交を接収した。朝鮮側が明治政府との国交を認めない状況で、一八七三年には西郷隆盛の朝鮮派遣をめぐる征韓論政変も起きた。朝鮮で排外攘夷主義をとる大院君《テウォングン》政権が倒れ、日本側が朝鮮に対し強気の対応に出るなかで、日本軍艦「雲揚」が江華島《カンファド》事件を起こし、一八七六年には日朝修好条規が締結された。幕末以来の日朝通交変革の帰結であった。

一　江戸時代の「交隣」関係と対馬藩

1　近世日朝通交システム

「鎖国」の見直しと江戸時代日朝関係の再評価

江戸時代の日本は、長崎を唯一の窓口として残したものの、外国との交流を遮断して国際的孤立状態に陥っていたとする「鎖国」概念は、明治以降、多くの人々の歴史認識となり、国民意識のうちに定着していった。この「鎖国」は、江戸時代前期の寛永年間に幕府によって「完成」され、二世紀あまり続き、一八五三年（嘉永六）のペリー来航によって打ち破られたとされた（岩生成一―一九六三）。このような「鎖国」の歴史認識は、江戸時代の日本の対外関係を過度に閉鎖的にとらえ、西洋諸国との関係に視野が限定されていて、東アジアの周辺諸国・民族との関係がほとんど捨象されているという問題点があった。しかし、江戸時代には中国・オランダ船が来航した長崎のほか、朝鮮との通交・貿易を行なった対馬《つしま》藩、琉球王国との関係をもっていた薩摩《さつま》藩、アイヌとの交易を管掌していた松前《まつまえ》藩という、「四つの口」が存在していた。

グローバル化が進み始め、また東アジア諸国の経済的台頭が顕著になっていく一九八〇年代になると、「四つの口」にみられるような江戸時代の東アジア周辺諸国・民族との関係が注目されるようになった。

江戸時代の対外関係を「鎖国」ではなく、東アジア国際関係においてみられる「海禁」「華夷《かい》秩序」としてとらえるべきだとの主張も現れた（荒野泰典―一九八八）。

こうした論調が現れるのと歩調を合わせるように、江戸時代の日朝関係についても再評価が進んだ。すなわち日朝関係の歴史では、豊臣秀吉の朝鮮侵略や、近代の植民地支配が前面に出されて語られるが、「二千年余りにわたる日朝関係の歴史では、不幸な関係ばかりではなく、むしろ平和的な関係の方が長い」とする歴史認識のもと、江戸時代の通信使による交流が注目され、外交史・貿易史の実証的研究が進んだ。「鎖国」だったとの認識のもとで軽視され、実態がほとんど知られていなかった江戸時代の日朝関係が、にわかに注目されるようになったのである（木村直也―二〇〇九）。

近世日朝通交システムの確立

前章で述べられているように、対馬藩は将軍の国書《こくしょ》を偽造するなどしつつ、豊臣秀吉の侵略後の日朝関係を修復して日朝間の使節の往来を実現させ、一六〇九年（慶長十四）には己酉約条《きゆうやくじょう》を成立させて対馬・朝鮮間の貿易を再開させた。また、国書偽造などが露顕して裁決が下された一六三五年（寛永十二）の柳川一件《やながわいっけん》ののち、日朝通交は整備・再編成される。すなわち以酊庵輪番制《いていあんりんばんせい》が開始され、京都五山《ござん》の僧が交代で対馬の以酊庵に赴任し、漢文の外交文書をチェックするようになった。しかし、これによって幕府が日朝外交を完全に監視下に置いたという評価を与えることは適切ではない。幕府が対馬藩に対し日朝関係に関して必要な指示を与え、また対馬藩が重要な事実を幕府に報告してはいるが、日常的な朝鮮通交業務は対馬藩に委任されており、対馬藩が独自に判断・運営し、また幕府や以酊庵に対する情報伝達の限定や操作も行なっているからである。

己酉約条では、対馬から朝鮮へ毎年送られる歳遣船《さいけんせん》二〇隻など、貿易に関する一二ヵ条が規定された。貿易は、釜山《プサン》の倭館《わかん》に対馬船が行って実施され、対馬藩と朝鮮政府とが直接担う官営貿易と、商人らによる私貿易とがあった。官営貿易においては、まず対馬から朝鮮への進上《しんじょう》（のち封進《ふうしん》と呼ばれる）と、朝鮮からの回賜《かいし》が行なわれたが、これは対馬から朝鮮へ朝貢《ちょうこう》しているかのような形式である。また、官営貿易としては、対馬・朝鮮の双方が調達した物を交換する定品・定額の公貿易がある。私貿易は、禁制品などの規制はあるが、基本的には双方の商人が持ち寄った物品を交換する。

歳遣船にはそれぞれ書契《しょけい》（外交文書）を持参した使節が乗り、それに付随して官営貿易・私貿易が行なわれるのであるが、柳川一件後は兼帯《けんたい》の制が導入され、いくつかの使船の書契をまとめて持参して合理化し、年例送使（八送使《はっそうし》）の形に統合された。封進・公貿易の物貨は船ごとではなく、年ごとにまとめて決済し、使節が他船に寄乗《よせのり》（同騎）して接待の節約をはかったから、使節が乗る船と乗らない船ができ、いわば外交と貿易の実質的分離が行なわれていく。また、柳川氏などに与えられていた使船派遣の権利（使船所務権）が廃止され、宗氏《そうし》派遣船に統合されたから、対馬藩宗氏の管理による一元的な通交体制が確立した。

このように歳遣船は年例送使の形で簡略化され、遣使は儀礼的・形式的になったが、対馬側は遣使船を出せばそれだけ貿易機会も増えるから、臨時使節の船を派遣しようとする。そうした臨時使節（差《さ》倭《わ》）としては、次のような名目の遣使が慣例的に行なわれるようになった。

・徳川将軍の吉凶などを伝える差倭
関白承襲告慶（将軍の嗣立）、関白告訃（将軍の死去）、関白退休告知（将軍の隠居）、退休関白告訃（前将軍の死去）、関白生子告慶（将軍の子の誕生）、関白立儲告慶（将軍の継嗣決定）、関白生孫告慶（将軍の孫の誕生）

・対馬島主の吉凶などを伝える差倭
島主承襲告慶（島主の嗣立）、島主告訃（島主の死去）、島主退休告知（島主の隠居）、退休島主告訃（前島主の死去）、島主告還（島主の江戸からの帰国）

・朝鮮国王の吉凶に関する差倭
陳賀（国王の即位）、弔慰（国王・王妃の死去）

・通信使に関する差倭
通信使請来（通信使の派遣要請）、通信使護行（通信使の出迎え）、通信使護還（通信使の護送）、通信使請退（通信使の延期要請）

・その他
図書請改（新島主への新印改給要請）、漂人領来（漂流民の護送）、裁判（さまざまな外交交渉）

朝鮮からは、後述する通信使が徳川将軍に対して派遣されるほか、ときおり訳官使《やっかんし》（日本語通訳を行なう倭学訳官らによる使節）が対馬へ派遣された（通交・貿易に関しては、田代和生―一九八一）。

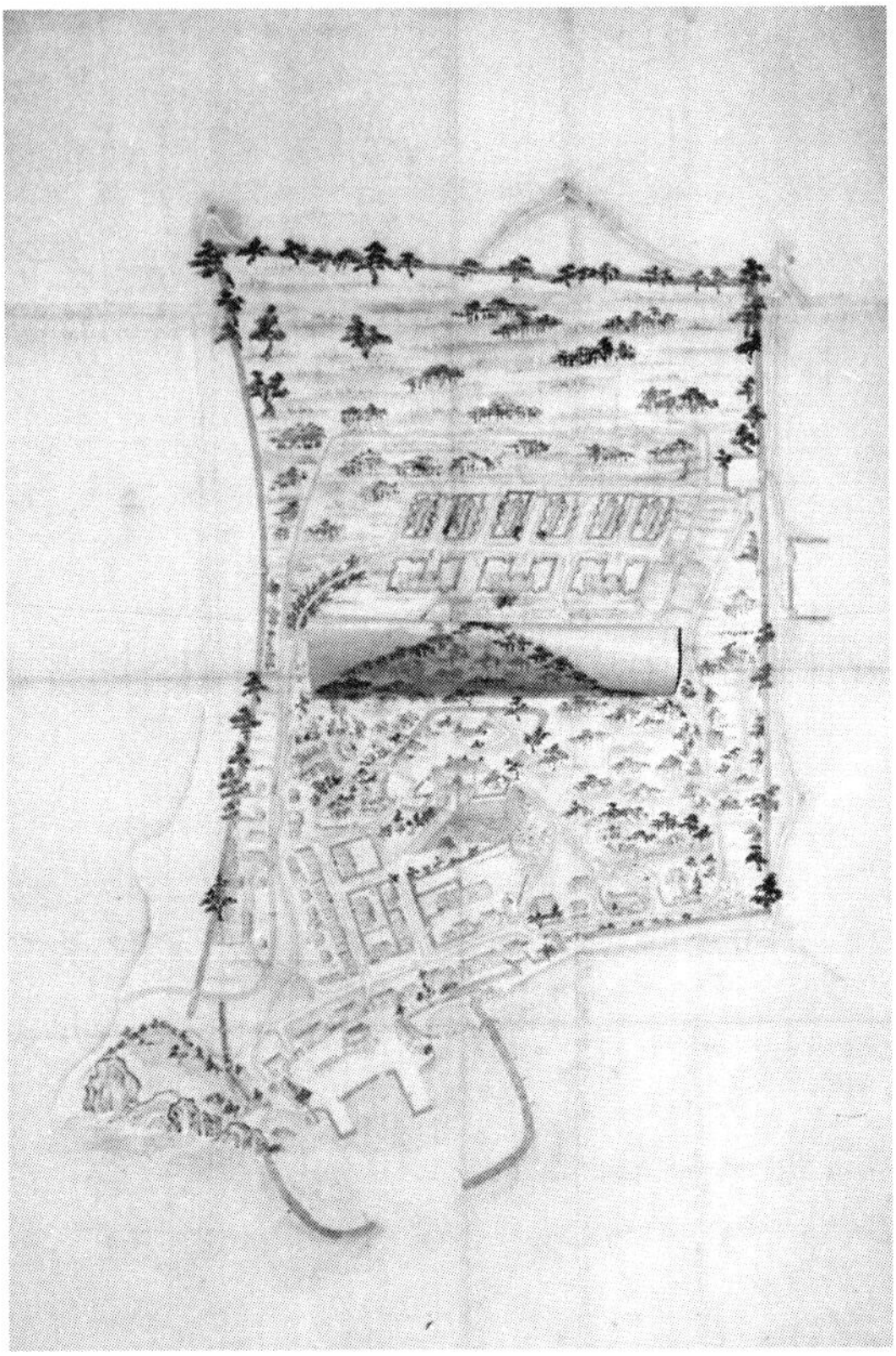

倭館絵図（草梁倭館）
図の右側が北の方角にあたる.（長崎県立対馬歴史民俗資料館所蔵）

釜山倭館における通交・貿易

江戸時代における日朝通交・貿易の主要な舞台は、釜山に置かれた倭館（日本側は「和館」とも表記）である（鶴田啓―二〇〇三、田代和生―二〇一一、尹裕淑―二〇一一）。中世では日本人が渡って滞在する三浦《さんぽ》があったが、三浦の乱（一五一〇年）ののちに釜山一ヵ所に限定された。江戸時代に入って通交・

貿易が再開されたときは、釜山の豆毛浦《トゥモポ》に倭館が置かれていたが、手狭なことや船の停泊場所の条件が悪いことなどにより、対馬藩は移転要求を朝鮮側に行なった。これに関する対馬・朝鮮間の交渉は難航して長期化したが、一六七八年（延宝六）に釜山南方の草梁《チョリャンそうりよう》へ移転した。

草梁倭館の敷地は朝鮮側から提供された一〇万坪におよぶ広大なもので、現在では釜山市街の中心部に含まれ、龍頭山《ヨンドゥサン》公園周辺になる。通常、倭館には対馬から渡った五〇〇名前後の藩士・商人らが滞在していて、通交・貿易業務などにあたっていた。当時は東側と南側は海岸で、東側に船着き場があった。周囲は塀で囲まれ、東側に守門と呼ばれる門があり、ふだんの出入りはこの門に限られていた。中央部に龍頭山があり、その東南の麓に館守屋が置かれ、対馬藩から派遣される倭館の責任者（館守）が滞在する。龍頭山を境に東館・西館に分かれている。東館は船着き場、倉庫、館守・裁判（特定案件を交渉する役人）・通詞・代官（貿易管理の役人）・医師らの屋敷、滞在者らの住居、日常生活を営むうえで必要な物を売る店、東向寺《とうこうじ》などがあった。また開市大庁も置かれ、貿易が行なわれた。西館には、整然と大きな建物が並び、対馬から派遣された使節らが滞在した。倭館の北側に隣接した区域には宴享庁があり、朝鮮側が対馬からの使節を接待する宴会、儀礼が行なわれた。

兼帯の制以降の倭館貿易における輸出・輸入品目を確認しておこう。官営貿易（封進・公貿易）では、銅、鑞《ろう》、丹木《たんぼく》、明礬《みようばん》、黒角《こつかく》（水牛角）などが対馬から朝鮮に送られ、朝鮮からは公木《こうぼく》（木綿）で支払われるのだが、一部を米に換えること（公作米《こうさくまい》）が定着していった。私貿易では、銀を中心に銅・鑞などの金属、各種皮革類、東南アジア産品（丹木・胡椒など）、工芸品など多彩な物品が対馬から朝鮮にもたらされ、朝鮮からは生糸・絹織物といった中国産品を中心に、朝鮮人参などがもたらされて、日本市場に送られた。

対馬藩人は、儀礼などのときを除けば、原則として館外へ出ることは禁止されている。しかし、日朝間で交渉が紛糾したときなど、対馬藩側があえて館外に出て東莱府《トンネブ／とうらいふ》（対日外交を担当する役所）と直接交渉をしようとする攔出《らんしゅつ》（闌出）が行なわれることもあった。朝鮮側から倭館に出入りするのは、訓導《くんとう》・別差《べつさ》をはじめとする訳官、許可された朝鮮人商人らである。また、対馬から女性を連れてくることは禁止されていたため、朝鮮人の手引きで朝鮮人女性が入り込む事件（交奸事件）もときどき起きている。

漂流民の送還に関しても、倭館で引き渡しがなされる。日本に漂着した朝鮮人は、対馬以外の漂着地であれば、長崎で奉行所の取り調べを受けてから対馬経由で倭館に移送され、朝鮮に引き渡される。対馬から倭館へ移送する際は漂流民送還の使節が送られ、貿易が付随した。朝鮮に漂着した日本人は倭館で対馬藩に引き渡され、対馬経由で長崎（在所によっては大坂）へ移送され、奉行所の取り調べを受けて在所に帰された。対馬以外の住民の場合は、対馬から倭館へ漂流民を迎える使節が送られ、貿易が付随した。

近世日朝通交システムを支える三角関係

江戸時代の日本と朝鮮の関係を整理してみよう。両者の関係を一八八頁の図で示したが、幕府・朝鮮王朝・対馬藩の三者間を結ぶ線種の違いは、それぞれの関係の質的・量的な相違を示している。

徳川幕府と朝鮮王朝との関係については、将軍と朝鮮国王が形式上、対等な交隣・敵礼関係として位置づけられているものの、両者のあいだで日常的な接触はなく、将軍の代替わりなどに際して通信使が日本に派遣されたときに国書の交換や交流が行なわれるだけである。

徳川将軍と対馬藩宗氏との関係は、他大名との関係と同様、封建的主従関係であり、戦時には幕府の命令に従って兵を出す（平時には普請《ふしん》役などが課せられる）という軍役を果たすいっぽうで、領地を与えられて年貢収入を得る（知行《ちぎょう》を受ける）という関係である。常に対馬藩は幕府と接触し、その指示を仰いでおり、参勤交代も行なっている。対馬藩の場合に特殊なのは、朝鮮との通交・貿易を滞りなく行なうという朝鮮通交の「家役」＝「朝鮮御役職」（対馬藩側は江戸時代中期から「朝鮮押えの役」とも表現する）を果たす見返りとして、朝鮮貿易の収入を独占できることになっている点である。そのため対馬藩は、後述するように、朝鮮貿易収入は知行同然だという論理を主張することになる。

対馬藩宗氏と朝鮮国王とのあいだは、通交・貿易を行なう関係であるが、ここでは宗氏が朝鮮国王に朝貢・臣従しているかのような形式もとられていることに留意したい。朝鮮国王の即位を祝う使節が対馬から派遣されるときには、上表文の形式で書契（外交文書）が送られ（米谷均―一九九五）、年例送使などの使節が倭館に派遣されて朝鮮側が宴享を行なう際には、対馬の使節らは朝鮮国王を象徴する殿牌《でんぱい》を拝礼する儀礼を行なう。また使節が朝鮮国王への進上（封進）を持参し、国王から回賜の品がもたらされる点、使節船の乗員らに渡海料や滞在費の米が支払われる点など、中国の王朝と朝貢国との通交・貿易の形式と擬似的なものになっている。朝鮮・対馬の双方が公式に「朝貢」と認めているわけではな

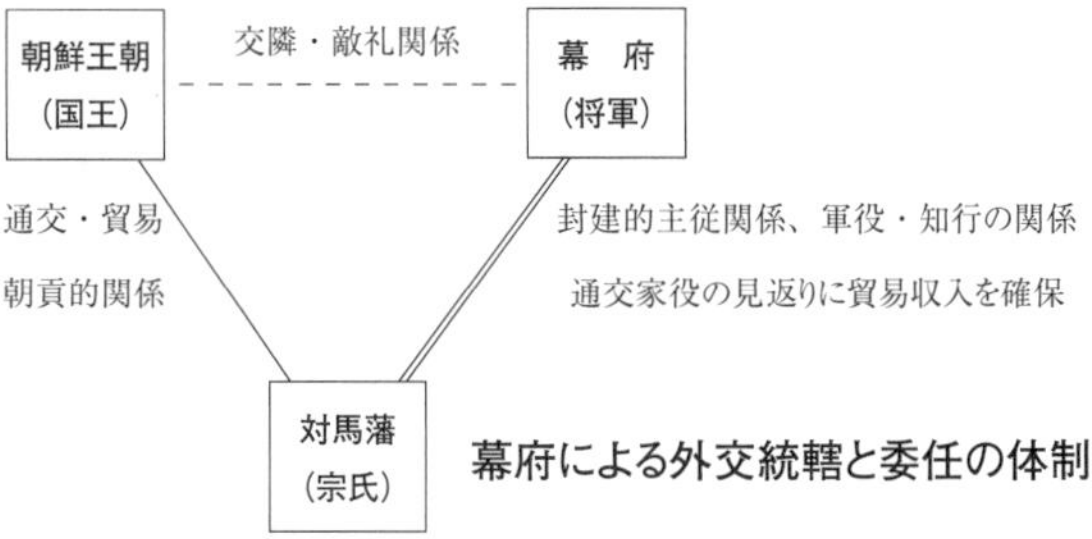

幕府による外交統轄と委任の体制

殿牌拝礼（伝鄭敾「東萊府使接倭図」部分，韓国国立中央博物館所蔵）

いが、朝鮮側としては対馬を「羈縻《きび》」している認識をもってこのような形式をとらせ、また対馬側はこうした形式をあえて受け入れることにより、朝鮮貿易を実現して多大な利益を得ることを可能にしていた。日朝の国家元首（徳川将軍と朝鮮国王）どうしが対馬藩を媒介につながるという、この微妙な三角関係により、江戸時代の日朝関係が長期にわたって平和的・安定的に維持されたのであった。

2　江戸時代の日朝交流

通信使の来日

一六三五年（寛永十二）に柳川一件に対する裁定を行なった幕府は、対馬藩主宗義成《そうよしなり》に対し、朝鮮から通信使を派遣させるよう命じた。処罰せずにその地位を残した宗義成の外交能力を試す目的があったとされる。江戸時代になって朝鮮国王から将軍に対しては、それまでに三回の使節が来ていたが、それらは国書偽造・改竄《かいざん》がからんだ「回答兼刷還使」であった。朝鮮のほうから最初に国書を送る形の「通信使」は江戸時代になってから初めてであり、朝鮮政府でも派遣の是非が議論になった。しかし、朝鮮は北方の女真《じょしん》族後金《こうきん》の脅威にさらされている時期であり（後金は国号を清に改称して一六三六年に朝鮮に侵攻している）、朝鮮は日本との緊張を望まなかったから、対馬からの通信使派遣要請を受け入れた。一六三六年に「通信使」が来日し、将軍家光《いえみつ》にまみえて国書を交換した。

これ以後、おもに将軍の代替りの祝賀を目的に通信使が来日することになる。一八一一年（文化八）まで江戸時代を通じて計一二回（「回答兼刷還使」を含む）派遣され、日本側にとっても一大イベントであった。

通信使一行は、漢城《ハンソン》《かんじょう》（ソウル）を発して陸路釜山に行き、船で対馬に渡って対馬藩の歓迎を受けたあと、関門《かんもん》海峡から瀬戸内海を通り、淀《よど》川を遡る。淀で上陸してからは陸路で江戸へ向かった。使節団の総勢はおよそ四〇〇～五〇〇名（うち水夫らは江戸までは行かない）。正使・副使・従事官の三使をはじめ、上々官・製述官・書記・訳官・写字官・画員・医員・軍官などが参加し、さらに儀礼や文化交流のため典楽《てんがく》・吹手《すいしゅ》・馬上才《ばじょうさい》（馬乗りの曲芸）・小童らも付き従った。江戸城で朝鮮国王と将軍の国書を交換し、種々の文化交流も行なったうえで帰国する。

通信使が通過する沿道や江戸での多彩な交流は、江戸時代の友好的な日朝関係を象徴するものとしてよく知られている。沿道では行列を見物する人々が多く集まり、江戸などでは観客席が設置された。朝鮮の一級の朱子学者らも同行しているから、日本の学者たちが交流を求めて各地で押しかけ、対面して筆談できれば上出来だが、かなわなくても自身の漢詩文にコメントを付けてもらおうとした。沿道各地では小童らが踊りなどを演じ、それらが現在でも岡山県牛窓《うしまど》の唐子《からこ》踊りなどいくつかの地域で残っている。また沿道諸藩は、風光明媚な地に一行の宿泊地を置き、とくに三使らには特産物を交えた豪華な料理を提供してもてなした。

しかし、幕府にとっては異国から使節を将軍のもとに来させたという権威誇示の意味をもっていたし、朝鮮にとっては、日本より優れた儒教文化の国であることを誇示する意味があった。また、通信使一行を接待する幕府・諸藩の負担は莫大なもので、それらは多く民衆の負担に転嫁される。例えば、沿道周

通信使（「正徳元辛卯年朝鮮国之信使　帰路行列」部分，韓国国史編纂委員会所蔵）

馬上才図（高麗美術館所蔵）

辺の村々から道中に動員される人馬はおびただしいものであった。朝鮮側の負担も大きく、通信使渡来に際しては、持参する朝鮮人参などの徴収が民衆に課せられた。

通信使ほど有名ではないが、朝鮮の倭学訳官（日本語通訳官）らが対馬に来島する訳官使渡来もあった。訳官使は、対馬藩主が参勤交代から帰国した際に派遣される問慰行《もんいこう》や、懸案事項の交渉を行なう目的の使節で、寛永年間から幕末まで五一回に及び、それぞれ五〇～一〇〇名程度の規模で対馬に派遣され、藩主にまみえた。対馬島内では、通信使のミニチュア版のような形で、行列通行や藩による接待、種々の交流があった。

雨森芳洲について

江戸時代の日朝交流を担った人物として有名な雨森芳洲《あめのもりほうしゅう》は、一六六八年に生まれ、対馬藩に仕えた朱子学者である。江戸で木下順庵《きのしたじゅんあん》に学び、八九年に対馬藩に仕官し、しばらく江戸藩邸で任務をこなしつつ学問修行をした。九三年に対馬に赴任し、朝鮮方佐役として通交・貿易関連の任務に携わり、しばしば釜山の倭館に渡り、実務のかたわら朝鮮語を学んだ（語学教科書『交隣須知《こうりんしゅち》』も執筆している）。一七一一年と一九年の朝鮮通信使に随行して江戸まで往復。二一年に朝鮮方佐役を辞任したのちは、外交など公務に関わりつつ教育・著作にあたり、五五年に対馬で死去した。

正徳信使（一七一一年）渡来時における新井白石《あらいはくせき》の改革に対して、芳洲が論争したことは有名である。白石は名分論に基づいて、通信使接遇の諸儀礼の改革・簡素化を行ない、対馬藩や朝鮮側の抵抗を受けつつ、ほぼ承諾させ、実現させた。またこのとき白石は、朝鮮からの国書における将軍の呼称として、それまでの「大君」から「日本国王」へ復号するよう要求した。かつて足利将軍は「日本国王」を称し、対馬が偽造・改竄していた江戸時代初期の国書でもそのようにしていたが、柳川一件以降、朝鮮側国書において将軍に対する「国王」号を避けて「大君」号を使用し（中国中心の冊封《さくほう》体制から一定の距離を置いたと考えられる）、日本側国書では「日本国源某」と表記していた。白石は「日本国王」号の復号の根拠として、「大君」は朝鮮では「その臣子に授くる所の職号」であるから、朝鮮の官職を受けている形になること、また異朝の書には天子を指すものとしてみえることを挙げた（新井白石『折たく柴の記』）。雨森芳洲は、「日本国王」は国内無上の尊称である（天子を指す）などと反論したが、白石は押し通し、朝鮮側にも認めさせた。このときの論争について、白石は「対馬国にありつるなま学匠等（未熟な学者たち）が知るにも及ばで、とありかかりといふ事によりて国人等（対馬藩人ら）いなみ申す」と回顧している（『折たく柴の記』）。白石は名分論的見地から、あるべき制度を主張したが、芳洲は日朝関係を円滑に維持することと、それに基づく対馬藩の利益の確保を希求した行動をとったことがわかる。白石失脚後の次の享保信使（一七一九年）では、これらについてはほとんど以前の方式に戻された。

雨森芳洲（芳洲会所蔵）

雨森芳洲と申維翰《シンユハン》《しんいかん》との交流も有名である。申維翰は享保信使のときに製述官として来日し、帰国後『海游録《かいゆうろく》』を執筆した。来日中は、真文《しんぶん》役であった芳洲が彼に対応したが、『海游録』からは、両者間における両国の体面をかけた対立と相互理解がみてとれる。正使らと対馬藩主との謁見や、京都で日本側が一行を方広寺《ほうこうじ》に行かせようとする場面などで、申維翰は朝鮮側の誇りをかけて日本側の非を追及するが、芳洲も日本側の面子をかけて激烈にやり合った。そのいっぽうで、申維翰は芳洲の学問的力量を高く評価し、日本の文物や慣習、天皇の存在などについて率直に質問し、芳洲もそれに答えている。使節一行の帰国に際して、芳洲は対馬で申維翰と別れるときに涙を流している。

雨森芳洲は、『交隣提醒《こうりんていせい》』『たはれ草』など多くの著作を残したほか、対馬藩の文教に深く関わり、とりわけ、朝鮮貿易に関わる商人らの自主的な学習に任せていた朝鮮通詞養成について、藩による公的な教育制度の創設を提唱し、実現させている。

「交隣」の陰で

江戸時代の日朝関係が平和的・安定的であり、通信使渡来にみるような豊かな交流があったことは評価すべきである。しかし、そこにあったのは単に「友好」だけの意識ではないし、また制度化された通交システムから逸脱した動きもあった。

通信使渡来に際しては、日朝間で細かい儀礼・手続について争ったうえで、さまざまなことが決まっていくことが多い。幕府は、一六三六、四三、五五年の通信使のときに使節一行を日光まで連れて行き、東照宮《とうしょうぐう》に参詣させている（五五年には大猷院《たいゆういん》堂も）。使節に徳川家康や家光の威徳を感じさせ、華麗な建築群を見せる目的があったと推察される。また京都では、方広寺を参詣させることがあった。方広寺は豊臣秀吉が建てた寺で、大仏を建立したものの慶長伏見地震で壊れたが、その後再建され、方広寺鐘銘事件・大坂の陣を経て、徳川幕府の手で管理され、再度壊れた大仏も造り直されている。この方広寺への通信使の参詣について、雨森芳洲は『交隣提醒』の中で、珍しい大仏を見せたいということに加え、隣りにある耳塚（秀吉の朝鮮侵略で戦地から送らせた鼻・耳を埋めた塚）を見せて日本の武威を表そうとの意図があるとして批判している。

対馬藩内においても、対馬が朝鮮に朝貢・臣従しているかのような形式をとっていることを屈辱ととらえる言説が、近世中期の儒者満山雷夏《みつやまらいか》などにみられる（石川寛―二〇〇八）。こうした屈辱性の認識は江戸時代を通じて対馬藩内にも通奏低音のごとく存在していたと考えられ、これが幕末に至って前面に出てくることになる。

近世日朝通交システムから逸脱した動きとすれば、密貿易（潜商《せんしょう》）がある。一六六七年（寛文七）には、博多・長崎などの商人と多数の対馬藩人が参加した大規模な潜商事件が、また一七二一年（享保六）には朝鮮から対馬に来た訳官使一行が共同謀議した潜商事件など、大がかりな密貿易が発覚しているが、江戸時代後期になると大規模な潜商事件は見当たらなくなる。しかし、輸出入禁止品目を倭館に隠し持っていき、ひそかに朝鮮商人に売ろうとするなど、小規模な潜商は幕末においても摘発されており、もし発覚しなければ対馬藩人と朝鮮人商人とのあいだでの潜商ルートが成立していたわけで、潜在的には公権力の規制を逸脱した民衆による活動の領域が存在していたと想定できる。

現在、日韓両国の領土問題になっている竹島《たけしま》（独島《トクド》）について、江戸時代の状況を簡単に確認しておこう。一六二五年（寛永二）に伯耆《ほうき》国米子《よなご》の町人大谷《おおや》甚吉・村川市兵衛は、幕府から欝陵島《ウルルンド うつりょうとう》（当時の「竹島」）への渡海免許を受け、同島周辺での漁獲・伐採に従事した。しかし、欝陵島をめぐっては朝鮮人と競合するトラブルが発生したため、対馬藩を通して朝鮮と交渉したうえで、幕府は一六九六年（元禄九）に同島への渡海禁令を出した。その直後に安龍福らが鳥取藩領に現れたが、朝鮮に帰国後に捕縛され、欝陵島・竹島（当時の「松島」）を朝鮮のものと主張するために日本に行ったと供述した。しかし、そのような主張を日本で行った事実は確認できない。一八三六年（天保七）に石見《いわみ》国浜田の今津屋（会津屋）八右衛門が欝陵島に渡海したことが発覚し、幕府は異国の属島へ渡海したとして処罰した。このときに欝陵島への渡海禁令が全国法令として周知された。江戸時代に竹島（当時の「松島」）は欝陵島へ付随するものと認識されていたから、日本領と認識されてはおらず、また朝鮮側に竹島が朝鮮領と認識されていたわけでもない。そして一八七七年（明治十）の太政官指令でも、欝陵島と「外一島《ほかいっとう》」（現在の竹島）は「本邦関係これ無き義と相心得べきこと」とされている。以上が、現在の歴史学が明らかにしている江戸時代の竹島の状況である（池内敏—二〇一二、二〇一六）。

江戸時代の「交隣」関係の陰には、必ずしも友好的ではない要素もあったし、通交システムを逸脱する動きもあった。しかし、さまざまな矛盾・対立を抱えつつも、両国においてこの関係を維持しようとする意志がまさっていたからこそ、二世紀半にわたる平和的・安定的な日朝関係が維持できたのである。

二　近世中・後期の日朝関係の変質

1　近世中期の対馬と日朝関係

対馬の〝位置〟

対馬《つしま》は、九州と朝鮮半島とのあいだにあり、その位置は朝鮮半島に近い。また、地形的には山々が海から生えているような景観をもち、海岸の出入りが複雑で、平地はきわめて狭小である。そのため農業生産に乏しく、朝鮮貿易からの収益に依存するほか、朝鮮からもたらされる米は対馬の食糧を確保するうえで重要なものであった。異国・異文化の接触領域として、国家や民族の枠を超えた交流の可能性をもつという「境界」性があると同時に、日本という国家の周縁部にあり、国防の最前線としての役割を負うほか、経済的なハンディを抱え、中央政府に依存せざるをえないという「辺境」性とが並存している。江戸時代においても、日朝両国を仲介して交流し、朝鮮貿易によって利益を得ることができるという「境界」としての性格と、貿易が停滞した場合、経済的な困窮への救済を幕府に仰がなければならないという「辺境」としての実態もみられる。

そうした対馬の重要な経済基盤をなす朝鮮貿易は、東アジアの情勢に大きく左右される。一六四四年に明が滅亡し、清が北京に入城するという明清交代が起こり、しばらく南明政権や鄭氏《ていし》一族らの抵抗、

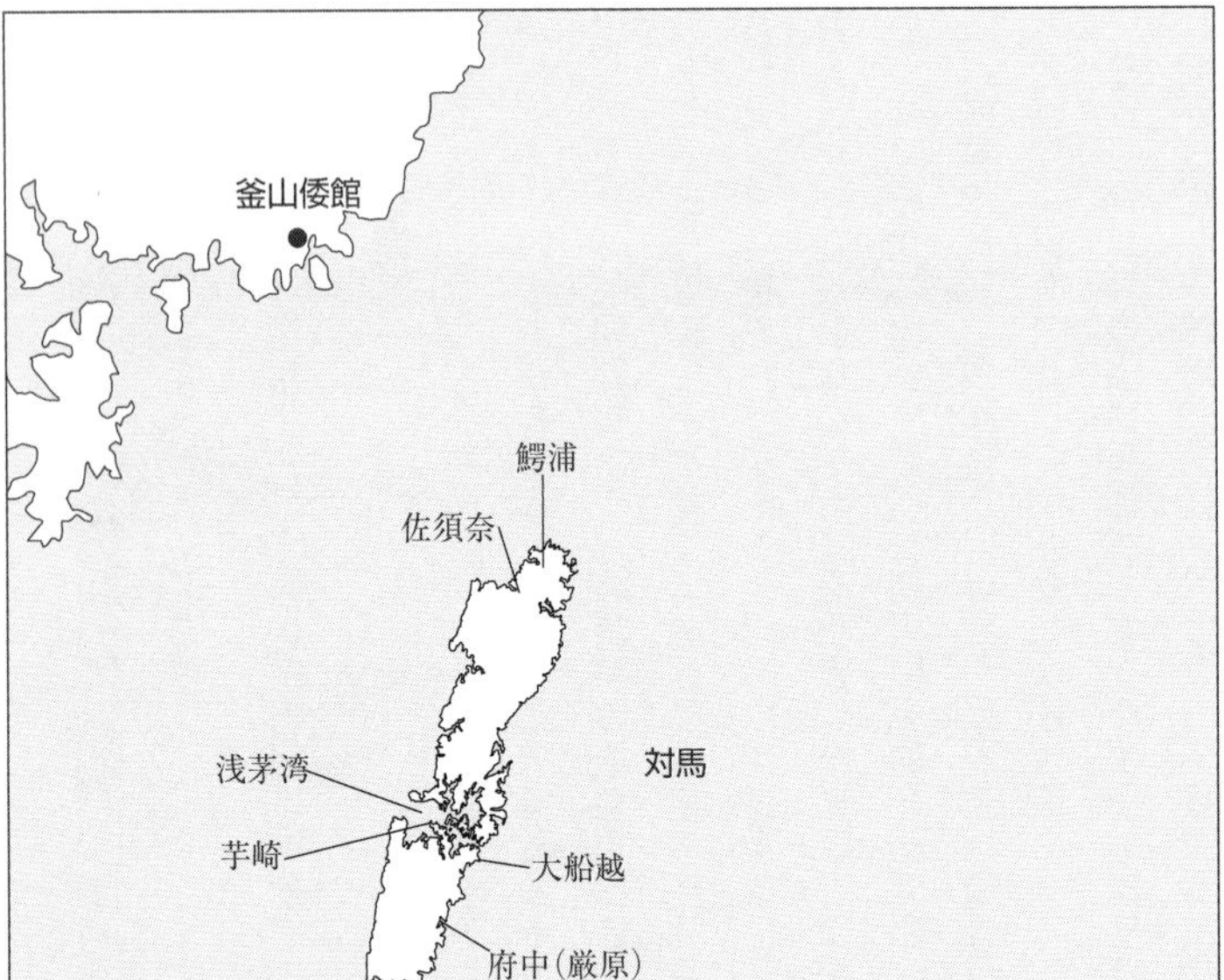

対馬地図

三藩《さんばん》の乱などの変動が続いたが、台湾の鄭氏勢力が清に降伏すると東アジアの動乱は収束し、一六八四年には遷界令《せんかいれい》（清国の沿岸部の住民を内陸に住まわせた政策）が撤廃された。これにより、東アジア海域の活性化が進み、長崎への中国船の来航も増加した。こうした情勢のもと、元禄期（一六八八～一七〇四）には日朝貿易もピークを迎え、対馬藩は貿易利益で潤っていた。対馬厳原《いづはら》の万松院《ばんしょういん》にある歴代藩主の墓地を訪れると、藩祖義智《よしとし》など近世初期の藩主の墓が質素であるのに対し、中期以降の藩主の墓は巨石を使った立派なものになっており、当時の経済状況を反映していることがわかる。

日朝貿易の衰退へ

日本の近世国家（幕藩制国家）においては、近世中期にかけて小農自立が進み、商品経済が進展し、大坂を中心とする全国的市場が形成されていった。貨幣経済が発展するとともに金銀銅に対する需要が増大するいっぽう、貿易活性化にともなって中国産生糸・絹織物への需要も高まることで、金銀の流出が激しくなった。そのため幕府は、一七世紀後半から貨幣改鋳を行なうとともに、貿易制限を行なった。長崎貿易の総量規制や管理強化が進められ、一七一五年（正徳五）の海舶互市新例《かいはくごししんれい》（正徳新令）に結実した。長崎ばかりでなく、対馬口・薩摩《さつま》口への貿易制限もはかられ、貨幣改鋳による銀貨の品位悪化は、銀を輸出品の中心としてきた対馬にとって死活問題であった。対馬藩は幕府に嘆願し、一時は貿易用に品位を高めた特鋳銀が鋳造されたが、これものちに廃止される。

また幕府（とくに徳川吉宗政権）は、金銀銅流出防止のため輸入品目（生糸、絹織物、朝鮮人参、薬種な

特鋳銀（人参代往古銀，日本銀行貨幣博物館所蔵）

ど）の国産化政策を進めた。そのため、一八世紀には生糸・絹織物の輸入が減少し、和糸を基盤にした新興機業地域も成立してくる。「鎖国」のアウタルキーによる自生的な国産化というより、貿易発展を契機とした貿易制限と国産化により、求心力のある強固な国家レベルの経済単位が創出されるという、パラドックス的な関係にある。

　こうした情勢にともなって、日朝貿易の意義も変質していく。元禄期に日朝貿易はピークを迎えたが、幕府による貿易管理・貨幣改鋳の影響をこうむり、特鋳銀も廃されて一八世紀後半には銀の輸出が途絶した。代わって銅が輸出の中心になっていくが、銅も幕府の強力な管理下に置かれる。また、生糸・絹織物・朝鮮人参は国産化により輸入の意義が低下していき、私貿易は衰退した。朝鮮貿易は、品目を変更しつつ官営貿易（封進・公貿易）を中心に幕末まで続いたが、こうした貿易衰退の事態は対馬藩の財政窮乏を招くことになる。一八世紀以降、対馬藩はたび重なる幕府からの拝借・拝領を願い出て、ある程度は認められている。とりわけ一七七六年（安永五）からは、私貿易「断絶」を名目にした幕府援助（毎年金一万二〇〇〇両拝領）が開始された（実際には私貿易は断絶していない）。

　こうした幕府援助を願う際の対馬藩の論理は、朝鮮通交は対馬宗氏に課せられた家役（「朝鮮押えの役」）であり、その見返りとして得ている貿易収入は知行《ちぎょう》同然であるから、貿易収入の減少は知行の削減に等しく、知行が削減されれば家役の維持はできない、というものであった。すなわち、朝鮮通交を維持したければ幕府は対馬藩を援助すべきだ、というのである。「朝鮮押えの役」という表現は対馬藩によるもので、幕府はこの論理を直接には採用せずに、あくまで個別事情に対する措置として個々の援助を認めていったのであるが、幕末にかけて、銅代金の支払い猶予・返済猶予なども含めておびただしい財政援助を与えていることから、実質的には対馬藩の論理を否定できなかったことになろう。

対馬易地聘礼

寛政改革を行なっていた老中松平定信《まつだいらさだのぶ》は一七九一年（寛政三）、将軍家斉《いえなり》の襲封にともなう通信使を江戸まで来させず、対馬で国書交換を行なうという対馬易地聘礼《えきちへいれい》を対馬藩に指示した。その主因は、江戸までの通信使往復の接待にかかる幕府・諸藩の負担が厳しい状況にあるという財政的理由であるが、その背景には朝鮮蔑視観もあると思われる。

松平定信に提出された意見書である中井竹山《なかいちくざん》（積善）の『草茅危言《そうぼうきげん》』の中にある「朝鮮ノ事」には、「神功《じんぐう》ノ遠征已来《いらい》韓国服従朝貢、我属国タル事歴代久《ひさし》ク絶《たえ》ザリシニ、今ノ勢是ニ異リ」、「元来蕞爾《さいじ》タル偏邦ノ使价《しかい》、仮令《たとい》今ハ属国ニ非《あら》ズトモ、斯迄《かくまで》天下ノ財粟《ざいぞく》ヲ傾ケテ応接スルニ及ザル事ナルベシ」とある。ここでは、神功皇后の三韓征伐以来、朝鮮は日本の属国であったが、最近はそうはなっておらず、元来ちっぽけな国からの使節にここまで日本の金品・穀物を使って応接する必要はないとする。『草茅危言』は定信が施政の参考にしたといわれ、こうした朝鮮蔑視観も定信に影響した可能性がある。

対馬易地聘礼は、対馬藩内の抗争もからみ、また朝鮮との複雑・困難な交渉経過をたどって、決着に長期間を要した。対馬から朝鮮側訳官らへの贈収賄事件も引き起こしつつ、二転三転しながら、通信使渡来にともなう朝鮮側の負担も軽減することを条件に妥結した。一八一一年（文化八）に対馬易地聘礼は実現し、江戸から対馬へ派遣された上使小笠原忠固《おがさわらただかた》と通信使とのあいだで国書を交換した。

その後も将軍の代替わりごとに通信使派遣は計画され、天保期には大坂での聘礼も検討されるが、いずれも延期を繰り返し、結果的に文化年間の対馬易地聘礼が最後の通信使渡来になった。幕末期には、将軍の代替わりがあっても通信使の延期が当然のごとくなされ、実現する意欲はみられなくなる。多彩な文化交流をともなう一大イベントであった通信使渡来が行なわれなくなることは、多くの人々の朝鮮に対する関心が低下することにもつながる。

2　近世後期の対外認識と進出論

「鎖国」の祖法化

一七九二年（寛政四）にロシアのラクスマンが根室《ねむろ》に来航し、ついで一八〇四年（文化元）にレザノフが長崎に来航して、通商を要求した。幕府はこのとき、朝鮮・琉球・中国・オランダの四国以外と通信・通商をしないのが祖法だとして拒否した。また一八〇一年（享和元）に長崎通詞の志筑忠雄《しづきただお》がケンペルの著作を「鎖国論」と題して翻訳し、これが「鎖国」という語の初出だとされる。すなわち、「鎖国」の概念は、欧米列強が日本近海に出没し始めたこのころから徐々に形成されたことになる。

欧米列強の艦船の渡来が頻繁になってきた一八四四年（弘化元）、長崎来航のオランダ船が日本の開国を勧告するオランダ国王親書をもたらし、オランダ商館長から幕府に提出された。幕府はこのとき、「通信の国」は朝鮮・琉球、「通商の国」は中国・オランダであると明確化し、オランダとの「通信」（国書の交換）は祖法に反するとした。幕府はこのオランダ国王親書を一応受け取ったが、将軍名ではなく、老中名によりオランダ政府高官宛の形で断りの返書を送った。

こうした過程で、朝鮮は「通信の国」として高い位置づけを与えられ、関係を維持すべきものとされたが、いっぽうで欧米諸国とは「鎖国」していたとする認識がしだいに広まっていく。その後、欧米列強への警戒感が高まりつつ、それとの関係が不可避になるにつれ、日本の多くの人々の関心が欧米諸国に集中し、朝鮮など周辺諸国との関係は相対的に軽視されていくことになる。また、日朝関係維持のために幕府による対馬藩への財政援助が恒常化したことも含め、近世日朝通交システムの硬直化と桎梏《しっこく》化が浮き彫りになっていった。

対外危機意識と朝鮮進出論

十八世紀末以降、天明飢饉や天保飢饉、一揆・打ちこわしの頻発などにより、幕藩体制の矛盾が顕在化してきた。また同時期にはロシアの南下や欧米艦船の来航など欧米列強による外圧が高まり、対外危機意識が高められていった。松平定信は「泰平二百年、只おそるへきハ蛮夷と百姓の一揆也」（『函底秘説』一八二五年）と述べ、徳川斉昭《なりあき》は『戊戌封事《ぼじゅつふうじ》』（一八三八年）で「内憂外患」状況を憂えた。こうした近世後期の危機意識とともに、対外進出論が表れてくる（木村直也―一九九五）。

林子平《はやししへい》は『三国通覧図説《さんごくつうらんずせつ》』（一七八五年）、『海国兵談《かいこくへいだん》』（一七八六年）において、国防の観点から周辺地域の朝鮮・琉球・蝦夷地《えぞち》を要衝と位置づけた。本多利明《ほんだとしあき》は『経世秘策《けいせいひさく》』（一七九八年）、『西域物語《せいいきものがたり》』（一七九八年）、『交易論』（一八〇一年）において、列強（とくにイギリス）を理想化した貿易富国論を展開し、北方などへの進出を唱えた。佐藤信淵《さとうのぶひろ》は『混同秘策《こんどうひさく》』（一八二三年）において、「皇大御国《すめらおおみくに》ハ大地ノ最初ニ成レル国ニシテ世界万国ノ根本ナリ」とし、「攻取易キ土地」である満洲、ついで朝鮮・「支那」を攻略すべきだとして、具体的な攻略手順を詳述している。これらは、内憂外患状況による国家的危機認識をもとに防衛を強く意識した進出論であり、蘭学に接するなど世界事情に通じた学者・経世家が率先して論じたもので、内容としては非現実的・夢想的であって実際の政策課題には上りにくいという特徴が指摘できる。この段階では、限られた一部のイデオローグによる誇大で評論家的な進出論であり、対馬藩が管轄する現実の日朝関係には認識が及んでいない。

一八五三年（嘉永六）のペリー来航と、それに続く条約締結・開港問題は、広範な人々の対外危機意識を強固なものにした。

尊王攘夷思想系統からは、吉田松陰が「幽囚録《ゆうしゅうろく》」（一八五四年）において、軍備を整えて蝦夷・北方・琉球・朝鮮・満洲・台湾・呂宋《ルソン》を攻略すべきとし、杉梅太郎宛書簡（一八五五年）で「取易き朝鮮・満洲・支那を切り随へ、交易にて魯国に失ふ所は又土地にて鮮満にて償ふべし」と述べたほか、平野国臣《ひらののくにおみ》、真木和泉《まきいずみ》、久坂玄瑞《くさかげんずい》らも進出論を唱えている。尊王攘夷思想は日本中心主義の色彩が強く、列強への対抗意識が周辺地域の服属に転化している。

また欧米との通商を認めていくという「開国論者」たちにおいても、福岡藩主黒田斉溥《くろだなりひろ》のペリー来航に関する上書（一八五三年）、老中堀田正睦《ほったまさよし》の意見書（一八五七年）、横井小楠《よこいしょうなん》「国是三論」（一八六〇年）、長州藩長井雅楽《ながいうた》「航海遠略策」（一八六一年）などで、日本が世界に冠たる強国となるために積極的な対外進出をすることが主張されている。越前藩橋本左内《はしもとさない》の村田氏寿《むらたうじひさ》宛書簡（一八五七年）では、「独立に致り候には、山丹・満洲の辺、朝鮮国を併せ、且亜墨利加洲或は印度地内に領を持たずしては、とても望みの如くならず候」、「亜を一ヶの東藩と見、西洋を我が所属と思ひ、魯を兄弟唇歯となし、近国を掠略する事、緊要第一と存じ奉り候」と侵略的な傾向が強められている。また勝海舟《かつかいしゅう》も意見書、日記、後年の回想などから、日本の兵備は交易利潤で調え、対馬を開港して朝鮮・中国と貿易し、海軍を盛大にすべきだと主張していたことがわかる。

儒者の中にも積極的な対外進出論を唱えるものがあった。老中板倉勝静《いたくらかつきよ》の顧問の儒者であった山田方《やまだほう》谷《こく》は、一八六一年の意見書において、清国が大乱で「無主の地」になっているので「取り勝ち」であるから日本が武威をもって征伐すべきだとし、左軍は南海より台湾、右軍は北海より朝鮮、中軍は山東を攻撃することを提唱する。また一八六四年の書簡では、「先つ朝鮮征伐より始め、東北に転じ、満洲山丹一掃して北蝦夷へ連ね」、台湾・琉球・オーストラリアなど南方諸島を攻略すべきだとする。

このように、幕末にはさまざまな立場から進出論が提唱された。いずれも政策化するにはなお現実的ではなく、日朝関係の実態にもほとんど触れられていない。誇大な主張であり、一種の建前でもあるのだが、しかしこうした積極的な進出論の主張が一般的となり、建前としてでも通用する時代風潮であったことに留意したい。こうした風潮を背景に、後述する対馬藩による朝鮮進出論の提唱がある。また、朝鮮への進出論の大半には、神功皇后伝説に基づく三韓征伐・三韓朝貢史観が見受けられ、これが当時の知識人の一般的〝知識〟〝常識〟であったことを指摘しておきたい。

三　幕末の日朝関係──「交隣」の崩壊へ

1　対馬藩による朝鮮進出論提唱

ポサドニック号占拠事件と移封論

十九世紀には、ナポレオン戦争の収束ののち、イギリスとロシアが世界の覇権を争って各地で対立し、クリミア戦争（一八五三〜五六年）でも両者は戦った。対馬は、朝鮮半島と日本列島との結節点であるだけでなく、東シナ海と日本海をつなぐ位置にあり、東アジアへの進出を狙う英露両国にとって、戦略的な要衝と映っていた。一八五九年（安政六）にはイギリス艦アクテオン号が対馬に来航し、対馬藩を緊張させた。

一八六一年（文久元）二月三日、ロシア艦ポサドニック号が対馬浅茅湾《あそう》に来航し、船体修理を名目としつつ、芋崎《いもざき》付近に上陸して小屋を建設した。四月十二日にロシア人は小舟で大船越の堀切を通ろうとして警備の人々と衝突し、百姓松村安五郎が銃撃されて死亡する事件も起こった。すでにロシアと幕府は通商条約を締結しており、藩当局は穏便な対応で帰帆させようとしたが、強硬論を唱える藩士らも少なくなかった。長崎から幕吏が来島し、外国奉行小栗忠順《おぐりただまさ》も江戸から駆けつけたが、ロシア側と交渉後すぐ帰還してしまった。ポサドニック号のビリレフ艦長は藩主宗義和《そうよしより》と会見し、土地租借を要求した。

芋崎

ロシア人上陸の地

幕府内では対馬の上知《あげち》・開港論が浮上した。各国との通商条約で開港地とされた新潟の代替港を模索していたこともあり、ロシアだけに租借を認めるのではなく、幕府が対馬（全島または一部）を上知して幕府直轄にしたうえで、各国に対する開港場にしようというものである。こうした状況のなか、六月十三日付で対馬藩は移封《いほう》（領地替え）を求める内願書を幕府に提出した。このとき、江戸詰家老の佐須《さす》伊織《いおり》らが移封論を推進していたのだが、幕府が浅茅湾周辺だけを上知して開港するよりは、いっそのこと全島を上知して、藩を維持していけるだけの領地を与えてほしいと要望した。「朝鮮御役職」については幕府の意向に沿うとしつつも、藩内の文書を見ても対馬藩が朝鮮交易に関わり続けることが想定されていたことがうかがわれる。

幕府は箱館奉行を通じて箱館駐在ロシア領事との交渉を試み、さらに七月二十二日には対馬にイギリス軍艦が来島してポサドニック号を牽制した結果、八月十五日にポサドニック号は対馬から退去した。九月には外国奉行野々山兼寛《ののやまかねひろ》ら一行が対馬に来島し、対馬上知を念頭に全島の巡検・調査を行なった。野々山らが江戸に戻り、翌年二月に提出した報告書では、対馬全島上知は不可とされ、浅茅湾周辺の一部上知も問題点があるとされた。幕府では以後も検討は続けられるものの、この時点で対馬上知・開港は実現しなかった。もし実現されれば、日朝通交・貿易に重大な影響があったことは疑いない。またポサドニック号事件は、朝鮮との関係を担っていた対馬の防衛問題を、広く全国的な関心へと押し上げた。

対馬藩による援助要求運動

一八六二年（文久二）八月二十五日、対馬藩尊王攘夷派藩士らが国許から江戸へ押しかけ、江戸詰家老の佐須伊織を殺害する事件が起こった。藩主継嗣問題と移封論が絡んだ争いが背景にあるが、対馬藩では藩内抗争が財政援助獲得競争と結びつく傾向が強く、佐須伊織らの推進する移封論を否定した尊攘派らは、幕府からの新たな大型援助を獲得する動きに出た（以下、木村直也―一九八七）。彼らはまず、藩是を尊王攘夷に転換した長州《ちょうしゅう》藩と九月末に同盟を組み、大島友之允《おおしまとものじょう》ら周旋グループが桂小五郎ら長州藩士と接触しつつ、幕府・朝廷への働きかけを開始した。対馬藩が諸方に回した十一月付の藩情説明書では、従来の日朝関係について、「食を異邦に仰ぐ」（米などを朝鮮から給与されている）ことは国威にかかわるとして、その問題点と対馬防衛の必要を指摘し、対馬援助を訴えている。その結果、十二月二十五日には尊攘派の推す善之允《ぜんのじょう》が襲封する（宗義達《よしあき》と称した）ことに成功し、また翌一八六三年一月三日には朝廷から対馬藩へ、攘夷に際して対馬防備が緊要であるとする勅書が下された。

前述のような吉田松陰らの対外進出論の言説があった長州藩尊攘派は、日朝関係と対馬援助には関心が高かったと思われる。三月二十日には長州藩家老名で対馬藩援助を幕府に要請し、幕府は三十日にとりあえず対馬藩に対する五〇〇〇両下賜を決めた。また四月三日には、長州藩世子毛利定広《もうりさだひろ》が宗義達を連れて将軍に会わせ（不時御目見《おめみえ》）、対馬援助を訴えさせている。

対馬藩の周旋グループは、幕府要路にも援助要求運動を進めた。同年一月に大島友之允は、桂小五郎の仲介により、老中板倉勝静のブレーンで、積極的な対外侵略論を唱えていた山田方谷と会って対馬援助を訴えた。山田は日朝関係の問題点と対馬の状況を聞き、「何ゾ朝鮮違約ノ罪ヲ鳴ラシテ之ヲ征服スルノ策ニ出デザルカ」と述べ、幕府に提出する援助要求願書にも「伏韓」を打ち出すことになった。四月二十日に大島と樋口謙之亮《ひぐちけんのすけ》が老中板倉と会い、この席で「征韓之儀」が議論され、板倉からは「朝鮮国体情探索」の内命が下された。山田はその後、対馬藩の援助要求願書草稿を添削し、老中板倉に内覧させている。また大島は四月二十七日、やはり桂の仲介により、対馬の上知・開港と貿易拡大を主張していた軍艦奉行並の勝海舟と会った。「海舟日記」によれば、「朝鮮の議を論ず。我策は、当今アジア洲中ヨーロッパ人に抵抗する者なし。これ皆規模狭小、彼が遠大の策に及ばざるが故なり。今、我邦より船艦を出だし、弘くアジア各国の主に説き、横縦《おうしょう》連合、共に海軍を盛大し、有無を通じ、学術を研究せずんば、彼が蹂躙《じゅうりん》を遁がるべからず。先ず最初、隣国朝鮮よりこれを説き、後、支那に及ばんとすと。同人（大島）、悉く同意。」とある。その後、勝海舟は対馬藩士と頻繁に接触し、幕府内で対馬藩への積極的支援を唱えているが、関連する「海舟日記」の記事には「征韓」「伏韓」の表現がみられる。

対馬藩願書における朝鮮進出論提唱

同年五月十二日、対馬藩は幕府に対し、年々三万石の米の援助と武器・軍艦の貸与を求める願書を提出した。注目すべきは、願書の中で朝鮮進出論を提唱したことである。願書のその部分の要旨は次のようなものである。

列強が朝鮮を侵略する恐れがあり、攘夷実行を契機に列強が朝鮮を根拠地とすれば、対馬のみならず天下の大事である。「後《おく》るれハ人ニ制せらる」ので退守の策を変し、進戦の勢をもって、外夷（欧米列強）が朝鮮へ侵入しないうちに策略をたて、家康以来二百年の和交と、信義をもって朝鮮を援助する主意を押し立てれば朝鮮は服従するだろう。もし服従しないため兵威を示すことになっても「壬辰一挙」（豊臣秀吉の朝鮮侵略）のような「無名之毀《そしり》」は受けない。朝鮮へ手を付けるにあたっては、当初は隣好の誠意を尽くし、列強を打ち払って日本に服するよう諭すが、承服しなければ兵威を示すことになる。

そして、こうした朝鮮進出をはかっていくうえで、従来の日朝交易が断絶したとしても戦略的要衝の対馬藩を維持できるよう援助が必要だ、とする論理によって援助を要求した。

この一八六三年五月といえば、長州藩を中心とする尊王攘夷勢力が政局をリードしていた時期である。そのような攘夷実行の状況を前提に、朝鮮侵入の可能性のある欧米列強に対する危機感をベースにして対馬援助を要求しつつ、従来の日朝関係を対馬藩に有利な形に変革する契機として朝鮮進出論を位置づけているといえる。イデオローグらの進出論とは違い、まさに対馬藩の現実の利害に基づく主張である。こうした朝鮮進出論は、幕府援助を引き出すための誇大な口実という面もあるが、しかし後述するように、対馬藩がその後一貫して日朝通交変革路線をとっていくことを考えると、対馬藩は従来の日朝通交のあり方にはある程度失望していたことが看取されよう。日朝関係を担ってきた対馬藩自身が日朝通交変革・朝鮮進出を唱えた意義は大きい。またここでの朝鮮進出論は、長州藩など尊攘派や幕府関係者など、さまざまな立場の対外進出論者との接触によって打ち出されたものであり、またやみくもな侵略論ではなく、〝はじめは朝鮮を説得し、聞かれなければ討つ〟という論理をとっていることから、政策化への現実性を付与し、多様な進出論者の支持を得られるものになっていることに注目したい。

この対馬藩の援助要求は、幕府内で激しい議論を引き起こしたが、結局五月二十六日には幕府は対馬藩の要求を認める決定を下した。また六月三日には、勝海舟に朝鮮事情探索のため対馬差遣を命じ、朝鮮問題にも着手する姿勢をみせた。

大島友之允の朝鮮進出建白書

対馬藩が朝鮮進出論を含んだ援助要求願書を提出し、幕府に認められた三ヵ月ほど後には八月十八日の政変が、翌一八六四年（元治元）七月には禁門《きんもん》の変が起こり、尊王攘夷勢力に対抗する保守派が幕府内で巻き返す状況のなかで、対馬援助・朝鮮問題に熱心であった老中板倉勝静は失脚した。対馬藩援助とともに決定された勝海舟の対馬下向について、対馬藩は日朝通交変革の契機として大いに期待し、督促もしていたが、結局実現しないまま勝自身も失脚してしまった。

十月二十六日に対馬藩の大島友之允は、新たに対馬差遣を命じられた幕府目付向山栄五郎《むこうやまえいごろう》に対し、約六五〇〇字に及ぶ長大な朝鮮進出建白書を提出した。この建白書の構成と要旨は次の通りである。

・まえがき部分

前年の援助要求願書における朝鮮進出論を略述。

・基本姿勢の記述の第一項目

朝鮮を服従するにあたり、「彼国元来自尊之国風」だからすぐに「属国人臣之礼」はとらないだろうが、突然兵威をもってするのではなく「御恩徳」を先にし、もし徳化に服さなければ「赫然《かくぜん》膺懲《ようちょう》之御勇断」に出るべき。

・基本姿勢の記述の第二項目

外夷の侵略の危険を忠告して「唇歯万世相保《あいたもち》候様、御誠意之御談判」に出ても、朝鮮は「素より狐疑深き国風」で「偏固之旧規を拘守」して承服しないだろうから、年月がかかっても根強くとりかかり、恩・威・利の三つを活用すべき。

「第一策、両国交際之規則を改」

従来の両国交際の規制をはずして旧弊を一新し、朝鮮の所々を開港して日本人を植民する。

「第二策、勉て彼之民心を服す」

朝鮮の政道は苛酷だから「御仁恩」で民心をひきつけ、「彼国之俗、貪婪無厭《たんらんあくなし》」だから利益で民心を収攬する。

「第三策、両国之禁を破」

「両国間狭隘固陋《きょうあいころう》之法禁」を改める突破口として武器輸出禁止を解除する。

「第四策、彼我之物産を開」

朝鮮で鉱業など諸産業の開発に努めれば双方の利益となり、「彼国民悦服自我に化し候方便」となる。

「第五策、神州之武威勇気を示す」

朝鮮服従には「御恩徳」を先にすべきだが、朝鮮の国俗を考慮し、「自然と畏怖を抱《いだき》候様」武備を整え、軍艦で出かけて軍事演習を行い、朝鮮人に「皇国之義勇尚武之気象」を見せつける。

「第六策、清国之商路を開」

朝鮮を媒酌として北京との商路を開く。

「第七策、大に海軍を興起す」

富国強兵にあたって朝鮮・清国との交易を海軍興起の財源とする（勝海舟の構想だと付記）。

・あとがき部分

　幕吏の対馬下向を求める。

この大島友之允建白書の基底には、「皇国」（日本）の優越と朝鮮蔑視の意識があることが明確にみてとれる。勝海舟らの東アジア交易構想からの影響と侵略主義的な傾向の双方が含まれており、多様な対外進出論の環境を背景にしていたことがうかがわれ、前年の対馬藩願書における朝鮮進出論の論理パターンを発展させ、「まずは朝鮮を説得し、必要に応じて利益誘導したり圧力を加えたりし、聞かれなければ討つ」という段階的進出論の形をとっており、現実に実行する手順を示しているといえる。他の朝鮮進出・侵略論と比べて長大で具体的な記述であり、日朝通交・貿易の実態がある程度踏まえられているから、同時代的にみればこれほど詳細で具体的内容をともなう朝鮮進出論はなかったと考えられる。実現するにはなお非現実的な面は残っているものの、当時では相当に説得力をもち、将来的に実現可能性のある〝先見的〟な進出論であったと評価できる。実際に、この言説はのちに明治政府にも影響を与えていくことになる。

2　慶喜政権期の日朝関係の動き

朝鮮への幕府使節派遣計画

一八六四年（元治元）から一八六六年（慶応二）にかけて、幕府における対馬・朝鮮問題への取り組みは一時棚上げ状態となる。長州藩主導の尊王攘夷運動の失墜を背景に、〝対馬の朝鮮処置は長州の攘夷と表裏一体〟との幕吏認識もみられ、幕吏の対馬下向は実現せず、長州戦争などで幕府政治が混迷し、対馬藩の内訌も激化するなか、対馬藩への年々三万石支給は二年間で停止されてしまう。しかし、日朝通交は従来通り対馬藩によって維持され、将軍代替わりにともなう日朝間の儀礼的応酬なども進められていた。ただし通信使の準備は進んでおらず、実現への意欲は日朝双方にみられない。貿易も従来通り継続されてはいたが、さまざまな問題も抱え、停滞的な傾向がみえていた。また三万石支給の停止後は若干の幕府援助がなされたものの、対馬藩内部では財政窮乏が進み、貿易の旧例変革への動きを開始させていた（後述）。

一八六六年七月、アメリカ商船ジェネラル・シャーマン号が通商を求めて朝鮮に来航し、大同江《テドンガン》を遡上したものの、朝鮮軍・民衆により焼き討ちされ、乗組員全員が死亡する事件が起こった。また、八～十月には、フランス艦隊が宣教師処刑の報復として朝鮮に来航し、江華島《カンファド》などを襲撃して朝鮮軍と交戦したが、朝鮮側の抵抗もあって撤退した。これらの事件を丙寅洋擾《へいいんようじょう》と呼ぶ。

十月十五日付で朝鮮政府は丙寅洋擾を伝える書契を対馬に送付し、翌年三月に将軍慶喜《よしのぶ》のもとへ転達された。こうした公式情報が届く前に、横浜などの新聞に丙寅洋擾に関する情報が掲載され、また長崎での風聞によれば、仏米両国が朝鮮を再襲撃する可能性が取り沙汰されていた。これらの情報を得て幕府は、朝鮮とフランス・アメリカとのあいだを調停する幕府使節の朝鮮派遣を計画した。

この派遣計画の最初の提案者は判然としないのだが、対馬藩側の史料によれば、対馬藩が主導した可能性もある。対馬藩は、釜山《プサン》倭館・長崎・横浜などで丙寅洋擾の情報を入手し、随時幕府へ伝えており、「御役職（朝鮮通交）に取らせられ重大の御事柄」だとして幕府と協議する意向が藩内にはあった。また、長崎で丙寅洋擾の情報を得た大島友之允は、国許・江戸藩邸へ通報するなかで、「朝鮮国危急存亡の秋《とき》到来」、「御和談を以て両国解兵、唇歯万世相保つの御誠意貫徹いたし候様」にしたいとして、幕府の指揮を仰ぐべきだと述べており、家老らも同様に日本が和解の仲介をするべきだとの認識を示している。翌年一月の大島友之允宛の藩内文書によれば、「従来の御役職相立ち、神州（日本）においても禍を転じて福となすの御長策」を得て、かねて取りかかっている「朝鮮国御重用件」、すなわち通交・貿易の変革がうまく運ぶようにしたいと書かれている。対馬藩は、仏米の再挙を予想して調停の必要性を早期に認識し、日朝通交の変革に利用する意図をもって、幕府に対して働きかけたと考えられる。

この幕府使節の派遣は、朝鮮の首都漢城《ハンソン/かんじょう》まで行くことも想定されている。江戸時代には幕府使節が直接朝鮮に行くことはなく、また対馬藩の使節も、初期の一例を除いて漢城に行くことはなかったから、

板倉勝静

従来の日朝関係からすれば異例なことである。さらに、一八六六年十二月二十日には、復権していた老中板倉勝静《かつきよ》が対馬藩に達を下し、「諸事古格に拘わらず、外国（西洋諸国）御交際の振合《ふりあい》に基づき益々御信義相立ち候様」にとりはかるとして「朝鮮取扱規則」の変革を指示し、加えて対馬での以酊庵輪番制《いていあんりんばんせい》を廃止して幕府から別役人を派遣するとした。すなわち、幕府の使節派遣計画

は、日朝通交システムの変革を視野に入れたものであることがわかる。

一八六七年二月七日、将軍慶喜はフランス公使ロッシュと協議するなかで、朝鮮への調停使節派遣を打診したが、ロッシュは態度を保留した。十日に幕府は、外国奉行平山敬忠《よしただ》を使節に任命し、目付古賀《こが》謹一郎《きんいちろう》に同行を命じた。平山は「信義御武威共に兼備仕《つかまつ》り候様」に軍艦搭乗と二大隊附属を要望している。また、四月七日に幕府は、アメリカに対して朝鮮との調停を打診した。幕府の態度としては、朝鮮国は「素より我が接壌旧交の国にて、此の如き無義の挙をなし、我が同盟親交の国民を惨害すると聞て、我が大君深く痛歎に堪へず、且隣義に於て忠告善導せざるを得ざるの理あり」と述べていることからも、西洋近代国際社会の側に立つ志向が基盤にあったことがうかがえる。

一八六七年の動きと朝鮮側の意識

徳川幕府の最終局面にあたる一八六七年（慶応三）は、実は日朝関係にとって重要な意味をもつ年である。まず、対馬藩による貿易の旧例変革への動きが具体的に行なわれている。対馬藩は、貿易渋滞問題について交渉を行なうため倭館攔出《らんしゆつ》を行なった。倭館攔出とは、本来対馬藩人が倭館外に勝手に出てはいけない規則を破って館外に出ることで、江戸時代において何回か行なわれた例がある。日常的には倭館に出向く朝鮮側訳官（訓導・別差ら）と交渉するのだが、埒があかないとして、同年一月に対馬藩士らが釜山の東萊府《トンネブ／とうらいふ》（対日外交管理の役所）と直接交渉を行なうべく攔出を実行した。このときは結局、東萊府との交渉が実現し、貿易で朝鮮側から受け取る米・木綿の渋滞に関して朝鮮側が善処するという回答を得るのに成功した。また三月に対馬藩は講信大差使仁位孫一郎《にいまごいちろう》を倭館に派遣し、公貿易の物品渋滞対策や、武器輸出解禁を含めた貿易規則変更について異例の交渉を申し入れた。江戸時代に武器輸出は禁止されているが、一八六四年の大島友之允建白書でも貿易規則変革の契機として武器輸出解禁が位置づけられており、この建白書にも合致した方向での交渉といえよう。しかし朝鮮側は、攔出では要求を認めたものの、この講信大差使は旧例違反として受け入れを拒否した。朝鮮側とすれば、対馬藩がこれまでとは異なる動きを示してきたものととらえたであろう。

朝鮮王朝に衝撃を与えた事件として、八戸《やべ》順叔《じゅんしゅく》征韓記事がある。一八六六年、清国の新聞に日本人八戸順叔（幕府代官手代の子息）が語った内容を報じる記事が掲載された。それには、日本は諸侯を会同させ、火輪船《かりんせん》を建造し、朝鮮を往討する志があると書かれていた。この情報を得た清国政府は、朝鮮の宗主国の立場として朝鮮政府へ通報したため、仏米の再襲撃の懸念もある状況にあった朝鮮政府は驚愕し、翌一八六七年三月、対馬に対し八戸順叔の征韓記事に関して詰問する書契を送った。対馬藩は、この書契を倭館で受け取るときにも日朝通交見直しの必要を強調し、幕府への転達時には、記事内容を否定して隣睦を唱えることが幕府使節派遣による調停にも有利に働くとの認識を示していた。幕府は、八戸問題に関連させて調停使節の意義を朝鮮に理解させるよう対馬藩に指示し、八月に対馬藩は八戸順叔記事を事実無根だと否定する書契を朝鮮へ送った。この書契には、幕府使節派遣も付記されている。田保橋潔《たぼはしきよし》の研究では、八戸事件が調停使節派遣計画に冷水を浴びせたような評価を与えているが（田保橋潔―一九四〇）、対馬藩・幕府ともに、八戸問題をむしろ積極的に通交見直しや幕府使節派遣に利用しようとしたことが明らかである。

朝鮮側とすれば、対馬藩による異例な貿易変革交渉の提起、幕府による異例な使節派遣の打診、そして八戸順叔征韓記事を同時期に受けたわけで、日本に対する猜疑心を高めたことは間違いなかろう（後年、日朝修好条規締結交渉の中でも、八戸順叔問題が想起されている）。そうした状況で、翌年には明治新政府樹立通告書契が突きつけられ、日朝関係は転回することになる。

幕府使節派遣計画の消滅

一八六七年に異例の幕府使節派遣を打診された朝鮮政府は、これを断る意思を対馬側に伝えた。しかし対馬藩は、使節に任命された平山敬忠の出発が遅延していたことに対して、しきりに幕府に督促していた。十月十四日に将軍慶喜は大政奉還《たいせいほうかん》の上表を提出し、翌日朝廷は許可したが、しばらく庶政委任することを幕府に指示した。同月二十五日、慶喜は朝廷に対して朝鮮への使節派遣計画の継続を認めるよう上申し、対馬藩の大島友之允も同様の趣旨を上申した。二つの上申書は内容的に密接に関連しているから、大島側が主導したと考えられる。これに対して朝廷は十一月四日に勅許を与え、使節派遣計画は続行されることになった。使節が持参する将軍名の国書案も準備されたが、和文原案では国際社会に対する朝鮮の無知を指摘し、「方今宇内《うだい》之形勢、万国之事情」を知らせるという態度が示されている。朝鮮側に送る予定の漢訳文では穏和な表現に変わっているものの、幕府の姿勢がうかがわれよう。

しかし、十二月九日には「王政復古」クーデタが起こり、翌年一月三日には戊辰《ぼしん》戦争が勃発して、幕府は倒壊していく。こうしたなかで、朝鮮への幕府使節派遣計画は自然消滅になった。

この使節派遣計画の意義を整理しておこう。対馬藩は、一貫して深く積極的な関与をみせており、使節派遣を日朝通交システム変革の突破口として位置づけ、対馬援助問題もからんで、幕府の積極的取り組みを期待していた。徳川慶喜政権としては、倒幕の機運が高まりつつあるなかで、朝鮮と仏米のあいだを調停することにより、国内外に対して、外交権を掌握する主権者としての地位と高い外交能力を示す意図があったと思われる。西洋近代国際社会への志向を基盤に、日朝通交システム変革を意図したものであるといえよう。朝鮮政府は、この段階では旧例固守の姿勢を崩してはおらず、そのなかで日本への猜疑心を高めていった。

西洋近代国際社会では、所属の曖昧な地域の存在を許さずに国境を確定し、主権国家の中央政府どうしが直接外交関係を取り結ぶ。その意味では、幕府がこれまで対馬藩に委任していた朝鮮外交に自ら介入していこうとしたことは、中央政府による外交一元化という近代的外交へ向けた動きと評価できる。しかし、この段階では対馬藩の日朝関係における特別な地位はなお存続しており、近代的外交は個別領有制を否定して、すなわち対馬藩という媒介的存在を消滅させ、近世日朝通交を支えた三角関係を解消することによって、初めて可能になっていく。いずれにせよ、日朝通交変革や朝鮮進出が、実際の政策に上って動き出したことの意義は大きい。

徳川慶喜

四　日朝関係の転回――「交隣」から「征韓」へ

1　明治新政府の成立と日朝通交の停滞

新政府への日朝通交刷新の建議

「王政復古」クーデタで成立した明治新政府は、戊辰戦争で旧幕府側を圧倒していくなか、一八六八年（慶応四、明治元）三月二十三日、対馬藩に対して「是迄ノ通両国交通ヲ掌《つかさどり》候様、家役ニ命ゼラレ候」と沙汰し、「王政御一新」となったので海外の儀は「旧弊等一洗」するように指示した。また同日、新政府は対馬藩に対し、朝鮮との国交は朝廷で取り扱う旨を朝鮮へ通達するよう（新政府樹立を通告するよう）指示した。

閏四月六日、対馬藩は新政府に対し、「従前之宿弊遍《あまね》ク御更革」するよう朝鮮通交刷新を建議した。この建議書には「別録」と「両国交際ノ節目」の二つが添付されている。「別録」では、①朝鮮外交を対馬一手に任せるべきでない、②このたびの交際一新に際し通商交易も対策をとるべき（蝦夷地開発が行なわれていることを引き合いにしつつ「先《さきん》スレハ制スルノ儀、此時会御取失御座無ク、恩威並行、今日ヨリ其御規模ヲ定メサセラレ、御統御之術、其法ヲ得サセラレ候ハバ、数歳之後、猶外府ノゴトシ共申スベキ哉」とする）、③朝鮮から食糧を得ていることは「藩臣之礼ヲ取ルニ近ク」、「対州私交ノ弊例速《すみやか》ニ更革仰セ付ケラレ候儀、韓国へ御手ヲ下サセラレ候御順序之第一」である、④名分条理を正し従来の弊例を改め、両国の使節は軽装簡易にすべき、⑤朝鮮は「元来偏固之風習、善悪旧規ヲ拘守」するから、「丁寧反復示諭」し聞かれなければ「赫然膺懲《かくぜんようちょう》」し、「皇国義勇尚武之気象言ハズシテ相徹シ候様」にしたい、と訴えている。また、「両国交際ノ節目」では、対馬による日朝通交の歴史と方式を解説している。

付属書を含むこの対馬藩による朝鮮通交刷新建議は、一八六三年（文久三）以来の対馬藩の日朝通交変革路線と朝鮮進出論に基づいており、とりわけ一八六四年（元治元）の大島友之允の朝鮮進出建白書とは語句・表現の類似性が際立っている。このとき新政府の外国官との交渉担当は大島であり、彼が主導して作成したものと考えられる。新政府の唱える「旧弊一新」を利用しつつ、新政府の力を借りて日朝関係を対馬藩に有利な方向へ変革しようとする意図が感じられる。さらに対馬藩は政府による財政援助を強く要望し、外交問題と同時並行の形で新政府と協議を行なっており、朝鮮への「王政御一新」通告に積極的に協力することになる。

対馬藩が新たな中央政府の力を頼りつつ「対州私交ノ弊例」を批判していることは、対馬の既得権を自ら否定して中央政府の外交掌握を進めてしまうようにもみえるが、この段階では大島ら対馬藩の主観的認識としては矛盾していない。あくまで中央政府の力を利用しつつ、自藩に有利な方向への変革を望んでいたのである。また新政府内においては、木戸孝允（桂小五郎）ら一部を除き、一般に従来の日朝関係についての理解は乏しかったと考えられ、国威との関連で従来の日朝関係のあり方を問題視する対馬藩の主張を受け入れたことであろう。

宗　義達

新政府樹立通告書契

一八六八年（慶応四、明治元）五月から、大島友之允は外国官と日朝国交調整・対馬藩援助について交渉を行なった。その結果、対馬藩主宗義達《そうよしあき》の官位上昇を行なったうえで、「王政御一新」通告のための書契を作成し、朝鮮に送ることにした。この新政府樹立通告書契を持参した大修大差使の樋口鉄四郎が釜山倭館に到着したのは、同年十二月十九日であるが、すでに予告の使節が書契内容を示しており、朝鮮側は違格として書契を認めず、大修大差使の応接を拒絶した。この書契および予告書契で問題になった点は、おもに次の三点である。

①　従来、対馬藩主の肩書き・名前の記載は「日本国対馬州太守拾遺平某《なにがし》」であったのが、「日本国左近衛少将対馬守平朝臣《あそん》義達」に変えられた。

②　従来、対馬からの書契には朝鮮から支給されていた図書（銅印）を捺していたが、これを一方的に廃止し、新政府支給の新印を使用した。

③　日本の天皇に関して「皇」、その命令に対して「勅」の文字を使用した。

①については、朝鮮通交に携わる対馬藩主宗義達の官位を〝格上げ〟したことによる。②を行なったのは、朝鮮から支給されてきた図書が、あたかも対馬が朝鮮に臣従・朝貢しているかのような性格をもっていたからである。③について、朝鮮にとってこれらの文字は宗主国の清の皇帝にしか使えないもの

であり、対馬藩はもちろん理解していた。これらを意図的に使ったのは、日本の天皇を清国皇帝と等位に置き、清国皇帝に臣従している朝鮮国王を天皇より低位に置くことを示すものである。

こうした書契形式の変更が朝鮮側の反発を惹起することは、対馬藩側も十分予想していた。十月八日に宗義達は藩内へ戒諭を下し、今後、朝鮮側の抵抗による通交・貿易上の困難を覚悟するように訴えている。対馬藩としては、そこまでしてもあえて日朝通交を変革し、新政府からの財政援助を含め、藩の窮乏状態を脱しようと念願していたとみることができる。天皇を戴く形で新しく成立した政府とすれば、屈辱的とみえた日朝関係を改め、国威を示すことは望ましいことであった。朝鮮側とすれば、前年の一連の動きで日本に対して猜疑心を抱いているなかでの衝撃であり、当時は排外攘夷主義をとる大院君《テウォングン》《たいいんくん》政権でもあったから、強い反発を引き起こした。

この朝鮮側の書契受け取り拒否以後、日朝関係は険悪化し、日本国内で「征韓論《せいかんろん》」がしだいに高まっていくことにより、江戸時代の「交隣」の関係から近代の「征韓」へと日朝関係は転回してしまう。江戸時代にはさまざまな問題を抱えつつも、何とか平和的・安定的な関係を維持しようとしてきたが、その志向が喪失されていったのであった。

木戸孝允の「征韓論」

『木戸孝允日記《きどたかよしにっき》』の一八六八年（明治元）十二月十四日の項には、木戸が岩倉具視《いわくらともみ》に会ったときに話した内容として、次のような記述がある。

木戸孝允
（木戸家文書）

一は速《すみやか》に天下の方向を一定し、使節を朝鮮に遣し、彼無礼を問ひ、彼もし服せざるときは、罪を鳴らして其土を攻撃し、大いに神州之威を伸張せんことを願ふ。然るときは天下の陋習《ろうしゅう》忽ち一変して、遠く海外へ目的を定め、随て百芸器械（さまざまな科学技術や軍備）等真に実事に相進み、各内部を窺ひ、人の短を誹り、人の非を責め、各自顧省せざるの悪弊一洗に至る。必ず国地大益言ふべからざるものあらん。

木戸は朝鮮に使節を派遣して朝鮮側の「無礼」を問い、朝鮮が服従しなければ攻撃せよと主張している。ここでの「無礼」とは、新政府樹立通告書契を持参した使節が釜山倭館に着いたのが十二月十九日であることを考えると、朝鮮がこの書契・使節を拒絶したことを指すのではない。前述のように、木戸（桂小五郎）はすでに幕末から対馬藩士と頻繁に交流しており、朝鮮・対馬問題について対馬藩の主張を十分把握していたであろうから、この「無礼」とは、近世の日朝関係において、朝鮮が対馬を臣従させているかのような通交を行なってきたことを指すと考えられる。

『木戸孝允日記』には翌一八六九年一月三十日の項にも、「朝、西京の事情を逐々伝承し、実に皇国の人情治るべきの難きを難し、益《ますます》平生思ふ所の征韓之念勃々」とあり、木戸が新政府のもとでの混迷を嘆きつつ、「征韓」に思いを馳せていることがわかる。一般に従来の日朝関係についての理解が乏しい当時の新政府の中で、その首脳に属する木戸は朝鮮・対馬問題に詳しい一人であり、その彼がこのような「征韓論」を抱いていた意味は大きい。

日朝関係の停滞と「征韓論」

さて、新政府樹立通告の使節が拒絶された状況で、幕末以来、日朝通交の変革・朝鮮進出論を唱えていた対馬藩の大島友之允は、一八六九年（明治二）二月に釜山倭館に入り、初めて朝鮮側との交渉の現場に立った。結局、交渉は進まず、大島は交渉の困難な現状を知って三月に対馬に帰った。

三月九日から十四日にかけて、対馬藩側は朝鮮の訓導（日本語訳官の主任）安東晙《アンドンジュン》を倭館内に拘置して説得を試み、通詞浦瀬《うらせ》最助《さいすけ》らが安東晙から朝鮮側の本音を聴取した。そこでは、①対馬藩が新政府を動かして国交変革をはかった形跡があり、朝鮮としては対馬に対する物貨渋滞も考慮せざるをえない、②新政府樹立による天皇親裁の意味が不明、③「皇」「勅」の文字使用などは朝鮮を臣隷とする野望があるのだろうから、朝鮮としては率由《そつゆう》旧章（旧規に従う）を述べて曖昧な返事をし、事が起これば日本側の責任とする方針である、ということが明らかにされた。

一八七〇年二月、外務省は出仕佐田《さだ》白茅《はくぼう》・森山茂・斎藤栄を釜山倭館に派遣し、彼らは対馬藩士を仮称して倭館に入った。佐田らは、交渉使節として派遣されたのではなく、現地で日朝通交の来歴・形式、朝鮮国情、公私貿易の実態などを調査することが目的であった。三月に帰国した佐田・森山・斎藤は、政府に対して報告書のほか、それぞれ意見書を提出した。またこの年には、木戸孝允や柳原前光《さきみつ》外務権大丞《ごんのだいじょう》も朝鮮に関する意見書を提出している。これらの意見書はいずれも、速やかに「皇使」（対馬藩からではなく政府からの使節）を派遣して〝説得〟し、その際軍事的な威圧も加え、もし聞かれなければ武力行使する、という主旨で共通している。幕末以来の対馬藩、とりわけ大島による朝鮮進出論の論理パターンである段階的進出論が、政府関係者らによって唱えられていること、しかも実際に政策の提起・運用にあたる首脳や外務省関係者たちによる「征韓論」であることに留意したい。

2　近世日朝通交システムの終焉

政府による日朝外交掌握と対馬藩

朝鮮側の拒絶以降、新政府樹立通告をめぐる交渉は進展せず、対馬藩はしだいに焦燥の色を深めていった。対馬藩が提唱した通交刷新が頓挫することは、朝鮮からの撤供撤市（倭館への物貨供給の停止）を招くだけでなく、政府から交渉失敗の責任を追及されて対馬への財政援助が否定され、さらには朝鮮通交・貿易独占という対馬の既得権を喪失する恐れが出てくる。すなわち、近代国家の中央政府として外交を直接管掌していく方向性と、対馬藩の既得特権の維持との矛盾が表面化し、中央政府の力を借りつつ日朝通交変革をはかるという対馬藩の路線が行き詰まっていくことになるのである。

一八六九年（明治二）五月十三日に外国官が対馬藩に対し、日朝関係においても政府として条約を結ぶつもりであると指令したのを受け、六月に大島友之允は外国官に上申書を提出した。そこでは一連の経過説明をしたうえで、対馬藩は最大限努力しており、交渉停滞の責任は朝鮮側にあり、朝鮮の国都へ使節を派遣して寛猛両途で交渉すべきであるが、対馬藩を経由せずに交渉しても条約締結の見込みはない、などと述べられていた。

六月十七日の版籍奉還《はんせきほうかん》を経て、九月二十四日に太政官から対馬藩（厳原《いづはら》藩と改称したが本章では便宜的に以後も対馬藩と表記する）に対し、朝鮮外交は外務省に委任し、宗家からの使節は廃止すると伝えられた。また翌二十五日に外務省から太政官へ上申があり、従来の対馬による私交や朝鮮・対馬双方の古例墨守を批判したうえで、軍艦で政府使節を派遣すべきであり、まずは手始めに外務省官員を派遣して実情を調査するよう求めた。こうした政府の動きを受けて十月に対馬藩は太政官へ上申し、当面自藩を経由しなければ交渉できないとし、外務省が日朝外交接収を行なう場合の問題点を列挙した。自藩の既得権を守る姿勢が背景にあるが、挙げられた問題点は、複雑に入り組んだ貿易の未納の清算など、たしかに解決が必要なことばかりであった。政府にはそれら諸問題に対する解決の用意はなく、翌月、太政官は対馬藩家役廃止の方針を緩和して、当面は対馬藩によって通交を継続するよう指示した。このころには政府内で、日朝関係打開のため、対馬の藩知事宗重正《そうしげまさ》（義達）による朝鮮渡海交渉案、木戸孝允の清・朝鮮派遣案も浮上してくる。

一八七〇年二月に、前述のように外務省出仕佐田白茅らが釜山倭館に派遣された。事態解決の困難さを感じていた大島友之允の指示のもと、五月から通詞浦瀬最助と朝鮮側との交渉が行なわれた。そこでは、両国の国家元首の位置づけは棚上げし、政府等対（両国政府の同ランクの高官どうしで文書往復）で国交を進めるという妥協案が朝鮮側に示されて同意されたのだが、たまたま釜山に乗り付けたドイツ公使軍艦に対馬の通詞が乗り組んでいた事件が起こり、朝鮮側が態度を硬化させたため、妥協案は挫折した。この直後、訓導安東晙は、浦瀬が日本の武力的威嚇を示唆したことを朝鮮側は問題視している、と対馬側に伝えている。

外務省による倭館接収

九月に外務省は吉岡弘毅、森山茂、広津弘信に釜山出張を命じ、政府代表として交渉する任務を与えたため、対馬藩は抗議的な質問を発しているが、対馬厳原に到着した吉岡らと藩知事宗重正は協議し、藩知事は日朝通交家役をやめて外務省所管に統一するよう上申するなど、打開の動きを示している。十一月に吉岡らは釜山倭館に到着したが、朝鮮側は対馬藩人以外とは交渉しないとして受け入れを拒否した。翌一八七一年（明治四）三月に吉岡らはようやく朝鮮側と会見できたものの、交渉は進展しなかった。現地で交渉した吉岡弘毅は四月三日、宗氏家役罷免・私交の陋習《ろうしゅう》一洗《いっせん》を本省に上申し、外務省内で議論された。

そうこうしているうちに、七月十四日に廃藩置県が発令されて対馬藩は消滅することになり、政府による日朝外交接収に向けて動き出す。七月二十七日に宗重正は家役罷免を申請し、政府はこれを認可するとともに、宗重正を外務大丞に任じて朝鮮国出張を命じた。これには大島友之允も同行することになっていた。政府自身による対朝鮮外交の実施と、朝鮮側がこだわる対馬による外交の両者を満たそうとする絶妙な策ともいえるが、結局宗重正の渡韓は実現しないまま終わることになる。

一八七二年（明治五）に入り、倭館引き渡し、漂流民の取扱い、貿易の清算、対馬救済など、政府による日朝外交直轄・倭館接収をめぐる議論が進んでいくなか、五〜六月には旧対馬藩士らが倭館を出て東萊府で交渉を行なおうとする攔出《らんしゅつ》が行なわれた。外務省による倭館接収を前に、対馬による最後の賭けともいえる攔出であったが、今回は東萊府に相手にされず、何ら効果なく終わった。

五月二十八日、太政官は日朝外交を外務省の所管とする指令を出した。それにより日朝交渉が決定的につまずかないよう考慮した宗重正は六月、政府による接収を朝鮮側に秘密として対馬所管の形態とすること、旧図書（銅印）の使用、旧対馬藩の負債清算を上申した。九月十五日に外務大丞花房義質《はなぶさよしもと》一行は、軍艦春日などに搭乗して釜山倭館に到着した。軍艦搭乗からは、朝鮮に対する威圧的な姿勢がみてとれる。花房らは倭館接収作業をし、必要な旧倭館員のみを任用して残し、帰還の途に就いた。これに反発した朝鮮側は撤供撤市を断行した。倭館側は貿易上の未収品の引渡しを朝鮮に要求するが、進まなかった。翌一八七三年四月一日に外務省出仕広津弘信が釜山に着任し、草梁公館（倭館を改称）の統轄の任に就いた。これにより倭館は完全に外務省に接収され、近世日朝通交システムは終焉を迎え、近代国家の中央政府による朝鮮外交権の直接掌握が果たされた。

3　近代の日朝関係へ

西郷隆盛の「征韓論」と明治六年の政変

一八七一年（明治四）七月二十九日に日清修好条規（日清両国は対等な関係）が締結された。明治政府にとって東アジアの大国である清との国交はそれ自体も重要だが、清は朝鮮の宗主国であるから、朝鮮への対応のためにも日清関係の位置づけを明確にする必要があった。一八七三年四月三十日、渡清した副島種臣《そえじまたねおみ》外務卿が清国側と批准書を交換し、その交渉のなかで副島は、清国が朝鮮の内治・外交に干渉しないとの見解を引き出すのに成功した。

西郷隆盛像

さて、一八六八年以来の日朝国交停滞の状況で、日本の朝野で征韓論の主張がしきりになされるようになったが、それがきっかけになって政局を大きく動かしたのが征韓論政変（明治六年の政変）である。一八七一年十一月十二日に岩倉具視を大使とする遣外使節団が横浜を出発し、アメリカ、ヨーロッパ諸国を歴訪した。政府首脳部の相当数が外遊に出るのに際し、使節団と留守政府とのあいだで約定書が交わされたのにもかかわらず、それに反して留守政府による大きな改革が行なわれ、留守政府内部の対立も表面化していた。国内では不平士族の問題、地方の不安定な状況があるなかで、外交案件としては樺太《からふと》の帰属、日清修好条規批准、琉球帰属問題と台湾出兵、そして朝鮮との国交停滞の問題があった。

一八七三年五月、釜山在勤の広津弘信から報告書が政府に送られた。朝鮮側による草梁公館（倭館）への撤供撤市が続けられており、東京の三越《みつこし》の商人が対馬商人の名義で渡来したことを朝鮮が非難している状況を述べるとともに、朝鮮側が草梁公館の門前に、出入りの朝鮮人に対する掲示を出し、日本は西洋を真似ていて近頃は「無法之国」というべきだ、などと書かれていたことを報告した。これが留守政府内で問題化し、朝鮮へ断固たる対応をとるべきこと（征韓論）が議題になった。閣議では、すぐに政府使節を派遣すべきであるとしたが、武力を背景に使節派遣すべきか、まず非武装の大官を派遣すべきかが問題となった。

このとき、西郷隆盛は自分を朝鮮への使節として派遣するよう強く主張した。七月二十九日付で西郷隆盛が同じ参議の板垣退助に宛てた書簡では、兵隊を繰り込めば必ず朝鮮から引き揚げるよう要求され、こちらが拒否すれば戦争になるだろうから、断然使節を先に差し立てるほうがよいとしつつ、そうすれば朝鮮が「暴挙」をするだろうから「討つべきの名」もたしかに立つと述べ、また使節を差し向ければ「暴殺」されると察せられるので私を遣わしてほしい、と願っている。八月十七日付の板垣宛の西郷書簡にも同様の趣旨が書かれ、戦いをすぐ始めるわけではなく、「戦いは二段に相成りおり申し候」としてまず使節を派遣して説得し、朝鮮側が「使節を暴殺に及び候儀」に至るのは相違ないので「天下の人、皆挙げて討つべきの罪を知」ることになり、国内における「内乱を冀《こいねが》ふ心を外に移して国を興すの遠略」を三条実美《さんじょうさねとみ》に述べておいたとある。

こうした言説について従来の通説では、西郷が朝鮮を武力で攻撃する口実をつくるために使節派遣を唱えた（征韓論）としていたが、毛利敏彦は『明治六年政変の研究』（一九七八年）で、西郷は武力侵略論を唱えたのではなく「平和的交渉論者」であり、朝鮮へ使節として派遣されることを訴えた「遣韓論」であるとし、世間の注目を浴びた。しかし前述の通り、朝鮮は日本政府を簡単には受け入れない情勢であるから、何らかの圧力が必要だとの認識が一般化しており、また政府の最高首脳の一人である西郷の遣韓は当時の状況としては強硬な措置であり、多くの人が開戦につながることを予想していたことに留意する必要がある。また西郷の言説が、平和的な遣韓論か、侵略的な征韓論かという二者択一論争はあまり意味がなく、むしろ幕末に対馬藩が唱えた朝鮮進出論以来の、段階的進出論の延長線上にあるものととらえたほうが自然であろう。

八月十七日に留守政府の閣議では、西郷の朝鮮派遣を内定したが、明治天皇は使節団の帰国を待って決定するよう指示した。岩倉使節団に加わっていた大久保利通、木戸孝允、そして岩倉らが順次帰国したあと、十月十四日の閣議では西郷遣韓をめぐって紛糾した。板垣退助、副島種臣、江藤新平、後藤象二郎が西郷遣韓に賛成したのに対して、岩倉具視、大久保利通は「内治優先」を主張して反対した（木戸孝允は欠席したが反対の立場）。翌日の閣議でも激論が交わされたが、結局、西郷の朝鮮派遣が決定された。しかし、倒れてしまった太政大臣三条実美に代わり右大臣岩倉具視が主導権を握り、二十三日に岩倉は天皇に即時使節派遣の不可を奏上し、翌日に天皇は朝鮮遣使を無期延期とする決定を下した。これに反発した西郷、板垣、後藤、江藤、副島らが下野し、政府は分裂した。

この征韓論政変（明治六年の政変）は日本の政治史上できわめて重要な事件であるが、この一連の動向は朝鮮側に伝えられた形跡がないことにも留意したい。

日朝通交変革の帰結——日朝修好条規

一八七一年（明治四）十一月に琉球の人々が乗った船が台湾東南部に漂着し、現地住民とのトラブルから五四名が斬殺される事件が起こった。保護された一二名が翌年に帰国すると、鹿児島および日本政府内で台湾出兵論が沸き起こり、さらに征韓論政変で西郷が下野して鹿児島へ帰ったことで鹿児島県における反政府的気運が高まるなか、一八七四年五月に日本は台湾出兵を敢行した。この件をめぐって日清間は緊張したが、十月三十一日には交渉が成立し、清国は日本の出兵を「義挙」と認め、見舞金を支払うことになった。

さてこの台湾出兵は、日朝関係にとっても微妙な影響があった。日本軍の台湾出兵直後、清朝がフランス人の説とする情報を朝鮮に伝達した。その内容は、日本は長崎に五〇〇〇の兵を駐屯させ、台湾から退兵したのち朝鮮に従事し、さきに朝鮮と紛争のあったフランス・アメリカを助けて出兵するとし、日本が朝鮮を覬覦《きゆ》していることは朝夕のことではなく、外国新聞にはしばしばみえる、といったものである。一八六七年に清朝から朝鮮に八戸《やべ》順叔《じゆんしゆく》の征韓記事が伝えられ、その翌年に違格の新政府樹立通告書契が日本から朝鮮に突きつけられ、日朝間の国交停滞を招いたことは前述したが、奇しくも台湾出兵にからむ日本の朝鮮出兵の噂が朝鮮に伝えられた翌年に、江華島《カンファド》事件が起こることになる。

日本で征韓論政変が起こった直後の一八七三年十一月、朝鮮では国王高宗《コジョン》の実父の大院君が失脚して国王親政になるとともに、王妃の一族である閔氏《ミンシ》が政権を握った。閔氏政権がすぐさま「開国」路線に転換したわけではないが、強い排外攘夷主義をとっていた大院君政権（一八七一年の辛未洋擾の後には攘夷の決意を示す碑を全国に建てさせた）が倒れ、大院君に近かった東莱府使や訓導が処罰されたことは、日本側にとって停滞していた日朝関係の打開のきっかけになるとの期待を抱かせた。

一八七四年、森山茂公館長と東莱府使とのあいだで政府等対による交渉を行なう準備が始まり、翌一八七五年になると森山茂理事官・広津弘信副官が草梁公館に入り、朝鮮側は接見を許可して交渉が行なわれた。朝鮮の妥協的な姿勢を感じた森山らは、強気の対応に出た。日本側は、なお外交文書における天皇に対する「皇」の文字の使用にこだわったほか、洋式大礼服を着用して宴享を受けることなどを要求した。朝鮮側は抵抗したものの、森山理事官は強硬な態度を崩さなかった。こうしたなかで、四月には一時帰国した広津弘信から政府に上申書が出され、「今彼ノ内訌シテ攘鎖党未ダ其勢ヲ成サザルノ際ニ乗ジ、力ヲ用ルノ軽クシテ而シテ事ヲ為スノ易カランニハ、即今我軍艦一、二隻ヲ発遣シ」と朝鮮への軍艦派遣を建議した。

朝鮮に派遣された日本軍艦「雲揚」は、五月二十五日に釜山に入港して武力示威を行ない、朝鮮側は抗議した。「雲揚」は首都漢城近くの江華島近海まで北上。九月二十日（朝鮮暦八月二十一日）、「雲揚」が朝鮮側を挑発し、江華島の草芝鎮《チョジジン》砲台から砲撃を受けたことを口実に、江華島・永宗島《ヨンジョンド》を攻撃した。

この江華島事件をきっかけに、日本は朝鮮に対し「開国」交渉を迫り、大久保利通政権は強硬論を抑えつつ、国際法研究や武力用意など交渉の準備を進めた。一八七六年二月十一日、朝鮮に派遣された全権黒田清隆《くろだきよたか》らは、兵士四〇〇名を率いるなど武力的威嚇をともないつつ江華城に入り、接見大官申櫶《シンホン》らと交渉を開始した。この交渉にあたって、アメリカは日本を支援し、『ペリー提督日本遠征記』を贈ったことは知られている。朝鮮国内には、大院君や崔益鉉《チェイッキョン》らの主戦論もあったが、清朝は朝鮮政府に対し、清が直接介入しないことを伝え、朝鮮に穏便な対応を求めていた。

二月二十六日（朝鮮暦二月三日）に日朝修好条規（江華条約）が調印された。その第一款では「朝鮮国ハ自主ノ邦ニシテ、日本国ト平等ノ権ヲ保有セリ」とあり、日本側は朝鮮が清国の属国ではないとするニュアンスを込めたが、朝鮮側には属国でありながら「自主」であるという認識があったとされる。この条規では釜山ほか二港の開港が規定され（のち元山《ウォンサン》・仁川《インチョン》を開港）、日本に対して領事裁判権を認めていた。付属規定も含めれば、領事裁判権のほか、日本商品への無関税、開港場での日本貨幣通用など、日本が有利な不平等条約であったといってよい。幕末以来の日朝通交変革の帰結が、このような形でなされたのである。

コラム　雨森芳洲と「誠信之交」

木村直也

雨森芳洲《あめのもりほうしゅう》が江戸時代の日朝交流を担った人物として多くの人々に知られるようになったのは、それほど昔のことではない。一九七〇年代以降、江戸時代の日朝関係が注目されてくるなかで、専門家のあいだでは芳洲も少しずつ知られるようになる。申維翰『海游録』の訳本（姜在彦訳）が一九七四年に刊行されたことも大きかった。芳洲が一般の人々に知れ渡ったのは、一九九〇年五月二十四日、来日した韓国の盧泰愚《ノテウ》大統領による宮中晩餐会での挨拶の一節による。

二百七十年前、朝鮮との外交にたずさわった雨森芳洲は、『誠意と信義の交際』を信条としたと伝えられます。かれの相手役であった朝鮮の玄徳潤《ヒョンドギュン》は、東萊に誠信堂を建てて日本の使節をもてなしました。今後のわれわれ両国関係も、このような相互尊重と理解の上に、共同の理想と価値を目指して発展するでありましょう。

この一節は、当時在日韓国大使館に勤務していた外交官の徐賢燮《ソヒョンソプ》の手によるものであるが、これが報道されると、「誠信之交《まじわり》」を説いた日朝友好の象徴的人物として芳洲は知られることになる。しかし、彼の人物像はそれほど単純ではない。「誠信之交」は、対馬藩向けの朝鮮外交の心得・提言を記述した芳洲の『交隣提醒』（一七二八年）の最後の部分に出てくる言葉である。一般には「誠信と申し候は実意と申す事にて、互いに欺かず争わず、真実を以て交わり候を誠信とは申し候」の文が引用され、芳洲の日朝外交に対する友好的な認識を示すものとして高く評価される。しかしこの文は、「誠信之交」は人々がよく言っていることだが意味をよくわかっていない、とする文の後に出てくる。そしてその後には、朝鮮とまことの「誠信之交」を行なうのであれば、対馬からの送使をことごとく辞退して朝鮮の「造作」（もてなし）にならないようにしなければならず、それは容易にできることではない、と続くのである。

そもそも『交隣提醒』は全体として、朝鮮外交のためには相手の実態をよく理解すること、自他の相違を認識して相手を侮らないことを強調しつつ、個々の具体的な問題について解説・コメントを加えている。それらを読めば、うわべだけの友好を語るものではなく、両国の利害や体面という現実に即したものであることがわかる。芳洲は、釜山倭館で貿易に関する困難な交渉にあたった経験をもち、また通信使渡来に際しても両国の体面をかけた厳しいやり取りをしている。「誠信之交」など『交隣提醒』で論じられていることは、単なるバラ色の理想論ではなく、熾烈な外交交渉のすえの認識なのである。それだけに、現代の我々にも汲み取るべきものが多いのではなかろうか。

Ⅳ　近代東アジアのなかの日朝関係

松田利彦

日朝修好条規によって朝鮮が開国する一八七六年から日本の朝鮮植民地支配が終わる一九四五年までの約七〇年間は、ちょうど中間の韓国併合（一九一〇年）によって大きく二つの時期に分けられる。

前半は、日本が朝鮮への勢力拡張をめざし最終的に植民地化するまでの時代である。

前近代の東アジアでは中国の清《しん》王朝を中心に、周辺諸国（朝貢国）とのあいだで朝貢体制という外交・交易秩序が形成されていた。しかし、東アジアに来航した欧米諸国は、朝貢体制を近代的国際法に基づく不平等条約体制に変えていく。ただし、朝鮮の門戸を開いたのは日本だった。日朝修好条規締結後、朝鮮政府内では近代化を志向する開化派が台頭したが、清は、一八八二年の壬午《イモ》軍乱以後、朝鮮の外交・軍事に介入する宗主権《そうしゆけん》強化政策を進めた。清の介入から離脱すべく急進開化派は、一八八四年、甲申《カプシン》政変というクーデタを決行したが、失敗する。他方、農民の中には新興宗教の東学《とうがく》が広まり、次第に外国勢力排斥の主張を明確化し、一八九四年には甲午農民戦争《こうごのうみんせんそう》に発展する。これを機に出兵した日清両軍は、同年日清戦争に突入した。このとき日本は、開化派と手を結んで朝鮮の内政改革（甲午改革）を進めている。

日清戦争後、朝鮮に対する清の宗主権は否定された。朝鮮の利権をめぐって争うことになったのは日本とロシアだった。朝鮮内では、高宗《コジョン》皇帝が光武《クァンム》改革を行ない国号を大韓帝国としたが、この改革も一九〇四年に日露戦争が起こり潰えた。日露戦争後、日本は第二次日韓協約によって韓国を保護国化して統監府《とうかんふ》を置く。初代統監伊藤博文《いとうひろぶみ》は、「文明」的改革で韓国民に近代化の恩恵を与えつつ、日本への従属化を進めようとした。しかし、この時期、朝鮮人知識人の愛国啓蒙運動や儒生《じゆせい》らによる義兵運動など国権回復運動が活発化した。伊藤が安重根《アンジュングン》に射殺された翌年の一九一〇年、急進併合論者の寺内正《てらうちまさ》毅《たけ》陸軍大臣が統監として赴任し韓国併合条約を結び、朝鮮を日本の植民地とした。

後半の植民地期は、三つの時期に分けられる。初期一〇年間は、「武断政治」と呼ばれ、憲兵警察制度のもと厳しい治安体制が取られ、朝鮮経営の財政的基盤を固めるために土地調査事業が行なわれた。朝鮮人の独立運動は中朝国境地帯などに拠点を移した。

一九一九年の三・一独立運動により「武断政治」は幕を下ろす。本国の原敬《はらたかし》首相は、三・一運動を武力で弾圧しつつ、「内地延長主義」にもとづく「文化政治」と呼ばれる新たな統治方式を構想した。言論・結社に対する制限が緩和され、朝鮮人に地方諮問機関での若干の発言権が認められた。総督府は参政権付与をほのめかしつつ、日本に協力する「親日派」を育成した。他方、朝鮮人の独立運動も多彩な展開を示した。一九二〇年代初頭には穏健な実力養成運動が活発化したが、社会主義が台頭すると、民族主義陣営は右派と左派に分化した。左派は社会主義者と連携して新幹会を組織している。

一九三〇年代に入ると「文化政治」は終わりを告げる。一九三〇年代前半は朝鮮農村の立て直しのため農村振興運動が展開されるが、精神主義的な色彩が強かった。一九三七年の日中戦争が全面化すると、朝鮮は戦時体制期に突入する。南次郎朝鮮総督は、「内鮮一体」をかかげ朝鮮人「皇民化」政策を打ちだした。本国・植民地を包括する総力戦体制づくりも本格化し、朝鮮人の労務動員、兵力動員が行なわれ、また、日本軍の軍人に対する性的慰安のために朝鮮人女性が「慰安婦」として集められた。こうした戦時動員を含む植民地支配責任の問題は、今日でも日本と韓国・北朝鮮の間に友好的関係を築くために乗り越えなければならない課題となっている。

一　朝鮮の開国

1　江華島事件と日朝修好条規の締結

迫り来る洋擾

東アジアの近代は、十九世紀中葉、欧米資本主義列強による東アジア国際秩序に対する挑戦によって幕を開ける。前近代の東アジアでは中国の清王朝を中心に、周辺諸国（朝貢国《ちょうこうこく》）とのあいだで「朝貢体制」（冊封《さくほう》体制・宗属体制ともいう）という国際秩序が形成されていた。朝貢体制のもとでは、朝貢国の最高支配者は中国皇帝から国王に封じられるいっぽう、中国へ使節を定期的におくった。朝貢使節の貢ぎ物に対して中国皇帝側が恩賜をあたえるという形で朝貢体制は成りたち、アジアの外交・交易原理となった。政治的には、各朝貢国は清国を宗主国とあおぎ服属しながらも、外交・内政の独自性をたもった。

しかし、清はイギリスとのアヘン戦争（一八四〇年）と南京《ナンキン》条約（一八四二年）の締結によって、日本はペリー来航（一八五三年）と日米和親条約（一八五四年）によって、それぞれ開港を余儀なくされた。東アジアに来航した欧米諸国は、中国・日本を世界資本主義市場に編入し朝貢体制を変容させていく。朝貢体制に深く組みこまれていた朝鮮王朝にも、このような外圧の波は押しよせてきた。一八六六年、天津《てんしん》にいたフランス艦隊が、首都漢城《ハンソン》（現在のソウル）の表玄関にあたる江華島《カンファド》に来襲し、江華島と漢《ハン》江《ガン》一帯の封鎖を宣言した。朝鮮内で天主《てんしゅ》教徒（カトリック教徒）が迫害され、フランス人神父が殺害された責任を問うというのが口実だった。しかし、朝鮮側の鎖国の意志はかたく、フランス側に三〇名以上の死傷者を出し、これをしりぞけた（丙寅洋擾《へいいんようじょう》）。ついで、一八七一年にはアメリカがアメリカ商船焼き打ち事件に対する報復のために軍艦を派遣した。通商条約締結を求めたアメリカに対し、交渉の意志をもたない朝鮮は再び江華島を舞台に砲撃戦をくりひろげ、アメリカ艦隊を撃退した（辛未《しんみ》洋擾）。丙寅・辛未二つの洋擾で欧米勢力を撃退したのは大院《テウォングン》君政権だった。日本や清が欧米諸国と条約関係を結ぶのと時を同じくして、朝鮮は逆に、西洋列強に敵対的姿勢をとったのである。

大院君政権

大院君政権の内政を見てみよう。一八六三年、哲宗《チョルジョン》に跡継ぎがないまま死去すると、興宣君《フンソングン》（のちの大院君）の第二子が即位し高宗《コジョン》となった。しかし、高宗はまだ一一歳の幼い国王だったため、実権は大院君が握った。こののち約一〇年間、大院君政権が続くことになる。日本ではちょうど明治維新をはさむ時期にあたる。

大院君は、自らを中心に王朝権力を強化することを政策の基調においた。そのためには、既存の特権層たる安東金氏《アンドンキムシ》の勢道政治を打破する必要があった。このためこれまで政界から排除されていた弱小党派を高官に採用した。さらに、地方両班《ヤンバン》の特権にもメスを入れた。一八六四年以降、儒学教育施設・祠《し》

大院君

堂《どう》である書院を整理し多くを廃止に追いこむことで、在地両班の勢力を抑えた。書院は、多くの良民から私的に収奪し国家の租税負担者を減少させていたから、書院の撤廃は国家財政の増収をはかるという面ももっていた。しかし、書院撤廃などに対して両班層は不満をいだき、王宮（景福宮《キョンボックン》）の再建工事やそれにともなう増税に対する不満も積みかさなり民衆の反乱も相次いだ。

いっぽう、思想統制の面では、大院君政権は「衛正斥邪《えいせいせきじゃ》」政策を強力に推し進めた。朝鮮王朝の正統イデオロギーである朱子学を守り、異端邪説を排除しようとする政策である。衛正斥邪政策は、丙寅洋擾と辛未洋擾で大院君の示した鎖国維持政策と結びついていた。衛正斥邪の思想は、次第に在地両班にも広まり、衛正斥邪派とよばれる勢力を形成した。彼らは、西洋諸国と天主教を排撃し、旧来の支配体制を固守しようとする点では大院君政権の鎖国政策を支える役割を果たした。他方で、内政については手厳しい批判者となった。一八七三年、衛正斥邪派の崔益鉉《チェイッキョン》は、大院君政権による書院の撤廃や大規模な土木工事などをはげしく攻撃し退陣を求めた。これをきっかけに大院君は政権の座を追われる。

大院君政権は、未曽有の国難の時代にあって内政改革を断行したが、基本的には復古的な王権強化を目的としていた。また、日本や清がすでに門戸開放をして西洋の科学技術を取りいれつつあったとき、鎖国政策に固執したことも時代の大勢を踏まえていなかったと言わざるをえない。大院君政権は近代世界に対応するにはあきらかに限界があった。

さて、大院君が失脚すると、国王高宗とその王妃である閔妃《ミンビ》を中心とした閔氏政権が、国王親政を開始した。そして、このとき、朝鮮王朝は、日本との国交をめぐって紛争を抱えていた。

明治維新と征韓論

一八六八年、明治維新によって新政府を打ちたてた日本は、対馬《つしま》藩を通じて朝鮮に王政復古を通告した。ところが、日朝間の交渉は出だしからつまずいた。時の大院君政権は、清との朝貢関係と日本とのあいだの江戸時代以来の善隣関係を維持しつつ、西欧諸国に対しては鎖国を堅持しようという政策をとっていた。

しかし、日本側は、旧来の善隣関係を否定した。日朝間の外交を、近代欧米外交にならって、国際法にもとづく条約関係へと改編し、同時に、自国を朝鮮の上位に置こうと考えていたのである。日本は、黒船の外圧によって西洋列強と外交関係を結んだが、その過程で、西洋諸国間には国際関係の普遍的規範として国際法が存在することを学んでいたのである。

日朝関係において西洋近代的な条約関係を導入し、朝鮮を従属させようという意図は、対馬藩使節の持参した書契《しょけい》（外交文書）にあらわれていた。書契のなかには「皇室」「奉勅」などの文字があったが、それまでの外交慣例では「皇」「勅」は宗主国の清国皇帝のみが使用しうる文字だった。朝鮮は傲慢無礼だとして書契の受理を拒んだ。近世以来、築かれてきた日朝間の善隣関係は崩れ、両国は事実上国交を断絶した。

前章で述べたように、さらに明治政府は、一八七一年、中央集権国家体制を整備する一環として、近世以来、対朝鮮外交の窓口となっていた対馬藩から外交権を接収する。このような姿勢も朝鮮側の態度を硬化させ、対する日本政府内でも「征韓」論が高まり、最終的には西郷隆盛や板垣退助ら「征韓派」はいっせいに下野した。このときの征韓論政変（明治六年の政変）は、下野した「征韓派」を母体として不平士族の乱や自由民権運動が引きおこされるきっかけを作った点で、日本史上でも大きな意味をもつ。

その後、大院君政権に代わった閔氏政権では、日本と進んで国交を回復すべきだと主張する開化派官僚の朴珪寿《パクキュス》の意見もあって、日本との交渉が再開される。折しも日本の台湾出兵（一八七四年、台湾に漂着した琉球漁民が現地人に殺害された事件をきっかけとした出兵）に衝撃を受けた清国から、日本の朝鮮侵略を警告する情報がもたらされたことも、朝鮮政府の腰をあげさせた。

一八七五年に入り、交渉は再開されたが、日本側の書契をめぐって交渉はほどなく行きづまった。日本は、外務省の交渉担当者からの上申により、武力により朝鮮に開国を迫る方針をとることにした。同年五月以降、日本の軍艦の朝鮮来航と示威行動が相次いだが、九月、軍艦雲揚号《うんようごう》が江華島に接近し、朝鮮側からの砲撃を受け応戦した。さらにその南の永宗島《ヨンジョンド》などに上陸し、放火したり朝鮮兵を殺害した

江華島沖で示威をする日本軍艦（1876年）

りした。この江華島《カンファド》《こうかとう》事件（雲揚号事件ともいう）は日本側の一方的な挑発だったが、当時の日本の新聞はこぞって朝鮮側を非難し、中には朝鮮征伐を主張する議論もあらわれた。日本政府もこの事件の責任を問うことを口実に朝鮮との条約締結を企てた。アメリカのペリーが黒船による日本遠征のときに使った故知《こち》にならった威圧外交だったといえよう。

日朝修好条規の締結

一八七六年一月、日本の全権黒田清隆《くろだきよたか》・副全権井上馨《いのうえかおる》は、六隻の軍艦に三百余名の兵員を乗せて交渉に臨んだ。この交渉を、朝鮮側は旧来の善隣関係の修復と考えていたが、日本側は近代国際法に基づく条約締結の手続きを踏むことを重視し、両者は対立した。しかし、朝鮮側は、軍隊増派をちらつかせる日本側の威嚇の前に、条約案の一部を修正したうえで二月、日朝修好条規に調印する。朝鮮内では、政府の軟弱外交に対する非難の声があがった。引退させられていた大院君は、政府の弱腰をはげしく非難し、衛正斥邪派の儒生《じゅせい》崔益鉉は日本は洋夷《ようい》と一体であり条約締結は亡国につながると上訴している。

日朝修好条規の第一条は、「朝鮮国は自主の邦にして日本と平等の権を保有せり」とうたっている。しかし、「自主」は朝鮮に対する清国の宗属関係を否定するための字句であり、「平等」という表現とはうらはらに日本に有利な条約だった。すなわち、日朝修好条規に基づいて、同年調印された修好条規付録や貿易規則により、釜山《プサン》などの三港が順次開港された。また、開港場には居留地が設定され、日本人居留民への領事裁判権を認めさせた。こうした権利は朝鮮側には認められなかった。やがて日本商人が大量に進出し日本への輸出、朝鮮への輸入ともに牛耳ることで日朝貿易は急速に拡大し、中朝貿易をしのぐまでになっていく。

もっとも、日本は、日朝修好条規によってただちに朝鮮と中国のあいだの朝貢体制を否定しえたわけではない。実は、江華島事件後、朝鮮側との交渉に先立ち、日本は清国に仲介を求めている。清国側は、朝鮮国王に勧告し朝鮮側を条約交渉のテーブルにつかせた。つまり、日本は、日朝修好条規において清国の朝鮮に対する宗主権を否定しようとしながらも、現実には清国と朝鮮の宗属関係に頼らなければ朝鮮を動かすことができなかったのである。

そして、朝鮮側もまた、必ずしも日朝修好条規を近代的な国際条約として認識していたわけではなかった。修好条規付録の締結交渉で、日本は国際的外交慣習として公使の首都（漢城）常駐を求めたが、朝鮮側は、清国の使臣にも前例がないとして拒んだ。朝鮮政府は、修好条規を旧来の日朝善隣関係の復活と見なし、伝統的外交慣例とは異質な部分を排除しようとしたのである。結局、日本公使館が漢城に開設され、公使の常駐が実現したのは一八八〇年十二月になってからだった。

こうして、一八七六年の日朝修好条規は、日本と朝鮮のあいだの不平等な関係を定める枠組みをつくった。しかし、日本は、これを朝鮮を清国との朝貢関係から分離させる近代的な国際条約と位置づけようとしたのに対し、朝鮮は、伝統的な東アジア国際秩序である朝貢体制の概念でとらえようとしていたのである。両国の世界観は大きく異なっていたが、国際環境の変化のなかで次第に日朝不平等条約の体制が定着していく。

2　壬午軍乱と甲申政変

日朝不平等条約体制の確立

日本との開国後も、朝鮮の閔氏政権は欧米諸国に対しては、依然として鎖国政策をとっていた。しかし、日朝修好条規が結ばれたことを知ったアメリカは、朝鮮との通商条約を仲介してくれるよう清国に求めた。清国は、欧米諸国を引きいれることで、露・日勢力を牽制しようと考え、これに応じた。一八八〇年、清国の北洋大臣李鴻章《りこうしょう》は、朝鮮政府に対して西洋諸国への開国を勧告した。

いっぽう、同年、朝鮮政府からは金弘集《キムホンジプ》らが第二次修信使（修信使とは朝鮮から日本に送られる外交使節のこと）として日本に派遣されていた。一行は日本の近代化の様子を視察するとともに、駐日清国公使館と接触した。このとき金弘集は公使館参賛（書記官）の黄遵憲《こうじゅんけん》から『朝鮮策略』を贈られた。その内容は、朝鮮が清日米と連携し、国内改革によって自強をはかるべきことを説くものだった。金弘集から『朝鮮策略』を受け取った朝鮮政府は大きな衝撃を受けた。朝鮮政府は開化政策を採用し、欧米諸国に対し開国へと舵を切ることになる。

一八八一年、朝鮮政府から委任を受けた李鴻章とアメリカのシューフェルト提督とのあいだで条約交渉が始まり、翌八二年に朝米修好通商条約が結ばれた。つづいてイギリス・ドイツなどとも条約が締結された。これらの条約は程度の差はあれ、領事裁判権の容認や低い関税率など朝鮮側に不利な点を含むものだった。しかも最恵国待遇《さいけいこく》によって、条約締結国すべてがこれらの不平等条項による特権に浴することができるようになっていた。このようにして、朝鮮は、日本や欧米との不平等条約に包囲され、否応なく不平等条約体制に編入されていったのである。

とはいえ、前近代のアジア朝貢体制は近代的条約秩序のもとで消滅してしまったわけではなかった。清国は、欧米諸国との条約締結を斡旋することによって、欧米諸国に清と朝鮮の朝貢体制——宗属関係——を認めさせ、朝鮮に対する支配をむしろ強化しようとしていた。朝鮮と欧米各国のあいだの各条約は、清国が外交の後見役となって締結されたものであり、清国は朝鮮を属邦とするとの文書を作成している。

開化政策

朝鮮政府は、こうした制約条件のなかで開国を前提とした政策をとらなければならなかった。政府内の守旧派は清朝との宗属関係の維持を依然としてはかっていたが、少壮の開化派とよばれる近代化を志向する勢力も台頭していた。開化思想は、一七世紀以降の実学派の流れをくむもので、日本に対する開国を早くから主張していた朴珪寿の門下から、この時期、金玉均《キムオッキュン》・朴泳孝《パクヨンヒョ》らが育っていた。彼ら開化派は次第に政権上層部に進出し、閔氏政権は限定的ながら開化政策を進めていくことになる。

一八八〇年末、外交・通商・軍事を管掌する近代的行政機構として統理機務衙門《がもん》が設けられ、改革の推進機関とされた。軍制についても八十余名からなる別技軍《べつぎ》という洋式軍隊を設け、日本公使館付武官を招聘して軍事教練をほどこした。

さらに、一八八一年、総員六二名にのぼる朝士視察団が日本視察を行なっている。彼らは、文部・内務・農商務・大蔵・司法・外務などの各省や軍隊・税関・学校などを視察した。随員兪吉濬《ユキルジュン》、柳定秀《ユジョンス》は福沢諭吉《ふくざわゆきち》の慶応義塾に、尹致昊《ユンチホ》は中村正直《なかむらまさなお》の同人社《どうじんしゃ》に残留し、朝鮮最初の海外留学生となっている。朝士視察団は、いわば明治日本の政府要人が欧米先進国を視察した岩倉使節団（一八八一～八三年）の朝鮮版だった。しかし、岩倉使節団が欧米の文物を高く評価したのとは異なり、朝鮮の視察団は、明治日本の富国強兵を認めながらも、国家財政の負担が大きいとして必ずしも肯定的に評価してはいなかった。

このようにして、一八八一年から翌年にかけ、朝鮮は、国内では開化風潮が盛りあがりを見せるいっぽう、対外的には、欧米諸国との不平等条約体制に組みこまれることになった。このような開国・開化政策への変化に対する反発も強かった。攘夷論に立つ衛正斥邪派は、危機感を強めた。一八八一年初より、各地の両班儒生多数が、閔氏政権の開化政策を糾弾する上訴運動を展開した。

多くの民衆も、開国にともなう経済的変動に苦しんでいた。日朝修好条規が結ばれて以降、日本から朝鮮へはおもにイギリス製綿布が輸出され、朝鮮の伝統的な棉作《めんさく》および手織業を衰退させた。逆に朝鮮から日本へは米・大豆・金・牛皮などが輸出された。朝鮮米は近代産業が起こり人口が急増していた大阪方面に大量に輸出され、工場労働者の飯米に向けられた。他方、朝鮮側からすれば、米の大量輸出は、朝鮮国内の米不足をもたらし、穀価を三〜四倍に高騰させた。

壬午軍乱

このような状況への不満が、一八八二年、漢城での下級兵士・民衆の抗日暴動となって爆発した。新式軍隊の導入に対する旧軍兵士の不満を発端とするこの事件を壬午《イモ》軍乱という。新式軍隊の別技軍が優遇される反面、外交・開化政策の遂行のために閔氏政権の財政は悪化し、旧軍兵士は俸給も滞りがちだった。旧軍兵士たちは、七月、兵器庫から武器を奪い、投獄されていた衛正斥邪論者を釈放し、さらに政府要人や別技軍の日本人教官を殺害した。

暴動は漢城の貧民が合流して拡大したが、それにとどまらず、クーデターにまで発展した。すなわち、この暴動を失脚中の大院君が利用して、衛正斥邪派に、閔氏政権の転覆と日本公使館の襲撃をあおったのである。閔氏政権の開化政策をくつがえし、鎖国攘夷政策に戻そうとしたのだった。閔氏政権は倒れ、兵士らの支持を受けて大院君が政権を掌握した。日本公使館は数千の群衆にとりかこまれ、花房義質《はなぶさよしもと》公使らは仁川《インチョン》から日本に脱出した。反日の気運が沸騰していたのである。

しかし、軍乱の反動は大きかった。反乱を知った日清両国は相次いで朝鮮に出兵し、武力を背景にきびしい要求を突きつけたのである。いったん帰国した花房日本公使は政府から全権委員に任命され、軍艦四隻・陸軍一個大隊をしたがえて入京し、大院君と会見した。朝鮮政府の公式謝罪や損害賠償、開市など通商上の権益拡大を求めたのである。日本側は宗主国清国の介入を避けたいと考え、先手を打って朝鮮側に要求を提示したのだったが、現実には、水面下で朝鮮政府と日本の斡旋をしたのは清国だった。

清国は、天津に滞在中だった朝鮮開化派官僚の金允植《キムユンシク》・魚允中《オユンジュン》の要請にしたがって、藩属国の朝鮮を保護するという名分で出兵を決定した。こうして、日本とほぼ時を同じくして八月下旬、清国も三〇〇〇人の兵とともに、李鴻章配下で切れ者の洋務派官僚馬建忠《ばけんちゅう》を朝鮮に送りこんだのだった。清国軍は大院君をとらえ天津へ連れ去る。こうして大院君政権は一ヵ月ほどで崩壊し、閔氏政権が復活した。大院君を中心とする衛正斥邪派は決定的な打撃を受け、閔氏政権は清国への依存度を高めていくことになった。

清国の馬建忠が、復活した閔氏政権と日本側の花房公使の仲介をした結果、日本と朝鮮のあいだに済《チェ》《さい》物浦《ムルポ》《もっぽ》条約が結ばれた。この条約によって、日本は賠償金の支払いや公使館警備の名目による首都駐兵を認めさせるとともに、通商上の権利拡大についてもおおむね要求を通した。日本側はこの成果に満足したが、それは、清国の斡旋によってもたらされたものでもあった。

しかも、壬午軍乱以後も、清国軍は駐留をつづけ朝鮮の従属度はさらに深まった。もともと朝貢体制のもとでは宗主国は藩属国の内治外交に干渉しない原則だったが、いまや清は軍事力を背景に、朝鮮への内政干渉による属国化をはかったのである。当時、清国は列強や日本のために朝貢国の琉球・ベトナム・ビルマを次々と失っていたが、残った朝鮮をつなぎ止めるべく外交・軍事に介入する宗主権強化政策を具体化させた。

一八八二年九月には、清国と朝鮮のあいだで、朝鮮に不利な不平等条約、朝清商民水陸貿易章程が締結された。前文には「朝鮮は久しく藩邦《はんぽう》に列す」と、宗属関係が明文化されている。また、李鴻章の推薦によって、馬建常とメレンドルフ（ドイツ人）が朝鮮政府の顧問になった。この時期、朝鮮は清国に従属しつつ、開化政策を模索することになる。

開化派の分化と甲申政変

清国の宗主権強化政策のなかで、朝鮮の開化派は大きく二つの潮流に分かれていく。金弘集・金允植・魚允中らは、国家の自主と人民生活の安定を目指す儒教文化の発想を基盤に、万国公法（国際法）に依拠して朝鮮の自立をはかろうとする穏健開化派を形成した。軍事大国化を志向しない、いわば小国主義的な穏健開化派の立場は、清との宗属関係を維持・利用しながら日本や欧米列強による外圧を防ごうとする点で、この時点では清と協調的な路線となった。他方、金玉均・朴泳孝らは宗主権強化政策に反対し、清からの完全な独立と徹底した内政改革を志向する急進開化派をつくった。

このようにして、壬午軍乱は、外交面においては清の朝鮮属国化政策を進めさせ、内政面では穏健開化派と急進開化派の分離を促す転換点となったのである。

急進開化派の目指したのは、朝鮮の富国強兵により対清独立をなしとげ、欧米中心の主権国家体制への参入を果たすことだった。閔氏政権内で少数派だった急進開化派は、やがてクーデタによって自らの構想する近代化を実現しようとする。これが一八八四年の甲申《カプシン》政変である。以下、その経過と日朝関係への影響を見よう。

急進開化派は、朝鮮最初の新聞『漢城旬報』の発行、郵便事業の開始など独自の開化政策を進めた。同時に、世界の弱肉強食の現実をよく知る彼らは、列強に伍していくために日本の明治維新を改革のモデルとし、日本との関係を深めようともした。急進開化派の中心人物金玉均は、壬午軍乱の謝罪をかねた修信使（一八八二年派遣）の一行に加わっていたが、このとき接触した日本政府要人に対し、朝鮮独立援助を要請し日本の借款を引き出そうとしている。また、旧知の福沢諭吉と親交を深め、兪吉濬ほか多くの留学生を慶応義塾で学ばせた。

金玉均

福沢の紹介によって自由民権派政党の自由党の副総理である後藤《ごとう》象二郎《しょうじろう》とも会い、資金や武器の援助を得ようとした。

他方、金玉均は、帰国後、開化政策の財源をめぐって閔氏政権と対立する。折からベトナム支配をめぐる清国とフランスの対立によって、一八八二年七月、清仏戦争が起こり、漢城に駐留していた清国軍は半数が本国に撤退した。これを好機として金玉均ら急進開化派は閔氏政権を倒すクーデタを計画する。清国勢力の後退を利用しようと考えていた竹添進一郎《たけぞえしんいちろう》日本公使がこれに接近し、公使館警備兵を動かすことを約した。
クーデタは、十二月四日、郵政局（当時の日本の逓信省《ていしん》にあたる）の開局披露宴に出席した政府高官を負傷させることによって口火を切った。開化派は、計画通り、国王に日本軍の守備隊出動を要請させ、王宮を警備させた。そして、急を聞いて駆けつけた政府高官を次々に殺害した。翌日以降、急進開化派が中心となって新内閣を組織し新政綱を公にしている。

急進開化派の発表した新政綱は、大院君の早急な帰国と清国に対する虚礼廃止、門閥《もんばつ》の廃止、国家財政の改革、政府（大臣・参賛《さんさん》）への権力集中、警察制度の整備と軍制の改革などであった。清朝との宗属関係を廃止するとともに、国家行政のさまざまな分野に近代的制度を導入しようとするものだったことがわかる。ただし、そこでは憲法の制定や公選議会の設置などは想定されておらず、国家機構の改革にとどまるものだった。ともあれ急進開化派は、日本の手を借りながら、電光石火のごとく新政権を樹立し改革に乗りだしたのだった。

しかし、政権は三日天下におわった。守旧派の閔妃からひそかに要請を受けた清国軍は、六日、一五〇〇人の兵によって漢城を制圧した。清国の武力干渉を防ぐには開化派政権の力はあまりにも弱かった。しかも竹添公使は、約束をほごにし日本軍を撤収させ、開化派政権を見放した。清国兵や漢城内の暴徒化した軍民によって開化派人士の多くが殺害されるなか、金玉均・朴泳孝らはからくも竹添とともに日本に脱出した。こうして急進開化派による上からの近代的改革の試みは崩れ去った。

「脱亜論」

甲申政変の失敗は、朝鮮の近代化にとって大きなつまずきを意味した。のみならず朝鮮の近代化に関心を寄せていた日本人にも大きな影響を及ぼした。

当時の新聞は、日本の朝鮮に対する内政干渉や軍事介入は不問にし、もっぱら清国軍による日本軍や開化派政権への攻撃や、居留民の殺害を大々的に取りあげた。新聞の論調は、朝鮮・清国に対する強硬外交論一色に染まり、開戦論を鼓吹《こすい》するものも少なくなかった。

こうしたなか、自由民権運動の活動家が朝鮮の急進開化派を援助しようとする事件が起きた。一八八五年、大井憲太郎《おおいけんたろう》らの計画した大阪事件である。事件は事前に発覚し失敗におわったが、大井は公判で自分たちは朝鮮に自由をもたらし文明開化を進めることを目指していたと主張している。

甲申政変の起こった一八八〇年代前半、日本では自由民権運動が急進化していた。困窮した農民と結びついた各地の激化事件は厳しい弾圧をうけ、自由民権運動は追いつめられつつあった。朝鮮に介入して開化派政権を打ちたてれば、日清間の対立が激化し、対外危機によって民衆の愛国心が鼓舞され、専制政府打倒への道が開けるだろうというのが大阪事件首謀者の思惑だった。

大阪事件とは逆に朝鮮を突き放す議論もあった。『時事新報』（一八八五年三月十六日付）に載った有名な福沢諭吉の「脱亜論《だつあろん》」である。わが国は隣国の開明を待ってアジアを興す余裕はない、西洋文明国と肩を並べていくだけである、清国・朝鮮に対しても隣邦だからとて「特別の会釈」は必要ないと主張している。アジア諸国に対して「西洋人がこれに接するの風」にしたがって接すべしとの議論は、西洋列強の東アジア分割競争に日本も参加せよと呼びかけるものだった。福沢は、これ以前は、『時事新報』を通じて、近代化に成功した日本が朝鮮の開化派を支援し、ひいてはアジアの指導的位置に立たねばならない、という考え方を公にしていた。そして実際に金玉均の外債募集を援助し、朝鮮人留学生を受け入れるなど朝鮮開化派を援助していた。しかし、甲申政変の失敗を見て朝鮮の近代化の可能性に失望したことが「脱亜論」執筆の動機となったと考えられる。

大阪事件と福沢の「脱亜論」は、朝鮮への介入に対する態度では正反対であるかのように見える。しかし、文明国として日本が朝鮮の上位に立っているという認識や、連帯と侵略の境界があいまいな発想は共通している。そして、こうした見方は、その後も日本のアジア認識の基調を形づくっていく。

朝露密約

日本・朝鮮・清国の三国関係に話を戻そう。甲申政変後、日本は、朝鮮政府とのあいだに漢城条約（一八八五年一月）を結び、日本への公式謝罪、日本人被害者への補償などを認めさせた。しかし、清国とのあいだでは、交渉に時間がかかった。甲申事変で日清両国が衝突したことで、両国の対立が浮き彫りになっていたのである。日本は明治政府の重鎮伊藤博文《いとうひろぶみ》を特派全権大使として派遣し、天津で李鴻章と話し合いを重ねた。この結果、日清両国軍の朝鮮からの撤兵と、今後、朝鮮派兵にあたっては互いに「行文知照」つまり事前通告することを取り決めた天津条約が一八八五年に調印された。

これにしたがって、両国軍は漢城から撤収した。一時的な妥協であったが、有事に際して互いの派兵を認めたことは将来の火種ともなるものだった。実際に、九年後の日清戦争は、この天津条約に基づき日清両政府が事前に通告して朝鮮に派兵したことが発端となる。

甲申政変後、清は、朝鮮政府に対して宗主権強化政策をさらに進め、内政外交に干渉した。一八八七年、朝鮮政府は修好条約締結国に公使を派遣することを決めたが、清国は、公使の派遣には清国皇帝の許可が必要であると命じた。また、李鴻章は、朝鮮公使を清国公使の下位に置くこととし、対外的にも明示した。

他方、朝鮮側では、国王高宗や閔氏政権内部から、清国の支配を脱して自立を求める動きがあらわれる。一八八五年、高宗は、政府顧問メレンドルフの助けを借り、朝鮮に十数人のロシア人軍事教官を傭《よう》聘《へい》する計画をねった。しかし、この動きを察知した清国は、朝鮮政府に圧力をかけて撤回させた。清国は、幽閉していた大院君を帰国させ、高宗・朝鮮政府の動きを牽制しようとした。さらに、一八八五年、清は、のちに中華民国初代大総統となる若き清国軍参謀袁世凱《えんせいがい》を、総理朝鮮交渉通商事宜《じぎ》として派遣した。そして袁世凱に、諸外国の公使とは別格の地位と権限を与えることで、朝鮮外交権の実質的な掌握に踏みこんだ。

しかし、朝鮮側は対ロシア接近策をなおも追求した。朝露修好通商条約（一八八四年調印）により朝鮮に赴任してきたロシア公使と国王らは連絡をとりあった。朝鮮が独立国であることをロシアに認めさせ、第三国と紛争を生じた際にロシアの軍事的保護を得られるよう秘密協定を結ぼうとしたのである。しかし、この試みも袁世凱によってはばまれている。折しも、イギリスがロシア艦隊の通路にあたる朝鮮半島南海の巨文島《コムンド》を占拠するという巨文島事件が一八八五年に起こっていたが、李鴻章は英露両国を調停し、朝鮮に対する清の宗主権を国際的に示した。

朝鮮中立化構想

いっぽう、朝鮮政府のなかには朝鮮中立化を構想する流れもあった。清国と協調的で、当時の外交の最高責任者だった穏健開化派の金允植は、朝鮮と条約を締結している国々の保証によって中立をはかろうと考えていた。また、急進開化派の流れをくむ兪吉濬も、清の主導のもとでの永世中立国化を提起した。彼らの発想は、清との協調という点では伝統的な東アジア宗属体制に依拠しつつ、西欧において小国の自立の方法と見なされていた中立の概念を取り入れていた。いわば伝統と近代的国際法の折衷によって朝鮮の独立を維持をしようとするものだったといえよう。

他方、日本政府も壬午軍乱以後、折に触れて朝鮮中立化構想を検討していた。特に清国の宗主権強化政策がはっきりした一八八四年以降は、日清両国による朝鮮の「共同保護」を是認している。日本は、朝鮮を清の宗主権から切り離すことを究極的には目標としつつも、現実には宗属関係に基づく清の優位を認め日清の協調をはかったのである。

朝鮮は清の完全な属国となることを避け自立の道を探るため、他方、日本は日清協調の枠組みのもとで朝鮮に足がかりを残すため、同床異夢ながらそれぞれに朝鮮の中立化の可能性を模索していたのだった。

さて、日本は朝鮮における政治的影響力を後退させたが、壬午軍乱後の通商権益の拡大によって経済的進出を進めた。朝鮮の輸出総額のうち対日輸出は九割以上を占めていたが、特に米の輸出が拡大した。日本商人が朝鮮の内陸部におもむき穀物を買い集めたため、朝鮮の地方官は、在来の流通機構の破壊と米価騰貴によって民衆反乱が起こることをおそれた。そのために発したのが防穀令《ぼうこくれい》（穀物域外搬出禁止令）である。これに対して、日本人商人は防穀令により損害を受けたとして賠償金を要求した。日本公使は、清の仲介も得て、朝鮮政府に圧力をかけ賠償金を獲得する。

また、日本は清と決定的な紛糾が生ずるのは避けようとしながらも、将来の日清衝突も視野に入れて、壬午軍乱以後、陸海軍の大拡張に乗りだしていった。一八九〇年、最初の帝国議会で山県有朋《やまがたありとも》首相が行なった施政方針演説では、朝鮮を日本の「利益線」と見なし、その保護を国家目標としてかかげたことはよく知られている。

二　日清・日露戦争

1　日清戦争

東学

朝鮮開国後、日本・清商人の朝鮮への進出による経済的変動や、「三政《さんせい》」（田政、軍政、還政＝政府保有米の貸与制度）の紊乱《びんらん》や地方官の不正蓄財に見られる朝鮮政府の腐敗などは、大きな社会不安を呼び起こしていた。

東学《とうがく》はこうしたことを背景に、一八六〇年、没落両班《ヤンバン》出身の崔済愚《チェジェウ》が創始した民衆宗教である。儒教を根幹として仏教・道教・民間信仰などの要素も取り入れ、西学＝キリスト教に対する東方の朝鮮の学という意味で東学と称した。基本教理の「人乃天《すなわち》」は身分制批判と人間平等の思想をはらみ、スローガンの「輔国《ほこく》安民」は外国勢力排斥につながるものだった。そのため朝鮮政府は東学を不穏宗教と見なし、崔済愚を処刑し厳しく弾圧した。

しかし、第二代教主崔時亨《チェシヒョン》は布教活動を通じて、教団組織を確立し、その勢力は南部朝鮮一帯に広がった。その過程で、東学の教えを、民衆自身の蜂起を促す実践的運動理念としてとらえる流れも生まれてきた。一八九二年、崔済愚の罪名を取り消させ教団の合法化を求める教祖伸冤《しんえん》運動を開始したのも、東学のそうした一派だった。

東学の勢力拡大とともに、外国勢力排斥の色彩も鮮明になる。一八九二年末には、数千人規模の集会が全羅道《チョルラド》参礼《チャムネ》で開かれ、ついで翌年三月には王宮前に座りこむ伏閤上訴《ふくこう》がなされた。一連の請願は認められなかったものの、東学教徒は、漢城内の外国公館や外国人住居に「斥倭洋」の掛書を行ない、外国人をパニックに陥れた。日本人居留民も仁川《インチョン》に避難している。また、一八九三年春には、東学教団は報恩《ポウン》と金溝《キムグ》で数万人規模の集会を開いた。両集会はともに外国勢力の排斥と地方官の非難をかかげている。「教祖伸寃」に始まった宗教闘争は、より広い政治的問題をかかげる農民闘争に転化しつつあった。

甲午農民戦争と日清戦争の開始

一八九四年二月、全羅道古阜《コブ》郡で郡守の悪政に対して、東学の指導者全琫準《チョンボンジュン》を指導者とする民乱が起きた。農民軍は一万名以上の規模になり、民乱は、「倭夷」（日本）の駆逐と閔《ミン》氏政権の打倒をかかげるにいたった。反封建・反侵略という政治目標を明らかにしたことで新たな段階を画したこの反乱を、甲午農民戦争《こうごのうみんせんそう》とよぶ。農民軍は五月には道都の全州《チョンジュ》府を占領した。

閔氏政権は、六月、清に反乱鎮圧のための出兵を求めた。朝鮮の属国化を対外的に示す機会をうかがっていた清はただちに派遣隊を上陸させ、ついで日本も清からの出兵通告を受け兵を送った。天津条約の事前通告規定による派兵である。日清両軍の出兵を聞いた農民軍は、弊政改革案《へいせいかいかくあん》を政府にのませ講和した。この結果、全羅道一円に農民による自治体制が実現した。農民軍の執綱所《しっこうしょ》が設置され、腐敗した官吏の処罰や身分制廃止、税制や土地の改革などが行なわれたのである。

農民軍がいったん矛を収めたため、朝鮮に駐留する名分を失った日本側は、清国に朝鮮の共同内政改革を提議する。内政改革の名目で大軍をとどめ、朝鮮内政に干渉しつつ清国の勢力を排除しようと考えたのである。日清両国による朝鮮内政改革が清に拒否されると、日本は単独で朝鮮内政改革を進める方針を定めた。

ついで日本は軍事力を背景に王宮の景福宮《キョンボックン》を占領した。そして、清国寄りの旧政権（閔妃政権）を倒し、蟄居中の大院君《テウォングン》を再度かつぎだすとともに、金弘集《キムホンジプ》を首班に穏健開化派を中心とする親日政権を打ちたてた。日本軍によるクーデタである。後で述べるように、金弘集政権は臨時の政策推進機関としてさまざまな近代的な内政改革を進めていく開化派政権という顔をもついっぽうで、日本の軍事力を背景とした親日派政権としての顔ももっていた。朝鮮の新政権は日本とのあいだに日朝暫定合同約款を調印するが、これによって日本は内政改革の勧告という名目で内政干渉を合法化するとともに、鉄道・軍用電信などの利権や開港場の増加などを認めさせ、王宮占領事件を不問に付させた。

これと前後して、八月一日、日清両国は宣戦布告をした。明治天皇の出した宣戦の詔勅は、朝鮮を属国扱いして干渉する清国の不当を訴えるとともに、朝鮮の独立を尊重する日本の正当性を強調するものだった。しかし、ここでいう朝鮮の「独立」とは、あくまでも清を中心とする東アジア国際秩序から朝鮮を切り離し、日本に協力的な親日国家とすることを意味するものである。

日清戦争は、一八九四年秋には日本の優勢がはっきりした。朝鮮半島を制圧した日本は、中国東北地方に戦線を広げていく。他方、全琫準らの率いる全羅道の農民軍は、再び蜂起し、漢城に向け北上した。しかし、朝鮮政府軍と日本の共同鎮圧作戦の前に、軍事的な劣勢は免れず、翌一八九五年初めには鎮圧された。全琫準もとらえられ処刑されている。しかし甲午農民戦争ののちも農民による武装蜂起はたびたび起こり、初期義兵（一八九五年）や活貧党《かつぴんとう》（一九〇〇〜〇五年）というかたちで引き継がれていく。

甲午改革

この間、日本の軍事力を背景に成立した金弘集政権は、近代改革に乗りだしていた。政権成立直後に政策発議・立法機関として軍国機務処を設け、外遊経験のある開化派官僚と大院君派の人士を中心に配置した。この軍国機務処が朝鮮人側の内政改革の推進母体となる。以後、一八九六年二月に金弘集内閣が倒されるまで、約一年半にわたり実施された「上からの改革」を甲午改革という。甲午改革は必ずしもすべてが実現できたわけではなかったが、次のような内容をもつものだった。

（1）政府機構の改革―議政府が置かれ内務・外務・度支《たくし》など八衙門《がもん》が新設された。警務庁が新設され、中央集権的で民衆生活の細部を監視する体制をつくろうとした。

（2）官吏任用制度の改革―科挙が廃止され、門閥・貴賤に関係のない人材登用が可能になった。

（3）身分制度や家族制度の改革―両班・常民の身分が廃され賤民・奴婢《ぬひ》が解放され、あわせて寡婦の再婚の自由や早婚の禁止などが定められた。

（4）財政改革―税制を統合整理し財政機関も度支部に一元化するとともに、銀本位の新式貨幣が発行された。

甲午改革では、朝鮮開化派と日本側の意図が交錯した。もともと朝鮮の内政改革は、日本にとっては日清開戦の口実にすぎなかったので、甲午改革に対する日本側の介入は当初は消極的で、その分、開化派政権の自主性が強かった。しかし、一八九四年十月、井上馨《いのうえかおる》が朝鮮駐箚《ちゅうさつ》特命全権公使に就任すると、干渉が強められた。井上は壬午軍乱、甲申政変当時の外務卿《がいむきょう》であり、朝鮮問題に通じた大物政治家だった。井上公使は日本人顧問の大量採用によって改革を進めようとしたのである。

このようななかで、亡命先の日本から帰国した朴泳孝《バクヨンヒョ》らを加えて発足した第二次金弘集政権は、対日従属を深めた。この時期には、内閣制度の創設、裁判所の設置、日本軍の訓練を受ける新式軍隊（訓練隊）の新設、地方制度の改正などが進められている。

三国干渉と日本の後退

さて、日本は一八九五年二月、清の北洋艦隊を壊滅させ、日清戦争の大勢が決した。李鴻章《りこうしょう》との交渉の結果、四月に日清講和条約（下関条約）が結ばれる。条約の第一条では「清国は朝鮮国の完全無欠なる独立自主の国たることを確認」した。日本が朝鮮干渉政策において追求しつづけた清の宗属関係の廃棄がついに明文化されたのである。

しかし、清の宗属関係を排除した瞬間に、日本の朝鮮への干渉も断ち切られた。日清の講和後、露仏独によるいわゆる三国干渉により、日本は清国に遼東半島《りようとう》を還付した。これによって、朝鮮内では日本の権威が失墜したのである。宮中では、王后閔妃を中心に、ロシアに接近することで日本の勢力を抑えようとする動きが強まる。一八九五年六月、日本政府は、朝鮮に対する干渉政策の断念を決定し、以後当面、経済的利権の獲得に重点を移していくことになる。井上も朝鮮公使を辞し本国へ帰還した。

このような状況に焦慮した新任の朝鮮公使三浦梧楼《みうらごろう》は、同年十月、日本公使館員・領事館員・大陸浪人を指揮して王后閔妃の寝室を犯して殺害するという蛮行に及ぶことになる。三浦公使と金弘集政権は閔妃殺害事件を隠蔽しようとしたが、事件をアメリカ人軍事教官らに目撃されており、三浦は本国に召還された。

閔妃殺害事件により朝鮮では反日感情が高まり、金弘集内閣に反対する動きも拡大した。同内閣が実施した断髪令は、父母から受けた「身体髪膚」を傷つけるものだとして、衛正斥邪派は息を吹きかえし蜂起した。このような武装闘争を義兵というが、一九〇七年以降に高揚した後期義兵と区別するために、日清戦争後の義兵は初期義兵とよばれる。

つづいて、義兵鎮圧のために親衛隊が出動し漢城の警備体制が弱まったのに乗じて、一八九六年二月、露館播遷が起こった。朝鮮政府内の親露派によって国王高宗《コジョン》がロシア公使館に移されたクーデタである。これによって金弘集政権は倒れ、甲午改革は終結した。金弘集はじめ三人の閣員は群衆に打ち殺され、その他の者も日本に亡命した。当時この様子を目撃した日本人顧問や日本人商人は、群衆は大臣たちの死骸に唾し、さらに自分たち日本人にも罵声を浴びせてきたと述べている。日本人やその同輩と見なされた開化派官僚らに対する民衆からの風当たりにはじつに厳しいものがあった。開化派は、自主的近代化勢力としての一面をもちつつも、民衆から見ると日本に迎合して伝統的な生活や習慣を侵す敵と見なされていたのである。朝鮮最初の近代的改革だった甲午改革の矛盾はここにあらわれていよう。

日露対立と大韓帝国の成立

日清戦争によって、中国（清）を中心とした伝統的な東アジア国際秩序は大きく変わった。東アジアにおける領土分割競争が激化し、朝鮮の利権をめぐっても日本とロシアが争うことになった。露館播遷後、朝鮮での政治的影響力が後退した日本は、ロシアとのあいだに相次いで協定を結び、朝鮮での勢力維持をはかった。

清の重圧から逃れ日露の対立の中間に立つことになった朝鮮は独立志向を強めた。国王高宗は、皇帝専制を理念とする君主権強化策をとることで、国家の独立をはかった。一八九七年、朝鮮は、国号を「大韓《テハン》」と改め、翌年、憲法にあたる大韓国国制を公布した（Ⅳ章では、この国号改定以後の朝鮮の国家・政府の名称については大韓帝国の略称として「韓国」を用い、地理・民族・社会などに関する名称は「朝鮮」を用いる）。そこでは、皇帝は司法・立法・行政・外交・軍事などをいっさい掌握する、とされていた。皇帝独裁のもと、高宗は、後述の「光武《クァンム》改革」とよばれる改革を推進していく。

いっぽう、開化派や政府官僚のなかからは、自主独立・自由民権・自強改革をかかげた国政改革運動があらわれた。一八九六年につくられた独立協会運動である。独立協会は、かつて甲申政変に参加しアメリカに亡命していた徐載弼《ソジェピル》が結成した啓蒙団体で、朝鮮で初めての純ハングル文の『独立新聞』を通じて、法治主義の確立、教育と産業の振興、愛国心の涵養《かんよう》を主張した。一八九七年には、独立門を建設し清からの独立をかかげている。侵略政策を露骨化させていたロシアに対しては、一八九八年以降、数万名規模の大衆集会（万民共同会）を開き、ロシア人軍事教官・財政顧問の解雇を求め実現させた。

さらに独立協会は、政府・中枢院の権限強化と皇帝権力の制限をもとめる建議六条を採択した。しかし、これに危機感を抱いた守旧派官僚は、独立協会が共和制の樹立を企てているとの風聞を流し、御用商人に独立協会を襲撃させた。十二月、高宗が詔勅により独立協会を解散させたことで、その議会設立運動は日の目を見ることなくついえてしまう。

高　宗

独立協会の反露闘争によりロシアの勢力が後退したことは、日本と韓国双方に影響を与えた。日本は朝鮮への経済的進出を進めた。一八九八年、ロシアとのあいだに西・ローゼン協定を結び、朝鮮における経済的優位を認めさせたのである。日本から朝鮮に対しては日本製綿布の輸出高が増え、朝鮮の在来綿布を駆逐していった。日本人商人は内陸部に進出して高利貸しを営んだり、朝鮮人名義で土地を所有

独立門（国際日本文化研究センター所蔵）

したりするようになる。また、日本から進出した第一銀行朝鮮支店は、一九〇二年に第一銀行券を発行して韓国の公用紙幣として流通させ、事実上、韓国の中央銀行となった。

韓国の側では、高宗皇帝がロシア公使館を出て宮殿にもどり新たな改革に乗りだした。一八九七年に施行された新元号「光武」をとって、光武改革とよばれる。光武改革は、「旧本新参」、すなわち旧法を基礎に新法を参酌するという理念のもと実施された。韓国政府は、皇帝権と国権の強化のために近代式軍隊をつくり、貨幣改革や鉄道建設などに着手した。そして、これらの改革のために財源拡張がはかられたが、特に光武量田《りょうでん》事業とよばれる土地調査は重要な意味をもった。すなわち、量田により土地台帳を作成し、土地登録者に地契を発行してその所有権を認定したのであり、近代的土地所有制度に道を開く改革となった。

しかし、光武改革は成功したとはいえない。まずつねに財源不足に悩まされていた。高宗皇帝は、列強の借款《しゃっかん》競争を利用し、特定の一国による朝鮮支配を阻み、朝鮮の独立を維持しようとした。この勢力均衡政策は、光武改革の資金不足を各国からの借款によって補おうという意図のものだったが、列強の相互牽制と日本の妨害により借款の導入には失敗した。また、近代的制度を部分的に取りいれたとはいえ、独立協会への弾圧に見られたように、議会制の採用によって民権伸張をはかろうという発想はもたなかった。守旧的な面も多分に残していたのである。そして何より改革の期間が短かった。清国の宗主権が清算された後、韓国を排他的に支配できる外国勢力がいなくなったという一時的空白のなかで、皇帝がリーダーシップを発揮したのが光武改革だったが、そのような外的条件も日露戦争によってまもなく崩れさることになった。

2　日露戦争と朝鮮の植民地化

日露の対立

日清戦争後、日本はロシアの南下政策に危機感をいだいた。日本は、「満洲」（中国東北部）と韓国の交換によってロシアと妥協するか、日英同盟を結んでロシアを包囲するか、二つの選択肢の得失を測っていた。しかし、一九〇〇年の義和団《ぎわだん》事件以後もロシア軍が「満洲」への駐留を続けると、日露の対立は決定的になり、日本は日英同盟（一九〇二年）を締結し、日露戦争（一九〇四～〇五年）へと歩を進めることになる。

日露開戦の危機感が高まるなか、日本と韓国は大きく異なる方向を目指した。韓国は、一九〇三年ごろから、高宗側近を中心に戦時中立論を模索した。もともと朝鮮では、一八八〇年代から小国の自立・独立維持のための方法の一つとして中立化構想がたびたび浮上していた歴史がある。しかし、ロシアとの戦争準備を進める日本にとって、日本軍の輸送経路になる朝鮮半島の中立化は決して望ましいものではなかった。日本政府は、韓国との軍事同盟――より正確にいえば軍事同盟という名目での韓国の一方的な日本に対する協力――を求めていた。

日露戦争下の朝鮮

日露戦争の直前、一九〇四年一月、韓国政府は各国に向け局外中立を宣言し、英独仏などがこれを承認した。しかし、日本はこれを無視した。同年二月、日露戦争勃発。日本軍はただちに漢城《ハンソン》を占領し、軍事的圧力のもと日韓議定書を強要した。これにより、韓国の「独立と領土保全」という名目で軍事的に必要な土地や鉄道を収容した。韓国を日本に協力させるという日本側の軍事同盟構想が貫徹されたのである。

戦時中立という韓国の構想が崩れ去ったのは、期待していた列強が中立の保障に動かなかったためでもある。むしろ、アメリカ・イギリスは、桂・タフト協約（一九〇五年七月）、第二次日英同盟（同年八月）を通じて、日本の韓国に対する優越的地位を承認したのだった。この後、日露戦争の講和条約（ポーツマス条約）で、ロシアも日本の韓国に対する支配を認めることになる。

さて、日露戦争下の朝鮮半島は、日本軍による軍事占領の状態に置かれた。韓国駐劄軍《ちゅうさつぐん》（朝鮮に駐屯するために編成された日本軍）は軍用地収容や労働力の徴用を行なった。朝鮮人住民は各地で反対運動を起こしたが、これに対し、韓国駐劄軍司令官は、一九〇四年七月、「軍律」を公布した。これにより、電線・鉄道の保護を各村落の責任で担わせ、違反した者には死刑をふくむ処罰をほどこしたのである。

さらに、駐箚軍は、首都漢城で施行した軍事警察（一九〇四年七月）で、文書・団体・新聞の取締を行なった。ロシア軍との交戦地域となった咸鏡道《ハムギョンド》では「軍政」（同年十月）の名のもと、地方官の任免に干渉した。このような治安警察や地方行政への介入は、韓国政府から抗議を受けたが、日本軍はこれを無視した。

このいっぽうで、一九〇四年八月、第一次日韓協約が結ばれ、韓国政府は日本から外交・財政顧問を傭聘することとなる。国家組織の内部からも日本の勢力が浸透しつつあったのである。

日露戦争中の軍事的支配を担った駐箚軍は、戦争後も軍主導の体制を強化しようとしていた。すなわち、駐箚軍を頂点として何らかの韓国統治機構を設け、憲兵によって治安を管掌しようという構想を思い描いていたのである。しかしながら、一九〇六年初め、韓国統監として赴任した伊藤博文は、このような駐箚軍の構想に掣肘《せいちゅう》を加えることになる。

第二次日韓協約の締結

日露戦争終結の一ヵ月後、一九〇五年十月、日本政府は韓国の保護国化を閣議決定した。「保護国」とは外交権など国権の一部を他国によって制限された国家のことである。日本はまず韓国の外交権を掌中におさめようと考えたのである。

保護条約を締結するために特派大使として送られたのが、明治政府の重鎮伊藤博文である。伊藤は高宗皇帝と会見し、保護条約締結の意を伝え、十一月二十二日の韓国大臣との会議で条約締結にこぎ着けた。これが第二次日韓協約である（現在の韓国では、合法的な条約とは認めない立場から「協約」ではなく「勒約《ろくやく》」とよぶ論者もいる）。

第二次日韓協約の締結にあたっては、日本軍が周辺で演習を行ない、会場にも長谷川好道《はせがわよしみち》駐箚軍司令官が同席し大臣に脅迫的な言葉を吐いていた。これらは、当時の国際法ですでに不法とされていた武力による強迫にあたる。このために、後述のように、高宗は協約の不当性を国際的に訴える運動を展開していく。また、第二次世界大戦後も、第二次日韓協約に対して、合法か非合法かをめぐって日韓の研究者間で論争が起こっている。

ちなみに、日本が竹島《たけしま》（韓国名、独島《トクト》）を編入したのも同じころ、第二次協約締結にややさかのぼる一九〇五年三月だった。日本が韓国の国権を奪いつつある微妙な時期になされた竹島の編入をめぐって、今日でも日韓で論争がくり広げられていることは周知の通りである。竹島編入は合法的だったのか、日本が編入の根拠とした「無主地先取」は成立するのか、さらにさかのぼって近世の江戸幕府と朝鮮王朝は竹島に領有意識をもっていたのか、など論点は複雑で多岐にわたり、学界でも議論は決着していない。

韓国統監伊藤博文

第二次日韓協約により、韓国の外交権は日本の外務省に移譲された。また、漢城に日本国の代表として統監府《とうかんふ》が設けられることになった。また、地方には、韓国在留日本人の保護・監督のために理事庁が置かれた。

初代韓国統監として一九〇六年に赴任したのが伊藤博文である。維新の元勲として明治天皇の信任も厚く、第二次協約の締結も主導した伊藤は、どのような対韓政策を考えていたのか。

本来、第二次協約は韓国の外交権剝奪を定めたものであったが、伊藤は韓国内政についても関与していく意向を当初から明らかにしていた。ただし、伊藤は露骨な軍事侵略をよしとする政治家でもなかった。伊藤は、韓国大臣の前で、自分の目的は「文明」の政治を行なうことにあると述べている。また、統監就任の条件として、韓国に駐屯する日本軍に対する統率権を求めたことにうかがわれるように、現地軍を抑制しようという考えももっていた。つまり、伊藤は、軍の力による強圧的支配よりも「文明」的改革で列強の批判を避け、韓国民に近代化の恩恵を与えることで日本の支配を安定的に進めようとしたと考えられよう。そうした多面的な伊藤の韓国統治のどの側面に注目するかによって、その評価は今日でもさまざまに分かれている。

伊藤博文

伊藤統監の施策のもと、中央政府レベルでは皇室財政を整理し、統監政治に対する強力な抵抗者である高宗皇帝の力をそいだ。また、地方では、郡守が一手ににぎっていた行政権・司法権・徴税権・警察権などを分離し、日本人顧問の監督のもとにおいた。これらは一面では近代国家の形式を整える政策といえたが、他方では、それが伊藤統監や日本人顧問の手によって行なわれたことで韓国の日本への従属化を進めることになった。

朝鮮人の抵抗運動

統監政治に抵抗した朝鮮側の動向を見てみよう。朝鮮人による国権回復の試みには、大きく分けて三つの担い手があった。

一つめは、大韓帝国皇帝の高宗である。高宗が勢力均衡政策によって、列強の角逐《かくちく》のなかで生きのびる道を探ったことは前述した。高宗は、保護国下でも、アメリカなどに使節を派遣し、第二次日韓協約の不法と無効を国際社会に訴える工作を展開していく。このような「主権守護外交」の一環として、高宗は一九〇七年、オランダのハーグで開かれていた万国平和会議に三人の密使を送りこんだ。ハーグ密使事件である。しかし、これを察知していた日本側は、高宗を強制退位させ、幼弱な純宗《スンジョン》を皇位につけた。また、ハーグ密使事件をきっかけに結ばれた第三次日韓協約によって、韓国政府高官の地位に日本人が直接就任できる道が開かれ、次官をはじめ国家機構の主要官職を日本人官僚が牛耳るようになった。これまで、伊藤統監は、日本人顧問を通じて内政への介入をはかっていたが、いまや「顧問政治」から「次官政治」へと歩を進めたのである。また、同協約の秘密条項で韓国の軍隊の解散が決められた。

二つめは、武力による闘争によって国権回復をはかろうとする人々による義兵闘争である。国家の危機に対し儒者が立ち上がり、義によって兵を起こす義兵は、甲午改革末期にも見られた。日露戦争後も一九〇五年ごろから義兵の蜂起があらわれはじめた。運動の高揚とともに、その担い手も、衛正斥邪思想を基盤とする儒生から平民へと広がりを見せた。特に前述した第三次日韓協約による韓国軍隊の解散によって、旧韓国軍の軍人が義兵闘争に加わったことは、この運動の戦闘力を高める結果となった。一九〇八年から〇九年にかけ義兵闘争は最盛期を迎え、約一四万人が参加している。伊藤統監は、本国から大量の憲兵を導入して鎮圧に当たらせた。日本軍と朝鮮人義兵が各地で戦闘をくり広げる状況は、「植民地戦争」と呼ぶべきものだった。

最後に、都市知識人を中心とした愛国啓蒙運動があげられる。『大韓毎日申報』や『皇城新聞』といった朝鮮語新聞が統監政治批判を展開した。また、各地で、学会とよばれる政治結社が生まれた。その主張は、基本的に教育による啓蒙と殖産興業を基軸とする実力養成論だった。ただ、愛国啓蒙運動のこうした近代化志向は、日本の「近代化」政策に対する批判を鈍らせるという点で、諸刃の剣であった。すなわち愛国啓蒙運動のなかには、伊藤博文の統監政治に期待したり義兵運動に冷淡な態度をとったりする論者も見られたのである。

伊藤統監の辞任

一九〇七年の第三次日韓協約以降、伊藤統監の進めた施策としては、日本人法学者の傭聘による韓国法典の編纂や、日本人学務次官による教科書編纂がある。韓国の慣習法を成文化し教育を振興させようという、これらの近代化改革は「自治育成」政策とよばれることもある。しかし、そこでは、韓国の近代化と日本への従属とがコインの表裏のように分かちがたく結びついていたことには留意しておくべきだろう。

伊藤の目指した韓国統治のモデルはどのようなものだったのだろうか。伊藤は、一九〇八年に、日韓関係をオーストリア・ハンガリー二重帝国に譬《たと》えたことがある。しかし、実際の伊藤の施策に、外交・軍事を共通内閣の業務とする二重帝国モデルを目指していた痕跡は見出しがたい。高級官僚を送りこんで政府機能の中枢を牛耳った点に着目するならば、イギリスのエジプト統治の方がまだしも近い（伊藤は、自身を駐エジプト英国総領事ロード・クローマーになぞらえたこともある）。伊藤自身は韓国の併合に慎重な漸進的併合論というべき立場をとっていたと考えられるが、大量の日本人官僚によって現地社会を細部まで掌握しようとする併合後の朝鮮統治のあり方を準備したことも否定できない。

こうした伊藤の施策に対して、愛国啓蒙運動をになった朝鮮人知識人は、受益者が日本人であることを批判した。東洋拓殖株式会社が設立され、日本人による土地買収・農場経営がこの時期進んだことも批判を裏づけるものとなった。

伊藤の統監政治に対する最大の脅威となったのは義兵運動だった。そして、義兵の鎮圧のために本国から軍・憲兵を導入したことは、本来、朝鮮における現地軍の力を抑制する意図をもっていた伊藤の構想からは逸脱するものだった。さらに、伊藤が力を入れていた韓国法典編纂事業も、韓国における知的財産保護関連法の整備を求めるアメリカの圧力を受け変質した。韓国の慣習法を実態法に明文化しようとする当初の方針は日本法延長主義へと一八〇度転換した。第三次日韓協約によって韓国の傀儡《かいらい》国家化をおおよそ達成していたかに見えた伊藤の統治は、裏面では、路線転換を余儀なくされつつあったのである。

こうしたなか、伊藤は一九〇八年ごろから辞意を表明するようになった。そして、桂《かつら》太《た》郎《ろう》首相らに韓国併合への同意を与えたうえで、一九〇九年六月、統監の座を降りた。後任は、伊藤の漸進的併合論に賛同していた曽禰《そね》荒助《あらすけ》だった。

韓国併合への道

伊藤が併合に同意したことを受け、一九〇九年七月、桂内閣は、韓国併合の方針を閣議決定する。ただし、そこでは併合の時機が決まるまで現状を維持するとされていた。保護国支配の維持か併合による植民地化かというバランスが、まだからくも保たれていた。

この均衡状態を併合へと傾けるきっかけになったのは、一九〇九年秋以降の一連の事態だった。一九〇九年十月、伊藤前統監はハルビンで安重根《アンジュングン》によって射殺される。安重根は、弱肉強食の西欧文明に追従してアジアを侵略する日本を批判し、東洋平和を乱す元凶として伊藤を指弾している。

伊藤射殺事件によって、対日関係の行く末に不安を抱いた朝鮮人も少なくなかった。とりわけ親日系政治結社の一進会《いっしんかい》は、韓国の国権がいまだ完全に消滅していないうちに、進んで日本と「合邦」することで、少しでも朝鮮人に有利な政体を残そうとした。史上有名な一進会の合邦請願書は元々はそのような意図に発したものだった。

もとより日本政府は、このような一進会の立場を考慮することはなかった。ただ、現状維持論者で一進会請願の受理を渋った曽禰統監を更迭し、急進的併合論に立つ寺内正毅《てらうちまさたけ》陸軍大臣を後任にすることで、韓国併合の雰囲気づくりに利用しただけだった。こうして日本側、特に急進的併合論をとる元老山県有

弟との最期の別れをする安重根（正面向きの人物）

寺内正毅

韓国併合条約の調印を行った部屋にて.

朋や寺内正毅陸相ら陸軍長州閥は、韓国保護国支配の現状維持を否認するとともに、一進会の立場も顧慮することなく日本自らの手で併合を進めていく方針を固めた。韓国併合がいつ決定されたのかは、今なお定説がないが、少なくとも一九〇九年末以降、その動きが急加速したことは間違いないだろう。

一九一〇年八月、日本の憲兵が厳戒態勢をとる漢城で、寺内統監と李完用《イワンヨン》首相によって韓国併合条約が締結された。併合は、韓国皇帝による天皇への統治権譲与という形式をとった。韓国の独立と富強を表向きかかげてきた日本としては、日本の意志で韓国を併呑したという形をとりたくなかったのだろう。ここに、五〇〇年の歴史をもつ朝鮮王朝は滅びた。韓国という国号は廃され、この地は再び朝鮮とよばれることになった。

三　朝鮮植民地支配

1　「武断政治」

韓国併合と日本の世論

一九一〇年八月に韓国が併合されると、日本の新聞・雑誌には、併合を賛美する議論があふれかえった。朝鮮が日本に併合されるのは歴史的必然である、日本人と朝鮮人は同祖同根である、朝鮮王朝は悪政を敷いていたから併合は朝鮮人の幸福増進のためだ等々、多くの併合正当化論が見られた。韓国併合に懸念を表する議論も、せいぜい併合が日本の財政的負担を招くのではないかという程度の内容だった。朝鮮が独立国の歴史をもっていないとか、朝鮮人が怠惰・文弱であるとのイメージはすでに併合前から広く流布されていたが、それは植民地期を通じて強化されつづけた。

なお、明治以降、日本の版図に編入した台湾や朝鮮などに対して、政府の公式文書では「植民地」という言葉よりも「外地」という言葉を多用した。武力征服した領土でなく、条約によって統治権を手に入れた地だとの建前があったからだろう。しかし、それはあくまで建前であり、このころの日本の新聞が、朝鮮を指して「植民地」とよぶことは別段珍しくなかった。今日、併合後の朝鮮を指して植民地とよぶことに異を唱える向きもあるが、当時の日本人の感覚を無視することはできないだろう。

朝鮮総督府

韓国併合一ヵ月後の一九一〇年九月、朝鮮統治の機関として朝鮮総督府が開庁する。韓国統監の寺内正毅がそのまま横滑りで初代朝鮮総督となった。

朝鮮統治の大枠は、日清戦争後に日本が領有した台湾に対する統治システムを踏襲している。すなわち、武官（軍人）の総督に強い権限を与え、植民地を本国からの独立性の強い異法域として統治したのである。ただし正確にいえば、台湾モデルは朝鮮統治においてさらに強化適用されている。台湾でも朝鮮でも帝国議会の立法権（立法協賛権）を総督に付与する委任立法制度がとられたが、その根拠法令は朝鮮の場合、台湾のような時限立法ではなかった。また、武官が就くこととされた朝鮮総督は天皇に直隷《ちょくれい》したが、このような特権的地位の規定も台湾総督には見られない。

さて、朝鮮統治の根幹をにぎった日露戦争後の当時の陸軍は、独自の政治的主体に脱皮しようとする「軍部の独立」の時期に入っていた。そして、陸軍大臣の寺内正毅が在職のまま朝鮮総督に就いたことに象徴されるように、朝鮮は陸軍にとって重要な意味をもっていた。朝鮮は中国大陸への重要な橋頭《きょうとう》堡《ほ》と見なされ、実際に、辛亥《しんがい》革命（一九一一年）、第一次世界大戦（一九一四〜一八年）の変動期、寺内は朝鮮に駐屯する日本軍（朝鮮駐劄軍、一八年より朝鮮軍と改称）を動員しようと考えたこともあった。朝鮮を軍事的拠点として安定させるためにも、寺内総督は朝鮮統治に意を注ぐことになった。

憲兵警察制度

この時期の朝鮮統治はどのようなものだったのだろうか。その特徴としては、第一に、厳しい治安維持体制を敷いたことがあげられる。そのために、一九一〇年代の朝鮮支配政策は「武断《ぶだん》政治」と称される。韓国併合以前、義兵闘争をはじめとする朝鮮民族の抵抗を目の当たりにした日本人統治者は、朝鮮社会から日本の統治への協力者を育成するよりは、軍事力・警察力を背景とした直接統治を選んだのである。

その根幹となったのは憲兵《けんぺい》警察制度だった。この制度のもとでは、本来軍事警察を職務とする憲兵に一般警察権が与えられ、巡査のような文官警察官とともに、憲兵や朝鮮人憲兵補助員が、反日運動を弾圧し朝鮮人の生活に干渉した。総督府中央と地方の警察機関の指揮権は憲兵がにぎり、管轄地域も文官警察よりも憲兵の方がはるかに広かった。カーキ色の軍服を着た憲兵は、朝鮮民衆にとって恐怖の対象となった。また、四〇〇〇人以上の朝鮮人が憲兵補助員という名で手先として使われ、日本人に劣らず朝鮮民衆の恨みを買った。

憲兵警察の職務は主なものだけでも以下のような広範囲にわたる。

(1) 義兵鎮圧―憲兵の朝鮮への大量導入はもともとは義兵の鎮圧を目的としていた。残存義兵は江《カン》原《ウォン》道《ド》などの山間部に潜んで出没したが、一九一四年には完全に鎮圧された。日本の弾圧を逃れた義兵将たちは中国東北部の間島《カンド》《かんとう》（今日の中国延辺朝鮮人自治区《えんぺんちょうせんじんじちく》に相当する）などで根拠地づくりを進めることになる。

（2）言論結社などの弾圧―一九一〇年九月、親日団体も含め政治結社はすべて解散させられた。言論も御用新聞や一部の日本語雑誌が許容されたのみだった。宗教・文学関係など若干の許容された雑誌も、憲兵警察の検閲下に置かれた。さらに、抗日運動の温床となると目された朝鮮人の私立学校やキリスト教徒の動向は重点的に監視された。これによって、保護国期からの愛国啓蒙運動は、合法活動の場を失うことになる。

（3）犯罪の即決―通常の犯罪の処理についても憲兵警察は大きな権限をもった。比較的軽度の賭博《とばく》

憲兵警察による義兵の捕縛（右側は義兵将の蔡應彦）

罪・傷害罪・行政法規違反については、裁判なしで即決処分できることとされた。また、処分の際、行刑費の節約という名目で、笞刑《ちけい》（むち打ち）が多用されたことも植民地ならではの特徴だった。

（4）一般民衆の日常生活への介入―植民地統治は、前近代社会では国家が介入しなかったような生活領域をも管理の対象にした。たとえば、衛生事業において、憲兵警察は防疫・啓蒙活動や検病戸口調査をこまかに行なった。民籍の申告、日本式の度量衡《どりょうこう》の強制、賭博の禁止なども同様である。こうした施策が近代化の側面をもっていたことは否定できない。しかし、多くの朝鮮人は、むしろ規則に縛られ、統治者の監視にさらされる支配に息苦しさを感じていた。

土地調査事業

第二に、植民地統治のインフラストラクチャーの整備について見てみよう。

併合当時の朝鮮は農業国であり、統治財源の確保のためには、土地所有権の確定とそれに基づく地税の徴収が最重要課題となった。そのために行なわれたのが、土地調査事業（一九一〇～一八年）である。日本本国における地租改正（一八七三年）同様、朝鮮でも、現地調査に基づき、近代的土地所有権の確定を行なった。すなわち重層的な土地所有を解消して個人の土地所有権を確定し、地税負担者を決定したのである。併合以前、大韓帝国が行なった光武量田事業もそのような方向性をもつものだったが、日本の土地調査事業は、そのような朝鮮王朝の土地制度改革を継承し利用するという一面ももっていた。他方、朝鮮土地調査事業は、日本でもそうだったように、地主制を創出・育成することにつながった。

日本本国や台湾と異なっていたのは、土地所有権をめぐる紛争が多かったことである。朝鮮王朝時代、農民が国家に名目的に寄進していた土地が国有地化されたことにともなうものだった。膨大な国有地を総督府が安価で民間に払い下げた結果、東洋拓殖株式会社をはじめとする日本人大地主が生みだされ、南部地方では部分的に朝鮮人地主も形成された。

あらたに生みだされた植民地地主制を土台に、日本は朝鮮に食糧生産地としての役割を期待した。そのために、日本市場に合う米の品種改良や陸地棉の栽培が進められた。このような農業指導には憲兵警察が立ちあって強制することも多く「サーベル農政」などとよばれた。

インフラストラクチャーの整備という点では、鉄道・道路の建設も重要な事業だった。すでに併合前に、朝鮮半島縦貫鉄道は日本の手によって敷設されていたが、寺内総督は、朝鮮と中国を結びつける軍事的動脈として鉄道を重視し、朝鮮鉄道と南満洲鉄道（満鉄）の連結に意を注いだ。また、道路については、一九一一年に道路規則が制定され、急ピッチで建設が進められた。多くは生活道路ではなく軍事輸送を最優先に考えたものであり、各地方の憲兵警察が道路の路線決定に深くかかわっていた。また、道路の建設や補修のために地域住民には強制的に夫役《ふやく》が課された。

産業・教育政策

反面、第三に、朝鮮の産業化や開発のための経費は抑制された。寺内総督は、資金を投下して朝鮮の資源を開発したり工業を育成したりすることよりも、朝鮮内での財源確保と経費節減を進め、総督府財政を本国から自立させることを目標としていた。一九一四年には、「財政独立五ヶ年計画」をかかげて地租の税率を引き上げた。他方で、会社令（一九一〇年）によって、朝鮮人・在朝鮮日本人ともに企業設立を抑制した。

教育についても、朝鮮人の同化はうたわれたものの、日本式「近代」学校の普及がそれほど進められたわけではなかった。一九一一年に公布された第一次朝鮮教育令では「忠良なる国民」の育成がうたわれ、公立の普通学校の設立が進められた。しかし、その数はまだ少なく、伝統的な寺小屋式教育機関である書堂《ソダン》がまだ広く残っていた。民間のキリスト教徒や知識人のたてた私立学校などもあわせ、日本式教育と伝統的教育が併存していたのである。

一九一〇年代の独立運動

朝鮮人の独立運動を見ておこう。「武断政治」の厳しい治安体制のもとでは、朝鮮人の社会運動は閉塞させられた。義兵闘争が一九一〇年代半ばには終息したことは先述した。また、合法的な言論・結社活動ができなくなった愛国啓蒙運動のなかには、秘密結社として地下に潜行するものもあらわれた。端的な例が一九〇七年に安昌浩《アンチャンホ》らによって設立された秘密結社新民会《しんみんかい》だった。新民会員には教育者やキリスト教信者が多く、学校創設や貿易業などの会社設立の事業を行なっていた。

しかし、韓国併合後の一九一〇年十二月、朝鮮西北部を視察した寺内総督の暗殺をはかったという嫌疑で、新民会員を中心に七〇〇名が逮捕された。第一審判決で一〇五人が有罪判決を受けたため、一〇五人事件とよばれる。物的証拠のない検挙を問題視した在朝鮮アメリカ人宣教師が米本国に訴えかけたこともあり、二審ではほとんどが無罪となった。しかし、一〇五人事件を通じて、総督府は新民会を壊滅状態に追いやった。他方、この事件を通じて、朝鮮人の民族主義が根強いことを思い知らされた寺内総督は、統治の前途に不安をおぼえ辞任を申し出てもいる（結局、総督辞任は慰留され、兼任していた陸相のみを一九一一年に辞任して総督専任となった）。憲兵警察が、地域社会で私立学校やキリスト教徒の動きに絶えず目を光らせたのもこうした背景があったためである。

朝鮮内での民族運動がこのように逼塞《ひっそく》させられたため、運動の拠点は朝鮮外に移った。特に豆満江《トマンガン》をわたった対岸中国領の間島には、咸鏡《ハムギョン》北道《プクト》からの移民が多く、一九一〇年時点で一〇万人を超えていた。こうした間島移住朝鮮人のなかからは、朝鮮人の自治・教育普及活動を目的とする団体も生まれた。

また日本では、朝鮮人留学生が一九一二年に在日本東京朝鮮留学生学友会を結成して、機関誌『学之光』を刊行し、留学生同士の親睦と韓国社会に対する啓蒙をかかげた。彼らの運動は、産業、教育などを通じた実力養成を目指す穏健なものだったが、日本留学経験者のなかには、その後、一九二〇年代に朝鮮で独立運動を率いる指導者となった者も多い。

三・一運動

併合後一〇年近く経った一九一九年三月一日。京城《けいじょう》、平壌《ピョンヤン》、宣川《ソンチョン》などでいっせいに独立宣言が読みあげられた。植民地期最大の独立運動となる三・一運動が始まったのである。三・一運動は同年の中国

タプコル公園（旧パゴダ公園）**のレリーフ**
3・1運動での日本軍警の弾圧を描く.

の五・四運動とともに東アジアにおける重要な反帝国主義運動となった。独立宣言の発表が複数の都市で同時多発的になされたことでわかるように、この運動は事前に周到な準備がなされていた。

発端は一九一八年、アメリカのウィルソン大統領が、第一次世界大戦後の世界秩序として「民族自決主義」を提唱したことにある。これはアジアの植民地解放を念頭に置いたものではなかったが、朝鮮人知識人を勇気づけた。日本に留学していた張徳秀《チャンドクス》は上海にわたり、呂運亨《ヨウンヒョン》らと朝鮮独立について協議し、新韓青年党を組織した。翌一九一九年に入ると、新韓青年党は、パリ講和会議に代表を派遣しようとするとともに（講和会議への参加は果たせなかった）、同志をロシア、日本、朝鮮内に送り、朝鮮人指導者に接触させた。朝鮮では、キリスト教、仏教、天道教の宗教代表に世界情勢が伝えられたことで独立宣言書の発表と配布が計画されたのだった。

運動は、四月初旬にピークに達した。運動の性格も次第に変化している。四月初旬までの前期においては、京畿道《キョンギド》、黄海道《ファンヘド》、咸鏡道、平安道《ピョンアンド》など北部の地域が中心だった。運動が最高潮に達した後、終息へと向かう後期においては、南部の忠清道《チュンチョンド》や慶尚道《キョンサンド》に発生地域が移り、しかも蜂起の規模が大きくなっている。また、運動は、初期には独立宣言書の朗読と示威行進という平和的な形態をとっていたが、運動が拡大するにつれ、地域住民が憲兵警察機関や、面事務所（面は日本の村にあたる）、公立学校、郵便局などを攻撃するようになった。示威運動を憲兵警察が弾圧し運動主導者を逮捕したのに対し、地域住民が彼らの奪還のために憲兵警察機関や行政機関を襲ったのである。

地域での運動を指導したのは学生や知識人が多かったが、一般民衆は、生活レベルでつのらせていた「武断政治」の諸施策への不満から蜂起した。憲兵隊では、共同墓地制・火田《かでん》耕作制限（火田は朝鮮北部で見られた焼き畑）・共同林野への立ち入り禁止・酒煙草税など、これまでの諸施策に対する不満も運動を拡大させたと見ていた。このように三・一運動は、近代的知識人のナショナリズム運動と民衆の生活防衛主義的闘争とが混在した性格をもっていた。また、民衆は、朝鮮王朝時代の民乱のように、場市《チャンシ》（定期市）のような機会を利用して集まり運動を広げた。近代的ナショナリズムと伝統的な民乱の作法がともに見られた点でも、三・一運動は複合的な性格をもっていた。

日本の対応

民衆を巻きこみ暴力化した運動に、日本側は軍事力をもって対抗した。本国の陸軍省は、憲兵警察側と朝鮮軍（朝鮮半島に駐留した日本軍）が互いに協力するよう命じ、弾圧の前面には次第に軍が立つようになっていた。当時、朝鮮軍は一個師団半で編制されていたが、朝鮮軍司令官は、長谷川好道《はせがわよしみち》総督から

現在の提岩里教会

提岩里３・１運動殉国記念館となっている.

吉野作造

軍隊を自由に使用できるよう承認を受けた。加えて、義兵鎮圧以来の朝鮮軍の分散配置に踏みきり、地域ごとに機敏な行動をとれるようにした。

にもかかわらず、四月に入り運動が最高潮に達すると、末端行政機関で朝鮮人官公吏の職務放棄や僻地の駐在所の一時撤退も生じた。植民地支配の後退が現実化し始めていたのである。本国では、朝鮮へ歩兵六大隊、補助憲兵約三五〇名などの兵力を派遣することを閣議決定した。容易に運動を鎮圧できないことに焦慮した軍隊は、各地で放火・虐殺などの事件を引き起こした。四月十五日には、京畿道水原郡《スウォングン》提岩里《チェアムニ》で約三〇人の村民を教会堂に集め射殺し、教会堂を焼き払っている（提岩里事件）。

日本の新聞報道を見よう。三・一運動に対して、新聞は当初、単なる暴動と見なしていた。しかし、運動が激化するにつれ、これまでの武断政治に問題があったことを指摘するようになっていく。とはいえ、全期間を通じて日本軍・憲兵警察の鎮圧行動を支持し、朝鮮独立の声には取りあおうとしない議論が大半だった。それでも、三・一運動後、『東洋経済新報』は「小日本主義」を説き植民地の放棄を訴えたし、東京帝国大学教授吉野作造《よしのさくぞう》は、朝鮮人の独立運動に理解を示し朝鮮人留学生への支援を惜しまなかった。大正デモクラシーの一角に、朝鮮人の政治要求を受けとめる思想もあらわれつつあったのである。

2　「文化政治」から農村恐慌期へ

原敬の「内地延長主義」

三・一運動の鎮圧に追われるいっぽうで、日本本国の原敬《はらたかし》首相は朝鮮統治体制の改革を構想していた。日本ではじめての本格的政党内閣をつくったことで知られる原は、植民地統治にも独自の構想をもっていた。原は植民地統治において「内地延長主義」――本国の法制度を漸進的に植民地にも適用していこうとする同化主義的志向――を抱いていたのである。かつて、第一次山本権兵衛《やまもとごんべえ》内閣（一九一三～一四年）においては、与党立憲政友会《りっけんせいゆうかい》の総裁として、朝鮮の武官総督専任制や憲兵警察制度廃止などを計画したこともあった。原は、政党政治家として、陸軍の牙城となっている植民地に風穴を開け、政党を核とする国家運営の一部として植民地統治を位置づけようと考えていたのである。

原は一九一八年九月に内閣を組織すると、朝鮮統治体制改革のプランを練りはじめた。一九一九年の

斎藤　実

三・一運動はこうした矢先に起こった。三・一運動は、原の改革方針を一気に加速させるとともに、幅広い分野に拡大させた。一九一九年八月に公布された朝鮮総督府官制改正などの一連の法令によって、朝鮮総督は武官のみならず文官も就任できるようになった。また、憲兵警察制度は廃止され普通警察制度に転換した。

とはいえ、文官総督は元老山県有朋らの反対によって実現せず、斎藤実《さいとうまこと》海軍大将が就任した。ちなみに植民地台湾では、武官総督から文官総督への交代が実現し、一九三六年まで続いた。しかし、朝鮮では、軍人以外にトップを委ねることに当時の日本人政治家の多くが強い抵抗感をもっていたのである。警察官の数も、三・一運動を体験した総督府官僚の要求の結果、約一万三〇〇〇名（警察事務を執行した憲兵を含む）が一万五〇〇〇名へと増加した。三・一運動の経験にかんがみて、末端の警察機関の増設に力が入れられ、一面（面は日本の村にあたる）に一個の割合だった駐在所の配置が「一面一駐在所」となった。

こうした点では、三・一運動後に統治体制が改革されたとしても、武力に頼る支配の本質が変わったとはいえないだろう。しかし、少なくとも新たな体制を運用する陣容が大きく変わったのはまちがいない。新総督に海軍出身の斎藤実がついたことで、陸軍の影響力は大きく後退した。総督を補佐する政務総監には前内務大臣で「内務省の大御所」とよばれた水野錬太郎《みずのれんたろう》がすえられ、水野の人脈に連なる三、四十名の内務省出身官僚が朝鮮総督府中枢に進出してきた。原敬・斎藤実・水野錬太郎はいずれも東北出身という共通基盤をもち、密接に意思疎通をはかりながら、新たな統治洋式を模索していくことになる。斎藤実総督期（一九一九〜二七年、二九〜三一年）に展開された一連の統治改革は「文化政治」とよばれる。

文化政治期の諸施策

すでに述べた総督武官専任制度・憲兵警察制度の廃止以外のおもな改革としては、以下のようなものをあげられる。

（1）教育制度―第二次朝鮮教育令（一九二二年）によって、「内鮮共学」の名のもと、朝鮮に住む日本人と朝鮮人の教育法規を統一した。ただし依然として、日本人を対象とする小学校と朝鮮人を対象とする普通学校の区別は残った。なお、この時期、朝鮮人のあいだに「教育熱」とよばれる就学率の上昇が見られた。総督府は、普通学校の増設を進め、一九二〇年代には「三面一校」から「一面一校」を目ざした。日本式の初等教育がまったく拒否されていたわけではなく、近代的教育の必要を感じる朝鮮人も増えていたのである。とはいえ、朝鮮人の普通学校就学率は二〇％程度であり、日本語の授業時間が増加するなど日本語の優位性も高まった。

また、中等学校や専門学校の整備とともに、一九二六年には、法文学部と医学部を備え、東洋研究の拠点となることをかかげた京城帝国大学が開設された。京城帝国大学の教授・助教授はほぼ日本人が独占し、学生も半数以上は日本人だった。植民地朝鮮において近代的知識を身につけようとするならば、望むと望まずにかかわらず、日本というフィルターを通した教育施設に学び、日本式の学問内容を修得するしかなかったのである。

(2) 地方制度―従来、旧日本人居留地の府にのみ設けられていた府協議会に加え、一九二〇年より、道(＝府県)・指定面(＝町)・面(＝村)の各級地方行政単位に道評議会・指定面協議会・面協議会という諮問機関が設けられた。多くの諮問機関は、議決権をもたず、道評議会員と面協議会員は任命制(他は制限選挙制)であったから、地方自治とはいいがたい。

しかし、このような地方諮問機関でも、日本人のみならず「有志」とよばれた朝鮮人地方有力者が進出した。そして、学校の設立や道路・水道・電気の整備などの地域利害を訴える場として一定の機能を果たした。なお、一九三〇年の地方制度改正で、道評議会・府協議会・指定面協議会は、道会・府会・邑会と名をあらため、予算や決算などの議決権を与えられたが、発案権はなかった。

(3) 言論・出版・集会―総督府は、一九二〇年に民間の朝鮮語新聞発行を相次いで許可した。朝鮮人の不満のはけ口をつくり、民情を観察することが目的だった。今日でも韓国の代表的言論となっている『東亜日報』『朝鮮日報』はこのとき創刊されたものである。また、『開闢《かいびゃく》』『新生活』のような朝鮮語の総合雑誌の刊行も認められた。朝鮮語新聞・雑誌は、きびしい検閲下に置かれていたが、第一次世界大戦後の世界の新思想を紹介し、民族運動を展開する有力な媒体として成長していく。また集会・結社についても許容の幅が広げられ、後に見るように多くの社会運動団体が生まれることになる。

河目悌二が描いたとされる関東大震災における朝鮮人虐殺の様子（国立歴史民俗博物館所蔵）

（4）産米増殖計画—経済政策の面では、米の増産をはかった産米増殖計画が進められた。日本本国では、寄生地主制のために農業生産が停滞するいっぽうで、米需要は増大しつづけ、一九一八年の米騒動によってそうした矛盾があらわになっていた。一九二〇年に朝鮮で産米増殖計画が開始されたのは、こうした本国の状況に対して、植民地米への期待が高まったためだった。政府資金の投入により、水利の整備を中心に、土地改良が進められた結果、朝鮮での米の生産高は一・二倍になった。ただし、日本への米の移出高は二・五倍になったから、朝鮮人の米消費がふえたわけではない。むしろ多くの自作農は水利組合費などの負債に苦しみ、土地を手放し小作農に転落した。他方で、それらの土地を日本人地主や一部朝鮮人地主が集積していった。

朝鮮農民が土地を失ういっぽうで、日本本国では都市化・工業化が進み低賃金の労働者を求めていたため、朝鮮半島から日本に渡り、土木労働者や工場労働者として働く朝鮮人がふえた。一九二〇年には在日朝鮮人の数は三万人に達している。在日朝鮮人は、就業や労働条件、住居などで差別をうけ、とりわけ、一九二三年の関東大震災では、朝鮮人暴動の流言が広まり、被災した各地で日本人住民のつくる自警団が数千人にのぼる朝鮮人を虐殺した。

「親日派」の育成

「文化政治」期の動向としてとりわけ重要なのは、こうした諸政策がからみあって、日本の政策に協力する「親日派」の育成が進んだことである。斎藤総督自身をはじめ内務省出身の総督府高級官僚や総督側近のブレーンは、朝鮮人民族運動家や知識人、宗教者などと直談判して、その要求に耳を傾けるポーズをとった。また、先述の地方諮問機関の設置にともなう朝鮮人協議会員が登場したことや、産米増殖計画により一部の朝鮮人地主が成長したことも、地域社会に親日派を生み出す結果になった。

朝鮮人側でも総督府の支援を受けつつ、数多くの親日団体がうまれた。総督府と彼らを協力関係で結びつけたのが参政権問題である。多くの親日派は、植民地議会の設置によって朝鮮の「自治」を実現することや、あるいは本国の帝国議会衆議院に朝鮮人議員を送ることを求めた。総督府の側でも、一九二〇年代半ばに御用紙『京城日報』に朝鮮の「自治」を主張する社説を掲載したり、一九二九年以降の一時期、斎藤総督が朝鮮に議会を設置するプランを検討したりしたことがあった。

しかし、朝鮮人独立運動の陣営では、一部の民族主義者が「自治」論に幻惑されたものの、総じて参政権の獲得には冷淡な態度をとった。同じ時期の植民地台湾では、自由主義的な日本人代議士と協力しながら、台湾議会設置運動が民族運動をリードしたことを思うと、大きな違いだといえよう。朝鮮人運動家の主流は、あくまで潔癖な姿勢で朝鮮の独立を追求したのである。

このような雰囲気のなかでは、親日派は民族独立の敵と見なされ、売国奴とさげすまれることになった。また、いっぽうで、本国政治家の多くも、朝鮮人の政治参加を認めるとかえって朝鮮統治が不安定化するのではないかと警戒していた。先述の一九二九年以降の総督府の朝鮮議会設置構想も、時の浜口《はまぐち》雄幸《おさち》内閣の反対によって挫折している。

実力養成運動

さて、「文化政治」期の独立運動の流れをみてみよう。この時代、独立運動はもっとも豊かな可能性をはらみ、多様な展開を示した。三・一運動期に上海で樹立された大韓民国臨時政府をはじめ、海外の朝鮮独立運動に総督府は神経をとがらせていた。「独立軍」と称される中朝国境地帯で武装闘争を展開する民族運動家も、警戒対象となっていた。しかし、臨時政府が武闘派と外交派の内部対立により弱体化したこともあり、次第に総督府治安当局は、朝鮮内の状況に関心を向けるようになっていった。

朝鮮内では三・一運動後、集会・結社の自由が一定認められ、朝鮮語新聞も発刊された。このような変化を追い風にして朝鮮内で最初にあらわれたのは、青年会運動だった。一九二〇年春ごろから続々と結成された青年会は、民風改善をかかげる地域ごとの小さな修養団体だったが、やがて全国組織をつくり、一九二二年ごろから民族運動の色彩を強めた。青年会運動の指導者層が中心となって、教育・産業界の名士も巻きこんだ運動としては、朝鮮の国産品の購買を呼びかけた物産奨励運動と朝鮮人のための総合大学を設立しようとした民立大学設立運動がある。これらの運動はいずれも朝鮮独立に先んじて、朝鮮人の実力を蓄えようという漸進的な実力養成論の立場に立つものであり、韓国併合前の愛国啓蒙運動の流れをくむものだった。

社会主義勢力の台頭と民族主義勢力の分化

しかし、実力養成運動の隆盛は長くは続かなかった。総督府の弾圧もあったが、朝鮮人内部からも、マルクス主義の洗礼を受けた知識人を中心に、実力養成運動に対する批判の声があがったためである。一九一八年のロシア革命以後、東アジアでも、日本のマルクス主義文献の翻訳を通じて、中国や朝鮮に社会主義が紹介されるようになっていた。朝鮮であらわれ始めていた社会主義者は、教育・産業の発展をはかる実力養成運動をブルジョア有産階級のみを利する運動だとして攻撃したのだった。

このようにして台頭した社会主義陣営は、一九二五年には非合法団体として朝鮮共産党を結成した。日本共産党（一九二二年結成）同様、ソ連のコミンテルンの承認と指示を受けた国際共産主義運動の一環としての性格をもっている。朝鮮共産党は、早くから共産主義思想の伝播を警戒していた総督府によってたび重なる弾圧を受け、三年あまりしか存続できなかった（一九二九年にコミンテルンから承認を取り消される）。しかし、一九二〇年代後半、後述のように、民族主義者とのあいだに協同戦線をつくり重要な足跡を残すことになる。

民族主義運動勢力は、社会主義者の台頭とともにもう一つの問題を抱えていた。一九二四年一月、李《イ》光洙《グァンス》が『東亜日報』に発表した「民族的経綸」の波紋である。李光洙は、早稲田大学に留学経験のある知識人のリーダーで、上海の大韓民国臨時政府にも関わっていた。李光洙は、総督府の工作により朝鮮に帰国した後に、「民族的経綸」を通じて、植民地体制の枠内での合法的な実力養成運動の必要性を説いたのだった。この結果、民族主義運動の陣営は、植民地支配体制を前提とする運動を展開すべきか、また、社会主義者と提携するかをめぐって、大きく左右二つのグループに分かれることになった。

いっぽうの右派民族主義の陣営は、実力養成論を旗印にし、総督府との取引きも辞さなかった。先述の総督府の「自治」論に呼応したのはおもにこの勢力であり、そのために妥協的民族主義ともよばれる。他方の左派民族主義は非妥協的民族主義ともよばれ、社会主義者との連携を模索した。

一九二五年ごろから左派民族主義者と社会主義者は、民族協同戦線の結成を意識するようになり、それは、一九二七年、新幹会《しんかんかい》の組織に結実した。新幹会には新聞記者・弁護士・教師などさまざまな人士が参加し、朝鮮共産党員も合法活動の場を新幹会に求めた。会員数約四万名を擁し植民地期を通じて最大の合法運動団体となった新幹会は、元山《ウォンサン》ゼネストや光州《クワンジュ》学生運動（いずれも一九二九年）のような大規模な民族運動を主導した。また、最盛期には一四〇を超えた地方支会を拠点として、地域住民の日常的な不満や要求をとりあげる活動を展開した。こうした一九二〇

李光洙（東京外国語大学所蔵，波田野節子提供）

年代末期の民族運動の盛り上がりは総督府に危機感を抱かせることになる。それが、かたや先述の朝鮮への「自治」付与の検討につながり、かたや朝鮮における高等警察の拡充をもたらした。後者は、日本の特高《とっこう》警察拡充と連動したものであり、日本と朝鮮を通じて警察による社会主義・共産主義運動弾圧が進められたのである。

こうした弾圧を受け、新幹会執行部では合法自治運動へ転換しようとする方向が提唱された。共産党再建運動に携わっていた社会主義者や新幹会地方支会の多くはこうした妥協路線を批判し、新幹会解消論を主張した。こうして一九三一年五月、新幹会運動は幕を下ろすことになる。折しも同年六月、斎藤実にかわって朝鮮総督に就任した宇垣一成《うがきかずしげ》は、参政権をエサにして民族運動を懐柔しようとする斎藤の手法に批判的だった。かくして、朝鮮の独立や朝鮮人の政治参加をめぐって民族運動と総督府が駆け引きを展開する「文化政治」の時代は幕を下ろすことになる。

農村振興運動

一九三〇年代前半の朝鮮統治をになった宇垣は、陸軍主流派の長老である。十余年ぶりの陸軍総督の復活だったが、このころの陸軍にとって、朝鮮のもつ意味は一九一〇年代の「武断政治」期とは異なっていた。朝鮮は依然、中国大陸への重要な橋頭堡だったが、一九三〇年代以降、朝鮮総督となった陸軍長老にとっては、日本国内で台頭してきた陸軍の皇道派《こうどうは》や統制派《とうせいは》などの派閥をおさえ、自己の政治力を温存することが大きな課題となっていた。いずれ総理大臣となって日本政界の頂点に立つことを考えていた宇垣にとっても、朝鮮統治は政治的実力を示す試金石といえた。ちなみに一九三六年の二・二六事件後、宇垣は朝鮮総督を辞し組閣を試みるが、結局、陸軍の反発を受け失敗している。ともあれ約五年間の在任期間中、宇垣がもっとも力を入れたのは朝鮮農村の安定化だった。それが農村振興運動である。

一九二九年、アメリカから始まった世界恐慌は日本にも波及した。東北地方や長野県で欠食児童や女子の身売りが社会問題化したのもこのころである。植民地の受けた打撃はことに大きかった。一九二〇年代の産米増殖計画により米の生産に特化していた朝鮮農村は、米価低落に対する抵抗力が弱かったためである。日本市場では、価格の安い朝鮮米が米価低落に拍車をかけているとして移入制限の声もかまびすしかった。朝鮮農村では、糧穀が底をつく端境期は「春窮《しゅんきゅう》」とよばれ、草根木皮を食べる姿も珍しくなかった。宇垣はこうした農村の窮状が朝鮮統治を不安定化させることをおそれ、農民の生活の安定と向上を第一の政策目標としたのである。

一九三三年春より本格化した農村振興運動は農村経済の立て直しを目標としたが、予算の投入は乏しく、農民自身の「自力更生」がスローガンとなった。末端では、各面に農村振興会がつくられ、個々の農家に対し、家計簿を調査したり副業奨励・生活習慣の改善の指導を行なったりした。反面、地主制にはほとんど手をつけることがなく、小作農の創設も進まなかった。農村疲弊の根本原因にメスを入れることなく、農村経済の改善を目ざそうとしたために、農村振興運動は次第に精神主義化していく。特に一九三五年以降の心田《しんでん》開発運動は、農村振興運動と融合して仏教や神道による民衆の精神的統合に重点を置くようになった。

農村振興運動は、農村経済の改善に大きな成果をあげたとは言いがたい。もっとも、この施策によって、農村に戦時動員体制の基盤がつくられたと見なす論者も多い。個別農家単位まで総督府の権力が浸透した点や、その担い手として比較的学歴の高い朝鮮人の若者が「中堅青年」として養成されたためである。ただし、それをもって、この時期を「準戦時体制」と見なしてよいかには疑問が残る。たしかに、この時期、日本は一九三一年に満洲事変を起こし、中国との一五年戦争に突入していた。しかし、農村振興運動において、銃後社会を意識したキャンペーンがくり広げられたわけではなかった。むしろ、この時期は、後述のように朝鮮人社会主義者による革命的農民運動が北部地域でかなり浸透していた。それに対抗する支配体制安定化政策としての意味合いの方が、農村振興運動には強かったと考えるべきだろう。

さて、世界恐慌期の朝鮮農村の疲弊は流民化現象も生みだした。一定の学歴や資産のある者は農村から都市部に流出したり、海外に移民したりした。この時期、日本に渡る朝鮮人すなわち在日朝鮮人の人口も急増し、移民形態も単身出稼ぎ型から家族定住型へと移り変わりつつあった。「満洲」（中国東北部）への朝鮮人移民も、総督府の政策的後押しにより増加しつつあった（コラム「在外朝鮮人」参照）。

工業化の進展

宇垣総督期の特徴的な政策としては、北部朝鮮を中心に工業開発が進められたこともあげられる。一九三〇年代、総督府は複数の資本を競争させて電源開発を促した。特に日本窒素肥料（日窒）は、赴《フ》戦江《チョンガン》・長津江《チャンジンガン》などに大規模なダムを造り、水力発電による豊富な電力によって、興南肥料工場をはじめ朝鮮北部に化学工業を発達させた。朝鮮で低賃金労働力を豊富に得られたこと、「満洲」市場に近かったこと、重要産業統制法が朝鮮では適用外となっていたことなどの有利な条件を活かした。工業化の担い手が日窒系や日産系など日本の新興財閥だったことが朝鮮工業化の特徴の一つだった。

反面、朝鮮人資本は、繊維・印刷などの部門の零細企業に集中し、資本の割合も三割を占めた程度だった。とはいえ、この時期、農村内に滞留していた労働者が離農し一部が工業部門へ流入するなど、朝鮮農民にも工業化の影響が及びはじめていた。当時、朝鮮社会の資本主義化の水準はおおよそ日露戦争前の日本本国の段階に到達していたともされる。

こうした朝鮮工業化・資本主義化という現象は、特に一九九〇年代に朝鮮近代経済史研究者から注目された。そのきっかけとなった「植民地近代化論」は、朝鮮人資本家の成長や重化学工業化の進展など植民地期の工業の発達と社会の変化を強調しつつ、朝鮮人のなかで一定の熟練労働者や企業経営者を含むマンパワーの成長が進んだと主張する議論である。これによって、現代韓国の経済発展の歴史的起源を植民地期に見出しうるのではないかという新たな視点を提示したのである。

とはいえ、「植民地近代化論」には問題も多い。日本が残した工業化の遺産は朝鮮北部に集中していたのにもかかわらず、解放後の朝鮮民主主義人民共和国（北朝鮮）についてほとんど議論に組みこめずにいること、植民地期の朝鮮人資本家と解放後の財閥に直接的な人的連続性が乏しい点について説明しえていないことなどである。

一九三〇年代の民族運動

この時期の民族運動を見ておきたい。この時期、農村の疲弊に眼を向けたのは総督府ばかりではなかった。民族主義右派・左派とも一九三〇年代初頭以降、農民の識字率向上、農村の生活改善などをかかげた運動を展開した。東亜日報社が主催したヴ・ナロード運動（一九三一〜三四年）では、学生や青年知識人、帰郷留学生ら六千余名が参加し、「文盲」退治と文化向上を試みた。また、朝鮮日報社でも、ほぼ同時期に、生活改新運動を展開している。

しかし、このように現場に入りこむことで、知識人と民衆の距離をかえって見せつけられる場面もあった。当時、朝鮮文学においては「農民小説」が一大ジャンルとして確立しつつあったが、そこでは、故郷の農村に帰った知識人が実践運動にたずさわり、農村社会に溶けこむのに苦闘する様子を描いたものも少なくない。さらに、知識人たちによる農村生活を改善しようという運動は、その活動内容において、先述した総督府の農村振興運動とかならずしも明確な差異をもたず、次第にそちらに取りこまれていった。

これに対して、少なくとも総督府の眼にはある程度、農民のなかに浸透したとうつり、危機感を抱かせたのは、共産主義者による革命的農民運動だった。この運動は、全国的統一組織をもつことはできなかったものの、咸鏡道や江原道を中心に、約八〇の郡・島（朝鮮全体の郡・島は約二二〇）に及ぶ広がりをもった。朝鮮人共産主義者は、一九二八年にコミンテルンが指示した朝鮮共産党再建のための「十二月テーゼ」に基づき、農村末端での活動に注力したのである。革命的農民組合は、社会主義文献を教材

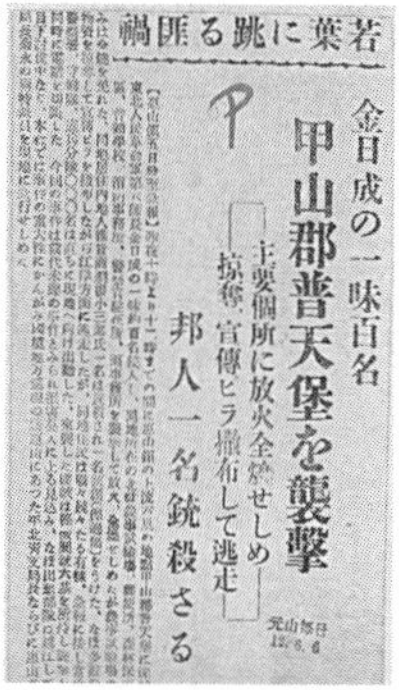

若葉に跳る匪禍

金日成の一味百名

甲山郡普天堡を襲撃

―主要個所に放火全焼せしめ―

―掠奪、宣傳ビラ撒布して逃走―

邦人一名銃殺さる

金日成部隊の襲撃を伝える新聞記事（『元山毎日』1937年6月6日付．ソウル大学校中央図書館所蔵）

東北抗日連軍の幹部

前列右から2人目が金日成．（和田春樹『金日成と満州抗日戦争』より）

とした夜学や読書会を秘密裏に浸透させ、時に小作争議や面事務所・警察機関などに対する襲撃事件なども引きおこす組織力をしめした。しかし、この運動も一九三〇年代半ば以降、下火に向かった。

朝鮮外における独立運動にも、注目すべき動きがあった。「満洲」では、一九二〇年代末期以降、コミンテルンの方針（一国一党原則）にしたがって、朝鮮人共産主義者は中国共産党に加入することになった。在満中国人・朝鮮人共産主義者の連帯は容易ではなかったが、満洲事変後、東北人民革命軍（のち、東北抗日連軍）がつくられた。こうした在満朝鮮人の抗日闘争を通じて台頭したのが、戦後、北朝鮮の最高指導者となった金日成《キムイルソン》である。東北抗日連軍の金日成部隊は一九三七年に国境の町普天堡《ポチョンボ》に侵攻して総督府に衝撃を与え、この普天堡事件を通じて、その名を朝鮮社会に知らしめることになった。

また、中国関内では、三・一運動後に樹立された後、内紛に陥っていた大韓民国臨時政府の諸派が一九三五年に合流し、朝鮮民族革命党を組織した。同党左派は、中国共産党とともに延安を根拠地として抗日戦争に加わった。右派は国民党とともに重慶《じゅうけい》に移り、光復《こうふく》軍を組織し対日戦の準備をするなか、日本敗戦を知ることになる。なお戦後、前者は北朝鮮で延安派という重要な勢力となるが、一九五〇年代に粛清された。後者は帰国後、アメリカ軍政から正統政府として承認されなかったものの、今日の大韓民国は臨時政府を継承していることを憲法で明記している。いずれにせよ、この時期、戦後の韓国・北朝鮮につらなる重要な政治勢力が形成されていたことがわかるだろう。

3　総力戦の時代

日中全面戦争と朝鮮

一九三七年七月、盧溝橋《ろこうきょう》事件をきっかけに中国との戦争は、中国大陸全土に拡大していく。そして、日中戦争の本格化は植民地朝鮮をも大きく揺さぶった。本国の兵力が華北に派兵されるときは、朝鮮半島を通過した。大量の兵士の輸送とそれにともなう人馬の徴発や経済統制は、朝鮮人のあいだに数々の流言を引きおこしている。民衆の流言には、朝鮮半島南部の干害の原因を戦争にあるとしたり、戦争についてのマスコミの報道に疑念を挟み、日本の戦争目的の欺瞞を指摘したりするなど、戦争に対して距離をおこうとする態度が目立つ。

これに対して、朝鮮総督府では、親日派名士を動員した各種講演会や座談会などを通じて、朝鮮民衆がすすんで戦争に協力するようさまざまな宣伝活動を展開した。特に警察は、日中戦争勃発後、駐在所を単位として津々浦々の農村で「時局座談会」を開催した。数十人規模の民衆を集め、時局認識を徹底させ流言飛語を封じようとしたのである。新聞やラジオが普及していなかった朝鮮農村に、戦時の時局認識を植えつけようとすれば、このような人海戦術によるしかなかったのである。

警察官が開催した時局座談会

また、日中戦争の前年、一九三六年に朝鮮総督に就任していた南《みなみ》次郎《じろう》は、朝鮮統治の目標として「内鮮一体」、すなわち朝鮮人の日本人への完全な同化をかかげた。そして、朝鮮人を、究極的には天皇のために死ねる「皇国臣民」に鍛えあげる「皇民化」政策が打ち出された。中国との戦争はいまや総力戦となり、銃後の植民地社会でも戦争への覚悟と犠牲が求められていたのである。

本国・植民地を包括する総力戦体制づくりも本格化した。一九三八年には、本国・朝鮮・台湾等を通じて国家総動員法が施行されている。これによって、労働力の動員や物資・金融の統制が日本政府の計画のもとに運用されることになった。総督府でも、これに対応して、朝鮮人下級官吏を中心に戦時動員や経済統制の業務をになう官吏を大幅に増やした。

う。

戦時動員と皇民化

日中戦争期、朝鮮人に課された人的・物的動員政策や「皇民化」政策の代表的なものを概観しておこう。

(1) 労務動員—朝鮮人の計画的な労務動員は、一九三七年九月に労務動員計画（第一次）が閣議決定されたことに始まる。同計画は、日本人兵士の出征で不足した国内労働力を補うため、本国と植民地を通じた労働者の移動と再配置を定めようというものだった。朝鮮では、民間企業による集団募集（一九三九年～）、朝鮮総督府の外郭団体たる朝鮮労務協会を介した官斡旋（四二年～）、令状による徴用（四四年～）へと動員方式が変えられた。ただし、このことは動員の主体が民から官へと移っていったということでは必ずしもない。初期の集団募集段階から、企業から派遣された募集員は募集地域の割り当て・人員募集など、多くの点で現地警察官や面官吏に依存していたからである。

そして、日本本国の職業紹介所のような労働力再配置システムが十分に整備されていなかった朝鮮では、いきおい労務動員は強制性を帯びることになった。朝鮮人労務動員が「強制連行」とよばれるのもそのためである。約七〇万名の朝鮮人が、多くは労働条件を十分に伝えられないまま日本に送りこまれ、炭坑・金属鉱山などで働かされた。朝鮮人の労働条件は過酷で、労働者の逃亡や集団争議も日本人より高い比率を示した。

(2) 兵力動員—朝鮮人に対する兵力動員としては、まず陸軍特別志願兵制度が一九三八年に実施された。朝鮮軍が主導して立案したが、必ずしも朝鮮人を兵力として活用することを第一目的とはしていなかった。兵士となった朝鮮人が日本に銃を向けるのではないかという恐怖を拭えなかったからである。むしろ期待されていたのは、日本兵として徹底的な訓練を受けた志願兵が、朝鮮人社会全体に対して、「皇民化」政策の牽引力となることだった。そのために、志願者のなかから思想堅固な青年を選び出し、志願兵訓練所での訓練期間（当初六ヵ月、一九四〇年より四ヵ月）において、日本語の常用はもとより生活様式すべてを日本化させようとした。一九三八年から四三年の累計で約八〇万名が、アメ（志願兵やその家族に対する優遇策）とムチ（警察や末端官吏による督励）によって志願兵となった。

次いで、一九四二年に朝鮮人に対する徴兵制の実施が閣議決定され、四四年から実施された。立案したのは、本国の陸軍省軍務局だった。戦争による日本民族の損耗をおそれ、植民地民族を活用しようとしたのである。朝鮮人徴兵制度に踏みこめずにいた朝鮮総督府としては、当初の想定を大幅に前倒ししたプランだった。しかし、総督府は朝鮮人に対しては、徴兵制はあくまで「皇民」のみに許される特権であり「内鮮一体」の具現化だと喧伝した。こうして兵力として動員された朝鮮人は、陸軍約一八・七万名、海軍約二・二万名に達する。

また、これ以外に、朝鮮人は軍属（軍人以外の非戦闘員として陸海軍に勤務した者）としても大量に動員された（陸軍約七万名、海軍約八万名）。朝鮮人軍属のなかには、東南アジア各地で捕虜収容所の監視員にあてられ、日本敗戦後、捕虜虐待の罪でＢＣ級戦犯として処刑された者も一〇〇人以上にのぼる。

（3）日本軍慰安婦―日本軍の軍人に対する性的な慰安のために動員された女性が「慰安婦」である。日本軍が設置・経営する慰安所は一五年戦争初期よりつくられ、日中戦争期、中国戦線の拡大とともにひろがった。一九四二年以降は東南アジアなどにも拡大している。各地の派遣軍では、日本軍人による強姦のために現地住民の感情が悪化したり、日本兵が性病に罹患したりするといった問題が多発していた。慰安所の設置によってこうした問題に対処しようとしたことが軍の記録で確認されている。

慰安婦の総数は、五万人から二〇万人まで諸説ある。慰安婦は、朝鮮・台湾・中国・東南アジア・日本本国などから集められた。朝鮮の場合、民間人の周旋業者が女性を集めたケースも多いが、朝鮮総督府が無関係だったわけではない。女性の渡航送出は、総督府警察が身分証明書の発給を通じて管理をしていた。また、公娼制度（国家の公認による売買春制度）は日本が朝鮮にもちこんだものだったが、そこでつくられた接客業婦の供給メカニズムが、慰安婦を集めるときにも利用されている。朝鮮での慰安婦集めでは、就業詐欺がもっとも多く、そのほか誘拐・人身売買などさまざまな経路が使われた。現在、暴力的な拉致の有無のみを問題にする論者もいるが、未成年者をふくむ女性が、多くは自発的意志に基づかず戦場の慰安所に送られたことが本質的な問題だろう。

（4）戦時経済統制―経済統制は、多くの朝鮮人にとって戦争の影響を身近に感じさせる政策だった。経済統制が朝鮮人の生活に及ぼした影響は幅広い。一九三八年に新設された経済警察が、ヤミ取引を断つために価格等統制令（一九三九年）などに基づき、違反業者（多くは朝鮮人）を取り締まった。また、農村部では一九三九年からは米穀供出が、都市部では一九四〇年から配給制度が始まり次第に強化された。生産・流通・消費の各場面において統制が行なわれたのである。

（5）神社参拝の強制―朝鮮人の同化のために国家神道を利用する政策は、日中戦争以前から行なわれていた。一九二五年、朝鮮神宮が京城府南山《ナムサン》に建てられていたが、三〇年代半ばから、総督府は農村振興運動のなかで神道による民心統合を積極的に検討するようになった。十分な成果をあげたとはいえないが、地域社会に神社信仰を普及させるために、一面一神祠《しんし》計画が推進された。特に学校やキリスト教徒に対する神社参拝の強要がなされ、抵抗の強かったキリスト教長老派を中心に牧師や教徒に弾圧が加えられた。

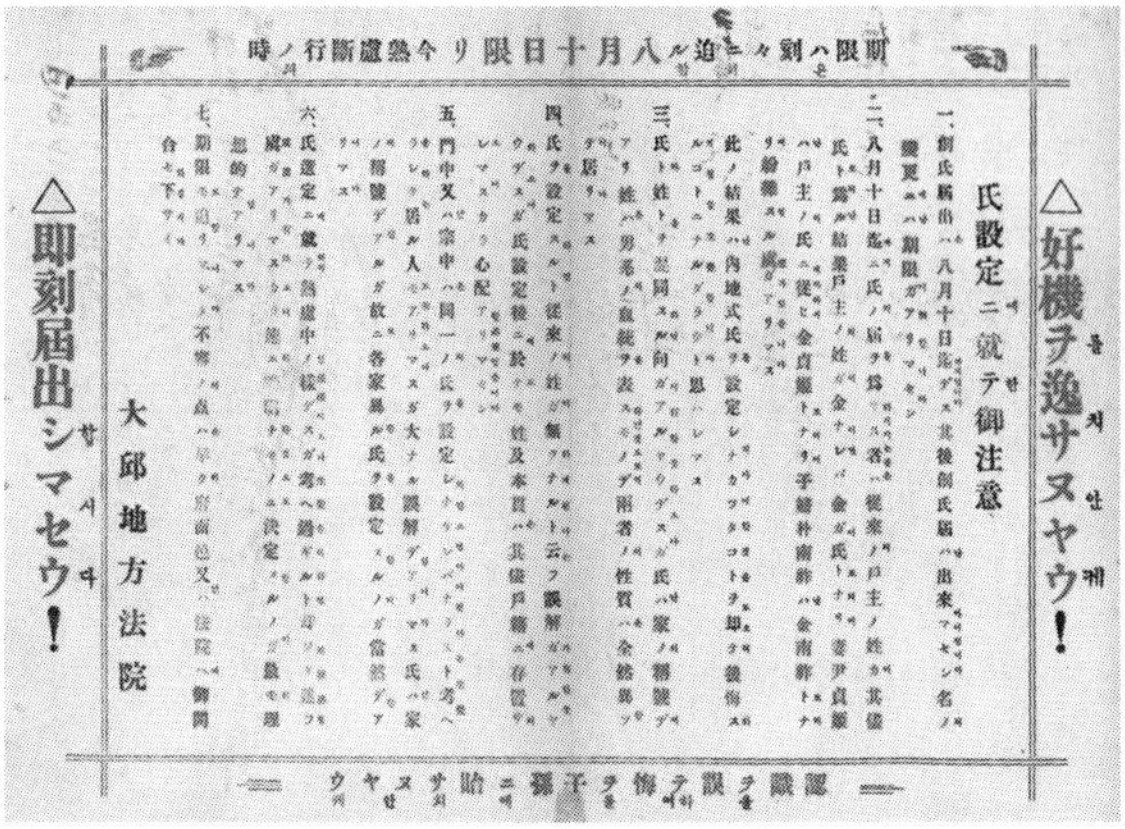

創氏改名を呼びかけるビラ

（6）創氏改名―「皇民化」政策の代表とされる創氏改名は、一九四〇年、朝鮮民事令改正によって行なわれた。父系血統をあらわす「姓」は朝鮮では不変とされ、女性は結婚しても姓を変えない（したがって夫婦や母子は別姓になる）。これに対して、創氏改名は、家の称号である「氏」を新たに法的につくり、日本的なイエ制度を朝鮮に導入することで、父系血統に基づく宗族集団の力を弱めようとした。このように創氏改名は、単に日本式に名前を変えさせるのみならず、朝鮮の伝統的な家族制度を変えることを意図していたのである。また、将来、朝鮮人に徴兵制を実施するための準備だっだと見る議論もある。ともあれ、この政策の結果、人口の約八割が日本式の氏となり、届出をしなかった者も法令により従来の姓を氏に設定された。このように、総督府は、これまではある程度存続を認めてきた伝統的な慣習の領域にまでふみこんで、日本的な慣習を導入しようとしたのである。

「内鮮一体」の虚像

さて、以上のような戦時期の諸政策については、今日、日本人も朝鮮人も同じように戦争に巻きこまれたのだというように語られることがある。研究者のあいだでも、総力戦期に行なわれたさまざまな社会変革を単に抑圧的・暴力的な動員と見るよりは、「内鮮一体」のスローガンの下に「強制的均質化」すなわちある種の平等化が進んだことを強調しようとする議論がある。たしかに戦時政策の多くは、本源的に日本本国を中心とする「帝国の戦争」によって規定されたものであり、本国も植民地も一体となって戦争に呑みこまれていったというイメージが強いかもしれない。

しかし、右に見たように、現実には、労働力・兵力・女性などの戦時動員政策は、それぞれ植民地の特殊性を反映しながら本国とは異なる進められ方をした。戦時動員のために日本人としての意識を扶植しようとする「皇民化」政策が強行されたことも、植民地ならではの特徴だった。

戦時期にさかんに叫ばれた「内鮮一体」も決して日本人と朝鮮人の平等化にはつながらなかった。たしかに朝鮮独立への展望を失った朝鮮人知識人のなかには、「内鮮一体」を「差別からの脱出」の論理として受けとめる者もいた。日本人と一体化することによって対等な権利・義務を得ることを夢想したのである。しかし、総督府は、朝鮮人との差別消滅を本心ではけっして許容しなかった。実際、植民地朝鮮では、内地戸籍と朝鮮戸籍の区別が最後まで厳存し、戸籍上、朝鮮人が日本人になることはほぼ不可能だったし、徴兵制施行とひきかえに検討された参政権の付与も空手形に終わったのである（衆議院議員選挙法は一九四五年の法改正で朝鮮にも施行されたが、選挙は実施されることなく日本敗戦を迎えた）。

国民精神総動員運動

最後に、こうした政策を末端で推進した国民精神総動員運動について見よう。一九三八年七月に国民精神総動員朝鮮連盟が結成され（一九四〇年に国民総力朝鮮連盟に改編）、その下に地方連盟が結成された。さらに、末端では、約一〇戸を標準として、ほぼすべての世帯を網羅する愛国班《あいこくはん》がつくられている。愛国班は、宮城遙拝《きゅうじょうようはい》や国旗掲揚など日常的な「皇民化」政策の担い手となるとともに、配給・勤労動員など戦時動員のための末端組織としても機能した。愛国班の組織により個々の家庭を末端に組みこんだ点や、画一的な組織によって朝鮮全域を組織化しようとした点で、従来の政策とは一線を画した。

このような上意下達の民衆統制組織は、日本本国の大政翼賛会《たいせいよくさんかい》（一九四〇年結成）にならったものである。しかし、南総督は、総督府の高官や国民精神総動員朝鮮連盟の役員に対して、連盟が政治に関与しないようくりかえし警告している。政治運動体とならぬよう、日本の大政翼賛会以上に警戒されたのである。政治運動体との誤解を与えれば、朝鮮人の権利伸張、はては独立願望に火をつけかねないと考えていたのだろう。

このような網の目のような監視体制のもとでも、流言飛語は頻発し、小さな秘密結社の摘発も相次い

呂運亨

だ。日本敗戦の一年前、一九四四年八月には、中道左派の独立運動家呂運亨《ヨウニョン》が建国同盟を結成している。

一九四五年八月、日本の敗戦とともに、ソウルでは太極旗を手に街中に人々が躍りでて解放の歓喜をあらわした。朝鮮総督府から政権移譲の相談を受けていた呂運亨は、建国同盟を朝鮮建国準備委員会に改編し、統治権力の受け皿とした。しかし、朝鮮半島は、アメリカとソ連により分割占領され、南半分を占領した米軍政は朝鮮建国準備委員会の統治権を否認する。日本の統治からの解放から息つくまもなく、朝鮮人の苦難の戦後史が始まる。

コラム　在外朝鮮人

松田利彦

日本が朝鮮を統治していた二十世紀前半、東アジアでは大規模な人口移動が生じた。日本が、植民地・勢力圏として手に入れることで版図をひろげた地域は、台湾・朝鮮・「満洲」（中国東北部）など地理的に近接しており、活発な人の流れが生まれたのである。日本人および日本統治下に置かれていた朝鮮人・台湾人のうち、もともとの居住地をはなれ他の地域に移動していた人は、一九三〇年時点で七～八〇〇万人、日本「帝国」の総人口の七～八％に達していた。なかでも日本の朝鮮植民地支配にともなう朝鮮人の移動は規模が大きかった。一九三〇年時点の人口移動のなかでもっとも多かったのが、朝鮮半島から「満洲」に移動していた朝鮮人（在満朝鮮人）約五九万人であり、朝鮮半島から日本に渡っていた朝鮮人（在日朝鮮人）四二万人がそれに続く。

地域別に見てみよう。日本への朝鮮人移民は、韓国併合以前から始まっていた。やがて、一九二〇年代には、日本の都市化・工業化の進展によって労働力需要が高まり、他方、植民地朝鮮では産米増殖計画をはじめとする農業政策が農民層分解を促した。そのため、ある程度の資力をもった南部地域の農民のなかからは日本へ出稼ぎする者が増えた。さらに、一九三〇年代になると、家族が呼び寄せられ季節労働者から徐々に定住へと形態を変えていった。なお、戦時期には、これらと別に戦時労働力動員の一環として、鉱山・工場などへの計画的な労務動員が行なわれた。

次に、朝鮮半島北部と国境を接している「満洲」、特に豆満江《トマンガン》対岸の「間島《カンド》《かんとう》」とよばれる地域には、十九世紀後半以降、朝鮮半島北部からの入植が進んだ。朝鮮王朝末期の地方政治の乱れや天災の影響により困窮した人々が主である。韓国併合直前、一九〇九年の日清間の間島協約によって間島は中国領とされたが、朝鮮人は「日本帝国」臣民であるとの名目で、日本領事館の管理・取締をうけた。他方、間島は民族運動の有力な根拠地でもあった。大韓帝国末期の義兵運動の残存勢力が拠点をつくったり、三・一運動以降は、朝鮮人民族主義者や共産主義者の中国人との共闘も見られたりした。しかし、一般には、中国人側は、日本が「満洲」権益の拡張に朝鮮人を利用していると見なし、他方で朝鮮人農民の多くは小作人として中国人地主に搾取されていたため、両者の関係は良好とは言いがたかった。一九三一年の満洲事変のきっかけとなった万宝山《まんぽうざん》事件も、そのような中国人と朝鮮人の対立に端を発している。

最後に、朝鮮からロシアへの移住も大きな割合を占めていた。一八六〇年ごろから朝鮮人のロシア沿海州への移民が始まった。彼らは、主に農業にたずさわったが、民族運動の指導者も多く亡命し、一九一七年のロシア革命にも積極的に参加した。一九三〇年時点での約一九万人がロシア極東部に住んでいた。しかし、一九三七年、朝鮮人が日本の手先となるのではないかとの警戒感から、朝鮮人を中央アジアに強制移住させる政策がとられた。現在もウズベキスタン・カザフスタンには多くの朝鮮人が暮らしている。

植民地期に日本に渡ってきた朝鮮人が今日の在日韓国・朝鮮人のルーツとなり、また旧満洲の間島には戦後、中国によって延辺《えんぺん》朝鮮族《ちょうせんぞく》自治州《じちしゅう》が置かれるなど、植民地期の朝鮮人の人口移動は今でもその跡を色濃くとどめている。

Ⅴ　敗戦・解放から交流へ

太田　修

一八七六年の日朝修好条規締結に始まった日本と朝鮮の近代的関係は、ひとまず一九四五年で区切られる。その後の七〇年以上の日朝関係をどう見るかということがV章の課題となる。日本の敗戦と朝鮮の解放から現代に連なる日朝間の歴史が始まった。そして今日、日本と朝鮮半島の間にはさまざまな困難が存在するが、全体として交流が拡大していると考える。この章の表題を「敗戦・解放から交流へ」としたのはそうした理解からである。

現代日朝関係史を通史として叙述した代表的な著作に李庭植『戦後日韓関係史』と小此木政夫・小牧輝夫「日朝関係の展開」(『北朝鮮ハンドブック』所収)がある。近年では、朝鮮戦争や日韓国交正常化交渉、在日朝鮮人の帰国問題などの個別テーマに関わる研究や、大韓民国(以下、韓国)・朝鮮民主主義人民共和国(以下、北朝鮮)の現代史研究などで日朝関係が叙述されている。

本章では、そうした研究成果をもとに、敗戦・解放後の日朝関係史を、東アジアの冷戦の形成、展開、崩壊という変化の中で考えてみる。東アジアの冷戦といっても、米ソ中心の資本主義・社会主義陣営のあいだの緊張状態という一般的な冷戦理解を指すのではない。欧米の歴史研究から作り上げられた冷戦と、分断国家が起ちあがり、まさに戦争が起こった東アジアの冷戦は異なる。欧米から見た冷戦理解に基づくのではなく、東アジアでの冷戦において一九四五年以降の日朝関係史を考える必要がある。

「一　東アジア冷戦の形成と日本・朝鮮半島」では、日本の敗戦、朝鮮の解放から日韓国交樹立までを扱う。分断国家の樹立、朝鮮戦争を経て、朝鮮半島の分断状況が固まり、東アジア冷戦が形成される中で、日本は韓国との国交正常化交渉を行なうことになった。一節を日韓国交正常化で区切ったのは、日韓国交樹立により日朝関係史における冷戦構造が姿を現したと考えるからである。

「二　冷戦下の日韓・日朝関係」では、日韓国交樹立から東西冷戦が崩壊するまでの関係史をまとめる。日韓国交正常化によって日韓間の交流が増進すると、日朝間の交流も拡大していく。一九七〇年代から八〇年代にかけての韓国民主化運動、あるいは韓国民主革命は、日韓関係や日朝関係にも大きな影響を及ぼすことになった。

「三　冷戦の崩壊と日韓・日朝関係」では、東西冷戦の崩壊から現在までを叙述する。この時期、日本と朝鮮半島とのあいだで「過去の克服」が大きな課題となり、その暫定的帰結として日韓共同宣言と日朝平壌宣言が交わされることになった。

現代日朝関係史を叙述する際にややむずかしいところがある。一九四八年に大韓民国と朝鮮民主主義人民共和国が出現したことにより、日韓関係、日朝関係という二つの関係史を叙述しなければならないことである。日朝関係史という表現にも注意しなければならない。四八年以降の日朝関係史は、日本と朝鮮半島、あるいは日本と北朝鮮の関係史という二重の意味をもつことになる。本章では日朝関係史は特に断りがなければ前者を意味し、後者の場合は説明を加えることにする。

また、現代日朝関係史を書くにあたって、以下の三つの点に留意した。一つ目に、政治・経済だけでなく、これまではほとんど取り上げられなかった文化・社会の関係も可能な限り取り上げる。二つ目に、一つ目の留意点と関わることだが、国家間の関係だけではなく、民間の交流についても叙述したい。三つ目は、在日朝鮮人の歴史も各項で叙述する。これまでの現代日朝関係史ではあまり取り上げられなかったが、ここではその一断面として描くこととしたい。

一　東アジア冷戦の形成と日本と朝鮮半島

1　解放と占領のはざまで

八・一五

日本が連合国側にポツダム宣言の受諾を正式に通知したのは、一九四五年八月十四日のことである。しかし、多くの日本人が敗戦を知覚したのは「玉音放送」がなされた十五日だった。朝鮮でもやはり十五日の「玉音放送」によって、多くの人々が日本の植民地支配からの解放を知った。

日本と朝鮮にとって十五日は大きな意味を持っているのだが、その意味合いと様相はかなり異なっていた。朝鮮では十五日に、植民地下より独立運動を続けてきた呂運亨《ヨウニョン》らが朝鮮建国準備委員会を結成して活動を開始した。十六日のソウルでは、民衆が街頭に繰り出して万歳を叫んで解放を喜び合った。西大門《ソデムン》刑務所からは独立運動などで収監されていた政治犯・思想犯がすべて釈放された。朝鮮総督府の事実上の機関誌だった『毎日新報《メイルシンボ》』（朝鮮語紙）の十六日付紙面では、日本の敗戦や全朝鮮の刑務所に収監されている思想犯などが釈放されることを報じるなど、八・一五以前の記事の内容とは明らかに変わっていた。

いっぽう日本の『朝日新聞』には、十六日以降も「国体護持」「宮城前の赤子」など、八・一五以前と同様の記事が並んでいる。敗戦と同時に政治犯釈放を要求して刑務所に押しかける人々の姿も見られなかった。かつて日高六郎が指摘したように、十五日を境にしてすぐさま軍国主義が崩壊し民主主義が訪れたわけではなく、変化のスピードは緩慢だった。

こうした日本と朝鮮での八・一五の相違は人々の認識にも表われていた。多くの朝鮮人にとって八・一五は「直ちに朝鮮の解放独立を意味するもの」で、「平和回復に伴う安堵感と民族独立の歓喜」の表出だった。それに対して朝鮮で八・一五を迎えた多くの日本人は「敗戦国の惨めさ」を痛感し「苦闘のドン底に落ち込んでゆく」ばかりで、植民地支配からの朝鮮解放という事態を理解し得なかった。この認識の相違は、植民地支配を行ない戦争を引き起こした側と、植民地支配をされ戦争に動員された側の歴史に起因する。そのことは、その後の日本と朝鮮半島の関係に少なからぬ影響を及ぼしていくことになる。

もう一つ見落とせないことは、朝鮮の米ソ分割占領と日本の関わりについてである。八・一五に先立ち、米国は八月六日に広島、九日に長崎に原爆を投下し、ソ連軍は九日に朝鮮北部に進攻した。さらに米国は十日から十一日未明にかけて国務・陸軍・海軍三省調整委員会を開き、北緯三八度線での米ソ分割占領を考案した。ソ連もこれを承認して、三八度線での分割占領が確定した。

沖縄に駐屯していた米陸軍第一〇軍第二四軍団（司令官ホッジ中将）は九月八日に仁川《インチョン》に上陸し、翌九日にソウルに入って朝鮮総督府から権力を引き継いだ。朝鮮総督府はそれ以前に、「共産主義者」や「独立運動者」が権力の空白に乗じて主導権を握ろうとしているという情報を沖縄の米軍に送っていた。

こうした米軍と朝鮮総督府の連携は、朝鮮の民主的な独立国家の建設に否定的な影響を及ぼした。日本のポツダム宣言受諾のタイミングが前後にずれていれば、朝鮮半島に三八度線は引かれなかった可能性が高い。また、そもそも日本の植民地支配がなかったならば、三八度線は存在しなかっただろう。そうした意味で日本の植民地支配と侵略戦争は、解放後の朝鮮半島の行方を決定づけたといえる。

帝国の「分離」、帰還と引揚

日本がポツダム宣言を受け入れた後、ＧＨＱは、日本列島と台湾、朝鮮などの旧植民地との政治・経済的関係を「分離」する政策を実施した。日本と旧植民地間の人とモノの移動は、ＧＨＱの許可がある場合を除いて禁止された。このＧＨＱによる「分離」政策の一環として、一九四五年以前に旧植民地に居住していた日本人の引揚と、日本に居住していた中国人、朝鮮人の帰還が実施されることになった。

一九四五年五月の時点で朝鮮半島にいた日本の民間人は約七一万人（北部朝鮮約二五万人）、日本軍（軍人・軍属）は約三九万人だった。まず南部朝鮮では、同年十一月までにほとんどの日本軍が武装解除され日本へ送還された。民間人も翌四六年一月には「総引揚」の方針が確定され、四月までにはほぼ引揚が完了した。

それに対して北部朝鮮では、一九四六年十一月までソ連側が日本人の引揚を公式に認めなかったため、三八度線以南への脱出が相次ぐ事態となった。戦闘・避難・抑留などにともなう死亡者は、軍人や満洲からの避難民を含めて三万五〇〇〇人以上だと推定されている。

いっぽう、一九四五年八月の敗戦の時点で約二〇〇万人の朝鮮人が日本に居住していた。その約九割が南部朝鮮の出身者だった。解放直後、これらの人々の多くがGHQ・日本政府が準備した輸送機関で、あるいは自発的に列車や船を乗り継いで朝鮮へ帰還した。帰還は、軍人・軍属、強制動員労働者の順に行なわれた。舞鶴《まいづる》湾で発生した浮島丸《うきしままる》事件では朝鮮人五二四名の犠牲者が出たが、帰還を希望した朝鮮人のほとんどは四六年三月までに朝鮮に戻った。

博多港で帰還を待つ朝鮮人家族（1945年10月．木村秀明編『進駐軍が写したフクオカ戦後写真集』より）

行政当局による計画輸送において、下関、博多、仙崎《せんざき》、佐世保などの港は、朝鮮半島から引揚げてきた日本人と朝鮮半島へと向かう朝鮮人が交錯する空間だった。それらの港に着いた船からは、植民地支配終焉による財産喪失の無念さと敗戦による虚脱感や絶望に打ちひしがれた日本人が下船してきた。そのかわりに解放された故郷へ帰れる喜びや将来への希望に満ちた朝鮮人がその船に乗り込んでいった。ただし、朝鮮人が喜びや希望だけを感じていたわけではない。多くの強制動員された朝鮮人労働者は、給与や預貯金等が未払いであった。なかには未払い金の支払いを求めて企業や行政当局に抗議する人々もいた。また多くの人々が帰還後の生活や将来に対する不安も抱いていたであろう。

こうして約一四〇～一五〇万人の朝鮮人が朝鮮へ帰還したが、政治・社会・経済的混乱によって帰還後の生活の目途が立たないこと、私有財産の持出制限（通貨一〇〇〇円、荷物二五〇ポンド以内）が設けられたこと、日本に生活基盤があることなどの理由から、約五〇～六〇万人の朝鮮人が日本に留まることになった。この人々が戦後の在日朝鮮人となったのである。

解放直後の在日朝鮮人

解放直後、朝鮮への帰還援助、相互扶助、民族教育などを目的とした朝鮮人の組織が日本各地に自然発生的に作られた。一九四五年十月、それらの組織を結集して在日朝鮮人連盟（朝連）が結成された。帰還に際しては、帰還者名簿の作成、証明書の発行などのほかに、労働者の未払い金や慰謝料などの補償金の支払いを事業主に求め、日本政府にはその交渉の斡旋を求める運動などを行なった。

いっぽう反朝連の立場の人々が、一九四五年十一月に朝鮮建国促進青年同盟（建青）、翌四六年一月には新朝鮮建設同盟（建同）、そして同年十月にはその二つの組織を母体に在日本朝鮮居留民団（民団）を結成した。民団は、在留同胞の民生安定、文化向上、国際親善などの綱領を掲げて朝連に対抗した。

祖国へ帰還した人たちに目を転じると、朝鮮の経済的・社会的状況が厳しく生活の維持さえ困難な状況であったため、一九四六年春ごろから再び朝鮮から日本へ渡航してくる人々が増え始めた。これにG

HQと日本政府は、諸法令を決定、布告して、密貿易、不法入国を取り締まるようになった。

さらに日本政府は、日本国憲法が施行される前日の一九四七年五月二日には外国人登録令を公布して、これを在日朝鮮人に適用した。これにより、在日朝鮮人に税金の納付、民族教育の否定など、「日本人」として日本の法秩序への服従を要求する反面、外国人登録証の携帯義務・呈示義務などに違反した場合には罰則を課すなど、「外国人とみなす」という矛盾した対応を取った。選挙権・被選挙権も四五年十二月の選挙法改正によって停止されていた。

こうした状況のなかで、在日朝鮮人は朝鮮の言葉や文化、歴史を学ぶ民族学校を各地に設立して、民族教育の権利を守り、差別に反対する運動に取り組んだ。それに対して日本政府は一九四八年一月、朝鮮人子弟であっても日本の教育を受ける必要があるとの通達を出し、民族学校を閉鎖しようとした。これに朝鮮人側は、民族学校閉鎖令に抗議し民族学校の存続を求める運動を展開した。特に神戸や大阪での運動は大規模なものとなり（阪神教育闘争）、その過程で一六歳の少年が射殺される事件が起こった。日本政府は翌四九年九月、GHQの指令のもとに団体等規制令を適用して朝連を強制解散させ、その財産を接収した。このとき朝連傘下の民族学校も閉鎖・廃校に追い込まれたが、民族教育を擁護する闘いは続けられ、五〇年代には民族学校は再建された。

敗戦直後の経済的混乱のなかで、日本人も朝鮮人も中国人も餓死を逃れるため「人々の自主的かつ自営的な生活手段」として闇市での経済活動にたずさわった。また生計を維持するため「ドブロク」を醸造する人々もいた。ところがマスコミや警察や政治家は、朝鮮人や中国人を「第三国人」とよび、闇市での活動を取り締まるようになった。そこには朝鮮人・中国人を「解放民族」として認めることを嫌った取締り当局の意識が反映されていた。しかしながら闇市での経済活動は、鶴見俊輔の言葉を借りれば、国家への「忠にそむく行為」だったが、「生命をつなぐ場所としての家族」を維持する営為だったといえる。

分断国家の樹立と日本

東アジアにおける東西冷戦の激化は、朝鮮半島の南北分断を生んだ。一九四八年八月に北緯三八度線以南に大韓民国（韓国）が、以北には朝鮮民主主義人民共和国（北朝鮮）が成立した。二つの国家は相互に自国こそが朝鮮半島で唯一の正統な国家だと主張して対立した。ここに分断の時代が始まったのである。

ＧＨＱ占領下の日本政府が朝鮮半島との関係においてもっとも力を入れて取り組んでいたのは、植民地支配処理をいかに有利に進めるかということだった。外務省は平和条約問題研究幹事会を、大蔵省は在外調査会を設置して、植民地支配下での日本人の企業経営、所有財産などを擁護するための調査・研究を始めた。その成果は、外務省では「割譲地に関する経済的財政的事項の陳述」（一九四九年）、大蔵省では『日本人の海外活動に関する歴史的調査』（一九四七年成稿、五〇年刊行）にまとめられた。日本の朝鮮植民地支配は、①朝鮮の「経済的、社会的、文化的向上と近代化」に貢献したものであり、「国際法、国際慣例上」承認されていたため「国際的犯罪視」されるべきではない、というのがその核心にある認識だった。こうした植民地支配「近代化」論、ないしは植民地支配正当論は、敗戦直後から中央官庁・関係企業・植民地経験のある学識者などから表出し、やがて彼らの中で共有・定着・継承されていった。

韓国の李承晩《イスンマン》政権は、GHQ占領下の日本に対して、「反共協調」を唱えて「日韓通商協定」などの通商関係の再開を推進するいっぽうで、対日賠償要求、日本漁船の拿捕《だほ》、日本政府の在日朝鮮人弾圧への抗議など、対抗的な対日政策を推進した。対日賠償要求については、米軍政下の南朝鮮過渡政府に設けられた対日賠償問題対策委員会での調査や、強制動員された被害者らで組織された太平洋同志会などの未払い賃金要求などを背景に、一九四九年には『対日賠償要求調書』が作成されGHQに提出された。その序文に「犠牲と回復のための公正な権利の理性的要求」だと記されているとおり、調書は植民地支配・戦争で被害を受けた人々の意思が「反映」されたものだった。こうした植民地支配・戦争被害の「賠償要求」は、上記のような日本の認識と衝突することになる。

北朝鮮の金日成《キムイルソン》政権は「朝鮮民主主義人民共和国政綱」で、日本の非軍事化・民主化を求めるポツダム宣言の実践を促していたが、李承晩政権の対日賠償要求のような具体的な政策は確認できない。ただし解放直後には、日本共産党の野坂参三《のさかさんぞう》と金日成や朴憲永《パクホニョン》との間で北朝鮮での民主基地の建設、日本の平和革命論について意見調整がなされていた。政権が成立してからは、金天海《キムチョネ》や韓徳銖《ハンドクス》ら朝連幹部との意思疎通も頻繁になり、朝連を通して在日朝鮮人に「祖国の防衛」「日本の民主化」を呼びかけた。

2　朝鮮戦争下で

朝鮮戦争と日本

朝鮮戦争は南北朝鮮の内戦として始まった。やがて米軍と中国軍が参戦して米中戦争となり、さらにソ連軍が参加し、日本と台湾が関与して「東北アジアの戦争」となった。世界史において一九四五年以降は、アメリカを中心とする資本主義陣営とソ連を中心とする社会主義陣営が直接戦う熱い戦争が起こらなかったという意味で「冷たい戦争」または「冷戦」の時代と呼ばれる。しかし東アジアでは、朝鮮戦争を経てベトナム戦争が終結する一九七〇年代までは戦争の時代であった。

GHQ占領下の日本は朝鮮戦争に参戦しなかったが、朝鮮戦争を戦う米軍の基地として関与した。グアムとアメリカ本土のB29が嘉手納《かでな》基地と横田基地に配備され、朝鮮半島へ出撃した。海上保安庁は海上警備を、国鉄は兵員物資の運搬をGHQから命じられた。

戦争が始まった直後の一九五〇年七月八日、GHQは日本政府に対して七万五〇〇〇人の警察予備隊をつくるよう命令した。米軍が朝鮮へ出動している状態で、日本国内の基地、飛行場、物資、燃料などを守る軍事力が必要だと考えたからである。日本政府は国会で議論しないままマッカーサーの命令に従い、政府の行政措置で警察予備隊を発足させた。

朝鮮戦争に対する当時の日本政府と日本人の協力の実態については、今なお日本政府関係文書の非公開等により、その全貌は明らかにされていない。ただし、GHQの命令による日本政府の徴用として海上保安庁の掃海艇《そうかいてい》が動員され、一九五〇年十月から約二ヵ月にわたって鎮南浦《チンナンポ》、海州《ヘジュ》、群山《クンサン》、仁川の海域で掃海活動を行なったことはわかっている。また米海軍からの指令により、LST（戦車揚陸艦）が動員され、兵士や軍事物資は、日本各地の米軍基地、東京、横浜、大阪、神戸、下関、小倉《こくら》、佐世保等の港から釜山《プサン》、仁川、元山《ウォンサン》などの主要な港や戦闘地域へ輸送された。その他に、国連軍仁川基地などでは、後方支援のため、艦艇の修理、武器輸送、浚渫《しゅんせつ》工事などに一〇〇〇人以上の日本人労働者が従事していた。日赤の医療活動や義捐金《ぎえんきん》寄付、献血などで、自主的に協力したこともあった。

朝鮮戦争中の一九五一年九月に、サンフランシスコ講和条約と日米安全保障条約が結ばれた。後者は、講和の後も日本は米軍に基地を提供し、その代わりにアメリカが日本を守ることを期待するという条約だった。アメリカは再軍備を求めたが、吉田茂《よしだしげる》政権は翌年、警察予備隊を保安隊に切り替え、旧日本海軍軍人中心の海上警備隊を創設することで乗り切った。さらに吉田は一九五四年に自衛隊をつくったが、憲法九条はそのままにして軽武装する道を選択した。

吉田政権は朝鮮戦争に対して精神的には支持するが、積極的には行動する理由がないと主張していた。日本社会党や日本共産党は、GHQの命令に従うのは仕方ないが、積極的に戦争に協力するのは憲法に反するという立場で、吉田政権とさほど違わなかった。『世界』の編集長吉野源三郎《よしのげんざぶろう》が中心となり、安倍能成《あべよししげ》、丸山眞男《まるやままさお》らが平和問題懇話会で、憲法の平和主義に立脚して中立を主張する声明を発表したが、これもある意味では吉田政権の態度につながるものであった。『朝日新聞』の世論調査（一九五〇年一一月八日付）では、国連に協力すべきだと考える人は五六・八％、協力すべきでない九・二％、わからない三四・〇%で、半数以上が協力すべきだと考えていた。新聞社や百貨店主催の「国連と朝鮮動乱展覧会」「国連軍感謝朝鮮事変展覧会」等の開催、中学生の国連軍宛て慰問文や国連軍への感謝の決議文の発表など、朝鮮戦争への協力体制がつくられた。

朝鮮事変と国連協力

世論調査 本社

國連知る者54%

知る者の八割が支持者

"経済協力"が高率

悪影響とみる者卅三%

事変と日本

◇世論調査方法◇

「朝鮮事変と国連協力」(『朝日新聞』1950年11月8日，1面)

日韓国交正常化交渉の開始

李承晩政権は、当初は対日講和会議に参加して「対日賠償」を要求する予定だった。しかし、対日講和会議開催の調整作業を進めていたアメリカやイギリスが、韓国はアジア太平洋戦争で日本と交戦状態になかったと解釈したため、韓国は講和条約の署名国となれなかった。韓国政府は日韓間の交渉を模索せざるを得なくなったのである。

いっぽう、朝鮮戦争で中国、北朝鮮、ソ連の共産主義陣営と対峙していたアメリカは、資本主義陣営の結束のために、日本と韓国の国交正常化を促した。サンフランシスコ講和条約第二条で朝鮮の独立を承認した日本も、朝鮮半島の国家との関係を正常化させる必要を感じていた。とりわけマッカーサーと日本政府は、共産主義者が多いと思われていた在日朝鮮人の法的地位を日韓間で取り決めることが先決だと考えていた。

こうして日本と韓国は、アメリカの仲介で一九五一年十月二十日に、日韓国交正常化交渉（日韓会談）の予備会談を開催した。当初はサンフランシスコ講和条約発効までの妥結が目指されたが、財産請求権問題などで対立が激化して会談は決裂した。結局、一九六五年六月二十二日の条約調印まで一四年という長期にわたる交渉が行なわれた。

日韓会談のおもな議題は、基本関係・財産請求権・文化財・在日韓人法的地位・漁業問題で、いずれも朝鮮植民地支配の処理に関連するものだった。交渉の過程では、植民地支配の責任の追及やその克服のための議論が正面からなされたわけではなかったが、日韓の対立の底流には常に植民地支配の問題が存在していた。

植民地支配の処理をめぐってもっとも激しく対立したのは財産請求権問題においてだった。日韓両政府は、サンフランシスコ講和条約第四条aの、両国と両国民の「財産」および「請求権」の処理は「日本国とこれらの当局との間の特別取極の主題とする」との規定に基づいて、財産請求権問題を議論したのである。

ところで、一九四七年のイタリア平和条約において連合国側は、連合国自身が植民地支配を行ない、植民地支配を正当なものだと考えていたため、イタリアの植民地支配の責任と罪をも問わなかった。サンフランシスコ講和条約の草案の作成を主導していたアメリカのダレス（John Foster Dulles）国務長官特別顧問は、一九五〇年に出した自著『戦争と平和』で、欧米の植民地主義は「最初から解放的性質を帯びるよう、人間の自由という基本的なものの考え方」を有し、戦後の旧植民地の自治と独立によりそれは「成就した」と述べていた。このダレスの認識は、欧米諸国の植民地主義をよく表わすものだった。このように欧米諸国は、植民地支配の責任を不問にしただけでなく、植民地支配を擁護し正当化していた。欧米諸国がサンフランシスコ講和条約で日本の植民地支配の責任と罪を問わなかったのは当然の帰結だったのである。

日本政府も、日本の植民地支配は「適法」で「正当」なもので、「各地域の経済的、社会的、文化的向上と近代化」に「貢献」したと認識していた（「施恵論」「近代化論」）。「朝鮮の独立」については「国際法上に謂う分離の場合」だとして（「領土分離」論）、朝鮮が植民地支配から解放されたという認識さえ否認していた。

このような欧米諸国と日本政府による植民地支配「適法」「正当」論によって、日本の植民地支配の責任と罪を問わないサンフランシスコ講和条約第四条aの「請求権」規定が形成された。日韓間の財産請求権交渉はこの「請求権」規定に基づいて行なわれた。こうして日韓財産請求権交渉において、植民地支配の責任と罪を不問とする法的構造が作り出されたのである。

戦争下の在日朝鮮人

朝鮮戦争は、在日朝鮮人の社会と生活にも大きな影響を及ぼした。民団では、共産化を防ぐための基金、慰問品の募集、そして義勇軍の派遣が決議され、六四四名の在日韓僑義勇軍が結成された。義勇軍は仁川上陸作戦や元山上陸作戦、平壌奪還作戦等の戦闘に参加し、五九名が戦死し九七名が行方不明となった。

旧朝連系の在日朝鮮人団体は、一九五一年一月に在日朝鮮統一民主戦線（民戦）を組織し、祖国の統一独立と民族・生活権益擁護のための運動を展開した。民戦結成に先だって非公然に祖国防衛全国委員会とその傘下に行動隊としての祖国防衛隊が結成された。祖国防衛隊は、朝鮮戦争の後方基地となった日本国内で反戦闘争を行ない、多くの検挙者を出した（吹田《すいた》・枚方《ひらかた》事件）。

日本政府は、サンフランシスコ講和条約発効直前の一九五二年四月十九日付の法務府民事局長通達によって、在日朝鮮人を含む旧植民地出身者の「日本国籍」を一方的に「喪失」させた。講和条約発効と同時に施行された「ポツダム宣言の受諾に伴い発する命令に関する件に基づく外務省関係諸法令の措置に関する法律（法一二六号）」では、「日本国籍を離脱する者」は、「別の法律」で「在留資格及び在留期間が決定されるまでの間、引き続き在留資格を有することなく本邦に在留することができる」とされた。だが、出入国管理令および外国人登録法が全面的に適用されることになり、在日朝鮮人は不安定な在留条件の下での生活を余儀なくされることになった。

とりわけ深刻だったのは退去強制の問題だった。GHQは一九五一年十一月に出入国管理令を公布・施行して、「不法入国者」を長崎県の大村収容所（五〇年十一月開設）へ送り、韓国への強制送還を実施した。五二年五月には、日本政府による最初の強制送還が実施され、「不法入国者」二八五人と戦前からの在留者で「退去強制該当者」一二五人を釜山に送還した。しかし韓国政府は、「不法入国者」だけを受け入れ、在日朝鮮人一二五人については法的地位が未確定であるという理由で受け入れを拒否した。結局、一二五人の在日朝鮮人は再び大村収容所へ送られることになった。

こうした措置に対して在日朝鮮人側は、居住権や生活権を根底から否定する退去強制に脅威を感じ、退去強制を目指す日本政府の姿勢を厳しく批判した。それは、過去の植民地支配の歴史的経験に裏付けられたものだった。

梶村秀樹によると、植民地期に朝鮮半島と日本列島のあいだに「国境をまたぐ生活圏」が形成されていた。それが一九四五年に国境で隔てられて多くの離散家族が生じた。離散家族は、合流、交流を志して行き来しようとし、一九四八年に済州島《チェジュド》で起きた四・三事件や朝鮮戦争などで避難してくる人々もいた。そうした往来や避難を「不法入国」「密入国」として取り締まり、強制送還することは、植民地支配の下で在日することになった朝鮮人にとってはこのうえなく不条理なことだった。

在日朝鮮人の「国境をまたぐ生活圏」は、一九四五年の朝鮮半島と日本列島の「分離」、一九四八年の分断国家の成立、朝鮮戦争による分断の固定化という政治情勢の激動から大きな制約を受けながらも存在しつづけたのである。

3　国交正常化への道

日韓国交正常化をめぐる対立

一九五〇年代の日韓会談は、五二年二月に第一次会談として本格化し、再開と中断を繰り返しながら第四次会談まで行なわれた。そこでは、基本関係、財産請求権、文化財、漁業、竹島《たけしま》＝独島《トクト》問題について議論された。

基本関係については、第一次会談で韓国側は「基本条約案」を提出し、「大韓民国と日本は一九一〇年八月二十二日以前に旧大韓民国と日本国とのあいだに締結されたすべての条約が無効であることを確認する」という条項の挿入を主張した。「韓国併合条約」は武力で強制されたものだから無効（null and void）だというのだった。それに対して日本側は、植民地支配正当論の立場からこの条項の削除を要求した。その後、日本側は「もはや」という字句を加えることを条件に「無効」を受け入れる妥協案を示した。この妥協案が六五年の第七次会談で再論されたのである。

第一次会談の財産請求権委員会で韓国側は、「財産および請求権協定要綱案」を提出し、日本が「韓国から持ち去った古書籍、美術品、骨董品、その他の国宝、地図原版および地金と地銀を返還すること」など八項目を要求した。日本の植民地支配は「不法」であり、その上に蓄積された日本の財産は返還されねばならないというのがその根拠だった。それに対して日本側は、朝鮮に残してきた日本財産を、韓国側の対日請求と相殺する方針だった。日本政府が、植民地支配正当論の立場から日本側にも対韓請求権があると考えていたためだ。日本側には、植民地支配と戦争の被害に対して補償する意思はなかったのである。

第三次会談では、日本側の首席代表久保田貫一郎《くぼたかんいちろう》による「久保田発言」が問題となった。久保田は「率直に言って日本人は日本の大蔵省から金を持出して韓国経済の培養に寄与したと考えており、賠償要求を受ける筋合いはない」と述べた。それに韓国側が激しく反発して第三次会談は決裂した。日本政府の植民地支配正当論および「近代化」論が「久保田発言」として表面化し、韓国側がそれを峻拒《しゅんきょ》したのである。

文化財問題は、第三次会談までは財産請求権問題の一部として議論されていた。第四次会談にいたって「韓国請求権委員会」の下に「文化財小委員会」が設置され、本格的な議論が始められた。第四次会談開始直後に、一〇六点の朝鮮文化財が韓国側に引き渡された。それは日本政府によれば、日韓会談を再開するための雰囲気作りの一環であった。「韓国が独立をして、それに対する一つのはなむけとして、日本側の好意で若干のものを贈与する」もので、「返還するという法的根拠は認めない」と日本政府は言い張った。

漁業問題では、韓国側が一九五二年に設置した海洋線、いわゆる「李ライン」（韓国側では「平和線」）をめぐる議論が展開された。五〇年代には、「李ライン」を犯した日本の漁船が拿捕される事件が相次ぎ、日本側は漁業問題につねに神経を尖らせていた。

韓国側はこの「李ライン」の内側に竹島／独島を含めた。これに対して日本政府は、韓国側の竹島／独島への領土権を容認しないとの立場を表明した。日本政府は植民地支配正当論の立場に立っていたた

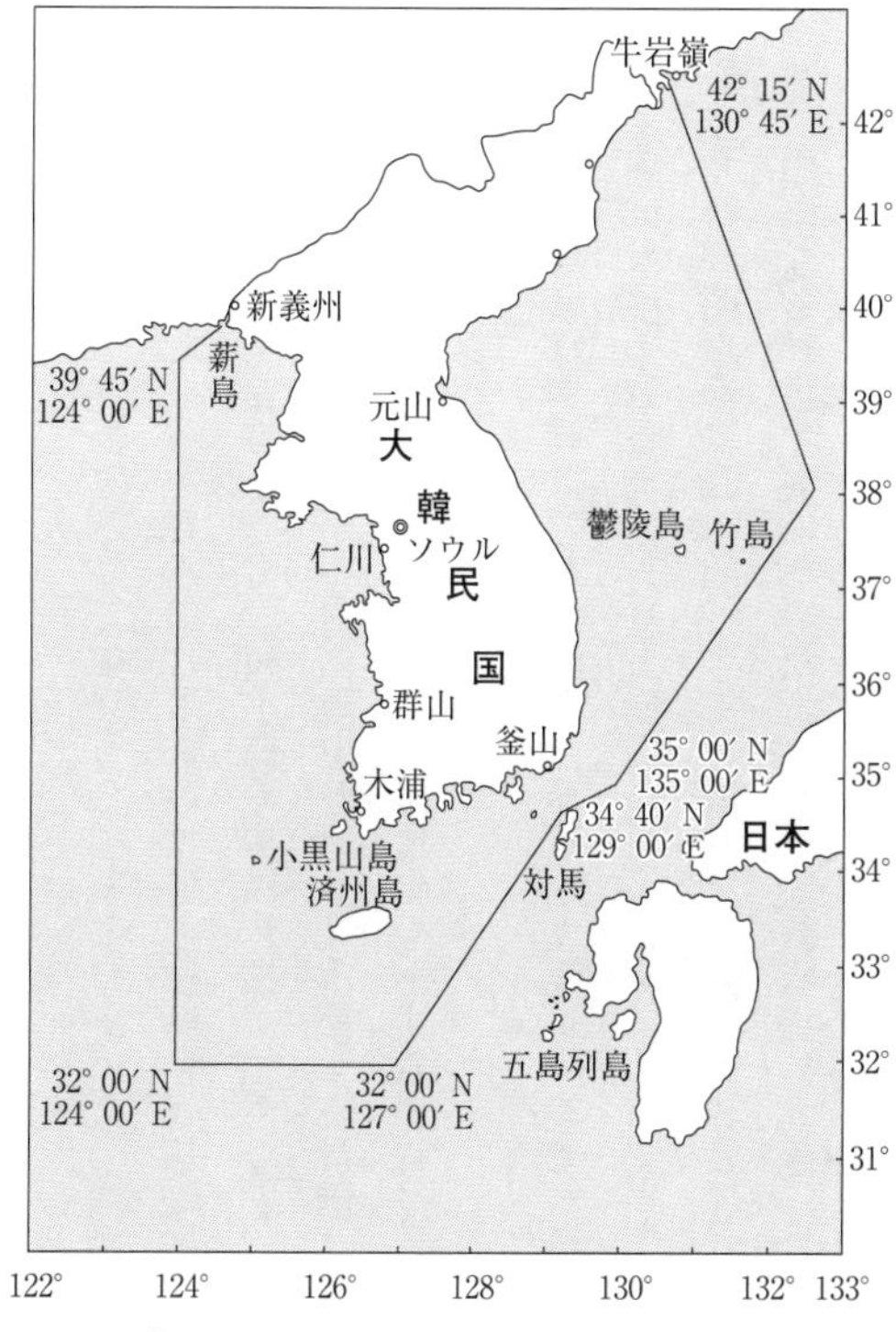

李ライン（池鉄根『平和線』より作図）

め、植民地支配から解放されて独立した国家とのあいだの問題だとは考えず、普通の二国間の領土紛争だと認識していた。一九五三年に米軍が竹島／独島を射撃場に使うことをやめると、この島に日韓双方が立ち入り、領土標識を立て、相手側の標識を撤去するなど、何度も衝突が起こった。こうしたなかで韓国政府は、五四年七月から警備隊を駐留させ占領する行動に出た。日本側はもっぱら歴史文献論争を通じて決着をつけようとし、日本が植民地支配をする過程で竹島／独島を占領したことは外務省関係者の頭にはなかった。

以上のように日本側は、基本的には植民地支配正当論の立場から議論を展開した。韓国側は、当初は共産主義に対抗するために日韓「防共協調」を呼びかけもしたが、「過去の克服」の意思をもたない日本側の姿勢が明らかになると、すぐに取り下げた。交渉決裂後の李承晩政権は、日本の「平和線侵犯」、ソ連・中国など社会主義圏への接近、在日朝鮮人の「北送」などに激しい批判を浴びせて日本政府と衝突した。

日朝関係と帰国問題

朝鮮戦争後の在日朝鮮人運動には大きな転機が訪れた。一九五四年八月に北朝鮮の南日《ナムイル》外相が、在日朝鮮人運動は「共和国の在外公民」としての運動であるべきだとする声明を発表すると、これをきっかけに運動内部で路線転換論争が活発化した。その結果、日本共産党の指導下にあった民戦が解消され、五五年五月には在日本朝鮮人総聯合会（朝鮮総聯）が結成された。朝鮮総聯は、日本共産党と決別し、北朝鮮の「在外公民」としての立場および日本への内政不干渉などの方針を打ち出し、在日同胞の共和国の周りへの総結集、祖国の平和的統一、在日朝鮮人の民主的・民族的権益の擁護、日朝国交正常化のための努力などを内容とする綱領（以後、一九九五年、二〇〇四に改正）を採択した。

日朝間には朝鮮戦争停戦直後から民間交流が始まっていた。一九五三年十一月に国会議員大山郁夫《おおやまいくお》らの停戦祝賀使節団が、五四年八月には国会議員黒田寿男《くろだひさお》（労農党）、平野義太郎《ひらのよしたろう》（日中友好協会副会長）らが訪朝し、日朝経済交流を呼びかけた。翌五五年二月、北朝鮮の南日外相は「対日関係に関して―朝鮮民主主義人民共和国外相の声明―」を発表し、「日本政府と貿易、文化関係及び日朝関係樹立発展に関する諸問題を具体的に討議する用意がある」ことを明らかにした。五五年十一月には、日朝協会第一回全国大会が開催された。日朝貿易・文化交流促進、日朝国交正常化、在日朝鮮人との提携などの主要課題が決議され、日朝協会は日朝友好交流運動を推進していくことになる。五七年九月には、日朝協会・日本国際貿易促進協会・日朝貿易会と朝鮮国際貿易促進委員会とのあいだに「日朝（民間）貿易協定」が締結され、地方平和団体や自治団体などの訪朝が増え人的交流も加速した。

一九五〇年代の日朝関係においてもっとも大きな問題となったのは、いわゆる在日朝鮮人の帰国問題だった。五九年から八四年までに在日朝鮮人と日本人妻、その子供など九万三三四〇人が北朝鮮に「帰国」した。この「帰国」には、論じる主体によって「帰国運動」「帰国事業」「帰還業務」「北送」など呼び方が異なった。まず朝鮮総聯が五八年八月に「帰国運動」として始めた。北朝鮮政府はこれを「帰国事業」として推進した。日本政府は五九年二月に在日朝鮮人の「帰国」を閣議で了承し「帰還業務」

として進めた。日本社会党・日本共産党・日朝協会は「帰国」を支援し、新聞や雑誌などのメディアが報道した。韓国側は「北送」と称して反対運動を展開した。

「帰国」の背景には在日朝鮮人をめぐるさまざまな政治・社会的要因が絡み合って存在していた。まず、その主体である在日朝鮮人に、日本における生活苦や民族差別による子どもへ将来への不安などから自由になりたいという意思や希望があった。北朝鮮の社会主義への憧れもあっただろう。

そのほかに、北朝鮮政府が「帰国」を積極的に進めたことが考えられる。朝鮮戦争後の経済復興に不足していた労働力を移入しようとしたという説や、日韓会談に対抗して李承晩政権との正統性をめぐる競争を有利に進め、国際的威信を高めようとしていたという説もある。いずれも説明可能だが、十分に実証的に明らかにされているわけではない。

ここではとりわけ、日本政府と日本赤十字社が一九五六年の段階で、在日朝鮮人六万人もの「帰還」の可能性を検討し、その実現に向けて赤十字国際委員会に働きかけていたことに注目しておきたい。一連のロビー活動の中心人物で外務省から出向したばかりの井上益太郎日赤外事部長によると、日本政府と日赤は在日朝鮮人について、「粗暴」「無知蒙昧」である、犯罪率が高く治安上の問題となっている、そのほとんどが生活保護対象者で財政上の負担となっている、共産主義者が多い、と認識していたという。つまり日本政府と日赤は、そうした「厄介な朝鮮人を日本から一掃する」ことを目的として「帰還業務」を推進したといえる。

一九五九年八月、日朝の赤十字はカルカッタで「日本赤十字社と朝鮮民主主義人民共和国赤十字会との間における在日朝鮮人の帰還に関する協定」に調印した。この協定に基づいて同年十二月十四日に帰国船第一船二隻が九七五人を乗せて新潟を出港したが、翌六〇年からは「帰国」をやめる人が増加した。帰国船は一八七回にわたって新潟・清津《チョンジン》間を往復し、八四年の船が最終船となって「帰国」は終わった。

日韓国交樹立

一九五一年十月に始まった日韓会談は、植民地支配・戦争被害の補償問題など「過去の克服」をめぐる対立が続いて難航したが、一九六〇年代に入ると一転して急進展した。

日本では、新安保条約締結で退陣に追い込まれた岸信介《きしのぶすけ》政権に代わって、所得倍増政策を掲げる池田《いけだ》勇人《はやと》政権が一九六〇年七月に成立した。ちょうど時を同じくして韓国では四月革命で李承晩政権が崩壊して「経済第一主義」を掲げる張勉《チャンミョン》政権が誕生した。池田政権は韓国に経済使節団を派遣し、双方は日韓会談を推進することで合意した。

韓国では一九六一年の五・一六クーデターにより朴正熙《パクチョンヒ》政権が成立した。朴正熙政権下では、東北アジアでの日本中心の地域経済統合を目指すアメリカと、輸出市場の確保を狙う日本、「輸出指向型工業化戦略」の下で経済開発を目指す韓国の利害が一致し、日韓会談妥結の環境が整えられた。六二年十一月の大平正芳《おおひらまさよし》外相と金鍾泌《キムジョンピル》中央情報部長の会談で、日本の有価証券、日本系通貨、戦時下朝鮮人未払い賃金などの財産請求権問題が「経済協力」によって処理されることになった（大平・金合意）。

韓国ではそうした日韓会談を進める朴正熙政権に対して、学生、知識人、野党、言論が、一九六四年と六五年に大規模な反対運動を展開した。その運動が指摘していたのは、朴政権が進める日韓会談が植民地支配・戦争被害の補償など「過去の克服」を目指すものではないこと、日韓「経済協力」によって韓国経済が日本経済に従属する危険性があることだった。朴政権はそれを、非常戒厳令を布《し》いて暴力で抑え込んだ。日本では、共産党や社会党、総評、学生が日韓会談反対運動を行なったが、それらはおも

日韓会談に反対する韓国市民（1965年．桑原史成撮影）

に日韓「軍事同盟」の推進および日本の独占資本の経済侵略を批判するもので、植民地支配・戦争被害の責任を問い、その克服を目指す主張は少数だった。

一九六五年六月に日韓条約（基本条約および財産請求権協定、在日韓国人法的地位協定、文化財協定、漁業協定）が締結され、十二月に日本と韓国の国交が樹立された。ところが基本条約では、一九一〇年の「韓国併合条約」以前の諸条約が無効であることが確認されたのみで、当初から無効であったとする韓国と、一九四八年の大韓民国成立後に無効となったとする日本側の解釈の相違は放置された。財産請求権協定では、無償供与三億ドル、政府借款《しゃっかん》二億ドル、民間商業借款三億ドル以上の提供が約束された。しかし、植民地支配・戦争被害の真相究明や謝罪、補償については明記されず、日本軍「慰安婦」・強制動員被害者・在韓被爆者など「過去の克服」は未解決のまま残されることになった。

北朝鮮政府は日韓会談を終始批判し、日韓条約の締結にも反対する立場を表明していた。たとえば一九六一年九月の朝鮮労働党第四次大会では「日本軍国主義者は、アメリカ帝国主義の後押しで南朝鮮に対する経済的侵略を画策するいっぽう、南朝鮮を引き入れて侵略的な軍事同盟を結ぼうと企んでいる」と非難した。金日成は翌六二年に、日韓国交正常化は「祖国の分裂を正当化し、それを永久化しようとする」敵対行為だと批判した。その後も北朝鮮政府は、日韓条約の締結が「米帝のアジア戦略の一環」である、日本軍国主義による韓国への「経済的侵略」であり、韓国との「軍事同盟」の締結をめざすものである、そして南北分断を永久化するものである、と非難し続けた。北朝鮮政府の対日政策の基本方針は「日本軍国主義に反対する闘争」を展開する方向へと修正されたのである。

二　冷戦下の日韓・日朝関係

1　日韓国交樹立後

日韓民間交流の始まり

日韓条約締結によって国交が樹立され、新しい日韓関係がスタートした。何よりも人が活発に行き来するようになった。表「戦後日韓間の人の往来」によると、一九六五年には日韓を往来する人は約二万人だったが、七〇年には約一二万人に増加している。六五年以降、日韓を往来する人の数は目に見えて増加していったのである。

人の移動の増大とともにモノの動きも活発になった。ただし貿易においては、韓国側の資本財や中間財の対日依存度が高く、設備投資が対日輸入増につながっただけでなく、消費財でも日本からの輸入が増加し、対日貿易の入超幅の拡大が続いた。これは日本の「生産物及び役務」を供与した日韓経済協力の当然の帰結だったといえる。

日本の企業進出も増えた。日本人社員はたいていの場合日本語を使い、多くの韓国人は植民地期に身につけた日本語で対応した。このように日韓の経済関係は不均等なもので、そこには植民地期に形成された関係が色濃く影を落としていた。

日韓間の実質的な民間交流は、日韓条約反対運動をくぐり抜けたところから始まったといってよい。たとえば韓国の総合雑誌『思想界』の編集主幹だった池明観《チミョングァン》は、一九六五年十二月の日本訪問から帰国した後に、「過去における友情の断絶を反省しながら、狭小な国家的利己主義にとらわれないよう努力すべきだ」と書いた。朝鮮史研究者の旗田巍《はただたかし》は、日本の日韓条約反対運動が「植民地支配の責任を自ら解決する態度」をもつことが「真に朝鮮人と友好を深める」ための出発点だと述べた。二人は、植民地支配への反省の上に立った日韓民間人の交流を呼びかけ、日韓間の問題を民間人の「共感と連帯」によって解決することを訴えていた。

一九六五年十月、日本キリスト教団代表の大村勇《おおむらいさむ》議長は、韓国キリスト教長老会総会に招請されて植民地支配を謝罪した。そのことによって日韓のキリスト教団の交流が始まった。韓国原爆被害者と日本の被爆者運動、市民との交流も日韓条約締結前後に始まった。民団広島県地方

戦後日韓間の人の往来

	韓国人日本入国者数	日本人韓国入国者数
1950	825	−
1955	1,227	−
1960	5,752	247
1965	17,065	5,095
1970	71,790	47,671
1975	129,186	325,296
1980	212,973	468,462
1985	296,708	639,245
1990	978,984	1,428,396
1995	1,103,566	1,675,110
2000	1,286,583	2,491,290
2005	2,008,418	2,421,408
2010	2,686,867	3,004,066
2013	2,723,084	2,715,451
2014	3,016,112	2,300,161
2015	4,232,706	1,859,190

法務省出入国管理局出入国管理統計表（2008年10月31日公表）http://www.e-stat.go.jp/SG1/estat/List.do?lid=000001035550, 2014年9月26日アクセス，同 http://www.moj.go.jp/housei/tokei/tokei_ichiran_nyukan.html, 2016年9月19日アクセス，大韓民国法務部出入国外国人政策本部HP統計資料室統計年報 http://www.immigration.go.kr/HP/COM/bbs_003/BoardList.do, 2016年9月19日アクセスより．

日本の対韓貿易推移（単位 100万ドル）

年度	対韓輸出	対韓輸入	合計	バランス	年度	対韓輸出	対韓輸入	合計	バランス
1961			–	–	1996	31,449	15,767	47,216	15,682
1962			–	–	1997	27,907	14,771	42,678	13,136
1963			–	–	1998	16,840	12,238	29,078	4,602
1964			–	–	1999	24,142	15,862	40,004	8,280
1965	175	45	220	130	2000	31,828	20,466	52,294	11,362
1966	294	65	359	229	2001	26,633	16,506	43,139	10,127
1967	443	85	528	358	2002	29,856	15,143	44,999	14,713
1968	511	–	511	511	2003	36,313	17,276	53,589	19,037
1969	–	–	–	–	2004	46,144	21,701	67,845	24,443
1970	809	234	1,043	575	2005	48,403	24,027	72,430	24,376
1971	954	262	1,216	692	2006	51,926	26,534	78,460	25,392
1972	1,031	408	1,439	623	2007	56,250	26,370	82,620	29,880
1973	1,727	1,242	2,969	485	2008	60,956	28,252	89,208	32,704
1974	2,621	1,130	3,751	1,491	2009	49,428	21,771	71,199	27,657
1975	2,434	1,293	3,727	1,141	2010	64,296	28,176	92,472	36,120
1976	3,099	1,802	4,901	1,297	2011	68,320	39,680	108,000	28,640
1977	3,297	2,148	5,445	1,149	2012	64,363	38,796	103,159	25,567
1978	5,981	2,627	8,608	3,354	2013	60,029	25,367	85,396	34,662
1979	6,657	3,353	10,010	3,304	2014	51,828	33,579	85,407	18,249
1980	5,858	3,039	8,897	2,819	2015	44,049	26,829	70,878	17,220
1981	6,374	3,444	9,818	2,930					
1982	5,305	3,314	8,619	1,991					
1983	6,238	3,357	9,595	2,881					
1984	7,640	4,602	12,242	3,038					
1985	7,560	4,543	12,103	3,017					
1986	10,869	5,426	16,295	5,443					
1987	13,656	8,436	22,092	5,220					
1988	15,929	12,004	27,933	3,925					
1989	17,449	13,457	30,906	3,992					
1990	18,574	12,638	31,212	5,936					
1991	21,120	12,356	33,476	8,764					
1992	19,458	11,600	31,058	7,858					
1993	20,016	11,564	31,580	8,452					
1994	25,390	13,523	38,913	11,867					
1995	32,606	17,049	49,655	15,557					

韓国貿易協会 http://stat.kita.net/stat/kts/ctr/CtrTotalImpExpList.screen，2014年9月26日アクセス，日本貿易振興機構 HP https://www.jetro.go.jp/world/japan/stats/trade，2016年9月19日アクセスより．

本部と同青年団が訪韓して在韓被爆者実態調査を行なった。当時『中国新聞』の記者だった平岡敬《ひらおかたかし》はソウルを訪れて在韓被爆者を取材し、雑誌『世界』で初めて在韓被爆者の生活状況を紹介した。韓国では一九六六年に在韓被爆者自身が「韓国原爆被害者援護協会」を立ちあげて活動を開始した。在韓被爆者と日本の市民の交流もこの時期から始まったのである。

韓国民主化運動への連帯

一九七一年四月の第七代韓国大統領選挙で現職の朴正熙《パクチョンヒ》が三選を果たしたが、野党候補の金大中《キムデジュン》の得票は朴正熙のそれに肉薄していた。翌月の国会議員選挙でも野党の新民党が議席を倍増させ、朴正熙の長期執権に対する不満と民主化への熱望が高まっていた。

そのなかで朴正熙政権は、一九七二年十月には非常戒厳令を布告して国会の解散、政党・政治活動を禁止し、十一月には大統領の直接選挙制を廃止して統一主体国民会議による間接選挙を行なう「維新憲法」を制定した。翌十二月には統一主体国民会議で朴正熙が第八代大統領に選ばれ、永久執権への道を開く「維新体制」が始まった。

一九七三年八月八日に東京のホテル・グランドパレスで、前大統領候補の金大中が韓国中央情報部（ＫＣＩＡ）要員に拉致され韓国に連れ戻されるという「金大中拉致事件」が起こった。朴正熙政権は当局の介入を否認し、中央情報部要員だった韓国大使館書記官金東雲《キムドンウン》の指紋がホテル現場で採集された後でもその態度を変えなかった。これは日本政府にとっては主権侵害であったため、政界では朴正熙政権に対する批判が高まり、日韓定期閣僚会議を延期するなどの対抗措置をとった。朴正熙政権は、金鍾泌《キムジョンピル》国務総理が訪日して謝罪することにより政治決着をはかり、日本政府もそれを受け入れた。二〇〇七年十月に韓国国家情報院（中央情報部の後進）の真実究明委員会は、中央情報部が事件を主導したことを公式に認めた。

一九七四年八月には、韓国の独立記念式典で、在日韓国人二世の文世光《ムンセグァン》が朴正熙大統領を狙撃し、陸英修《ユクヨンス》大統領夫人が被弾し死亡する事件が起こった。この事件で使用された拳銃が日本の警察から奪取されたものであったことや、日本国の偽造旅券が使われたりしたことから、朴正熙政権は日本政府に対する批判を強め、日韓関係は悪化した。日本政府は、田中角栄首相が陸英修の葬儀に参列し、椎名《しいな》悦三郎《えつさぶろう》自民党副総裁を特派して事態の収拾をはかった。日韓両政府はこの二つの事件を政治問題化させないということで政治決着した。韓国政府は〇五年に「文世光事件」に関する資料を公開したが、事件の真相は謎に包まれたままである。

一九七〇年代初めに日本では韓国で高まった民主化運動に連帯しようとする運動が起こった。とりわけ「金大中拉致事件」は民主化運動や日韓関係に関心を高める契機となった。金大中事件の真相を究明する会や日韓連帯会議など全国各地に市民の集まりが結成され、集会やデモ、ハンスト、声明の発表などが行なわれた。七〇年代半ばには、「五族」などの詩で朴政権批判を行ない反共法違反により投獄されていた詩人金芝河《キムジハ》らを救援する会が結成されるなど、日本での民主化連帯運動は活発化した。

日韓の政財界の「日韓癒着」を批判し、日本企業の韓国進出や日本人男性の買春行為を目的としたキーセン観光に反対する運動、在日韓国人政治犯を救援する運動も展開された。東京に留学していた池明観は、七三年から月刊誌『世界』にT・K生というペンネームで「韓国からの通信」を書き、韓国民主化運動の実情を地下通信という形で日本に伝えた。

その他にも一九六九年には飯沼二郎や鶴見俊輔らが雑誌『朝鮮人』を創刊し、日本の出入国管理体制を批判し、「不法入国者」や退去強制を適用された在日朝鮮人が収容された大村収容所の廃止を訴えた。七〇年には、かつて広島で被爆し解放後は釜山《プサン》に住んでいた在韓被爆者の孫振斗《ソンジンドゥ》が日本での原爆後障害の治療を求めて「密入国」し逮捕されたことを受けて、「孫さんの日本在留と治療を求める全国市民の会」が結成され、支援運動が開始された。七三年には、福岡県が孫の被爆者健康手帳交付申請を却下したため、孫は「被爆者健康手帳却下処分取消訴訟」を起こし、七八年には最高裁で勝訴した。七一年には「韓国の原爆被害者を支援する市民の会」が結成され、この孫の最高裁判決を契機に在韓被爆者支援運動が本格的に展開されることになった。

雑誌『朝鮮人』の表紙

在日朝鮮人の法的地位

一九六五年六月の日韓国交正常化の時に「日本国に居住する大韓民国国民の法的地位及び待遇に関する日本国と大韓民国の間の協定」（在日韓国人法的地位協定）が締

結された。これにより在日の大韓民国国民は翌六六年から五年間に日本政府に申請すれば「永住」が認められるようになった（「協定永住」）。

ただし「永住」の範囲は、一九四五年八月一五日以前から在日している者と、その子どもで協定発効（六六年）から五年以内に日本で生まれた者の二世代に限られ（第一条）、その後の世代は協定発効日から「二五年を経過するまでは協議を行なう」（第二条）とされた。また、「協定永住」者に対する教育、生活保護および国民健康保険、韓国に帰国する場合の財産や送金について「妥当な考慮」を払うとされた（第四条）。

そのいっぽうで、内乱・外患・国交に関する罪で禁錮刑以上、および麻薬取締法で三年以上の懲役・禁錮または三回以上の累犯、その他の法令に違反して七年以上の懲役・禁錮刑に処せられたものは強制退去の対象とされた。

日本政府は法的地位をめぐる交渉と協定においても「治安問題としての処理」を優先した。韓国政府は協定締結によって日本政府に初めて法的に韓国籍者を認めさせ、北朝鮮との国民獲得競争を有利に進めることができた。北朝鮮政府は、在日朝鮮人の絶対多数が共和国の公民だとして協定締結の無効を主張し、帰国事業を進めて対抗した。

在日韓国人法的地位協定は在日朝鮮人社会に深刻な影響をもたらした。「協定永住」は同じ歴史的背景をもつ「朝鮮籍」者には適用されず、在日朝鮮人は「協定永住」と、前述の「法一二六」の該当者、その他の永住者に分断された在留資格をもつことになった。一九六〇年に一八万人であった韓国籍者は一九七〇年には三三万人に増加し、同年二八万人の「朝鮮籍」者を上回った。在日朝鮮人社会でも南北対立が激化した。それだけでなくひとりひとりに、「朝鮮」か、「韓国」か、「日本」に同化するのか、厳しい選択を迫られたのである。

一九八一年には入管令が改定されて法律名が「出入国管理および難民認定法」とされた。それにより、「協定永住」を取得しなかった「法一二六」および「法一二六の子」に、八二年から五年間に限り「特例永住」の資格が認められた（「特例永住」）。くわえて国民年金法と児童手当三法の国籍条項を削除する法改定が行なわれ、在日朝鮮人の処遇にわずかながらも改善が図られた。

2　韓国民主化のなかで

韓国民主化と日韓関係

一九七〇年代末から八〇年代初めにかけて韓国政治は激動した。朴正煕政権に対する社会の批判が高まるなかで、七九年一〇月には中央情報部長の金載圭《キムジェギュ》が朴正煕大統領を殺害する事件が起こった。その後実権を握った全斗煥《チョンドゥファン》ら新軍部勢力は、八〇年の学生が民主化を要求した「ソウルの春」と戒厳軍の暴力に光州《クァンジュ》市民が抵抗して起ちあがった光州民衆抗争を力で抑え込んで、全斗煥政権を発足させた。

一九八〇年代に入ると東西冷戦は激化の方向に向かった。アメリカでは八一年に発足したレーガン政権が全斗煥大統領を最初の国賓としてホワイトハウスに招いて全斗煥政権との結びつきを強めた。日本では翌八二年に中曽根《なかそね》康弘《やすひろ》政権が発足し、全斗煥政権に四〇億ドルの円借款を行なうことを表明して全斗煥政権を支持した。

一九八二年六月には歴史教科書問題が起こった。日本の文部省の歴史教科書検定で過去のアジア諸国への「侵略」を「進出」という用語に書き換えが進められていると韓国や中国の新聞が批判し、外交問題となった。八月に宮沢喜一《みやざわきいち》官房長官が、教科書の記述について「政府の責任において是正する」との談話を出して事態は収束した。日本政府はこれを機に、「近隣のアジア諸国との間の近現代の歴史的事象の扱い」に配慮する「近隣諸国条項」を教科書の検定基準に加えることになった。

一九八三年から八四年にかけて韓国の学生運動や労働運動が活発化し、教育・文化・言論の分野で民主化運動の組織化が進んだ。八〇年の光州民衆抗争をくぐった民主化運動は、新軍部の暴力とアメリカの関与を強く批判するようになった。八七年六月には、市民が独裁打倒・大統領直接選挙制改憲などの民主化を要求した六月民主化抗争が起こった。韓国ではこれによって政治的民主主義が達成されたと考えられている。

国家の暴力に抗《あらが》う韓国民主化運動の力は、海外の人々に強く印象付けられた。七〇年代から続いていた日本での連帯の動きはより活発になった。とりわけ光州民衆抗争に関連して金大中が内乱陰謀等事件で死刑が宣告されようとしたことに対して、全国各地に「金大中さんを殺すな」の声があがり救援運動が広がった。八七年の民主化抗争の時には総合雑誌『世界』がその年の一〇月号で特集「韓国民衆革命」を組み、民主化運動のリーダーたちの声を伝えて「六月民衆革命の軌跡と展望」を論じただけでなく、「日本人はどう応えるのか—韓国民衆革命と日本の朝鮮観—」をも問いかけた。

労働運動での日韓連帯も行なわれた。一九八九年十月に始められた「韓国スミダ争議」はその代表的な事例である。日本企業の一〇〇％投資子会社の韓国スミダ電機で従業員四五〇人が解雇されたことから、労組代表四人が来日して労使交渉が開始された。日本人と在日朝鮮人が労組を支援し、会社側は経営責任を認め生存権対策資金を支払った。労組側が勝利したのである。

一九七〇年代から八〇年代にかけて、「北朝鮮のスパイ」として韓国政府に捕えられていた在日韓国人政治犯への救援運動も活発に展開された。一九七一年の徐勝《ソスン》・徐俊植《ソジュンシク》兄弟の事件はその象徴的存在で、徐勝と徐俊植は韓国民主化後の九〇年、八八年にそれぞれ釈放された。

変わりゆく日朝関係

一九六五年の日韓条約締結により、同条約の破棄を求める北朝鮮と日本の関係は悪化した。五〇年代以来細々と続けられていた民間の人的・経済交流も停滞した。六六年から翌六七年にかけての日本の対北朝鮮輸出は六五年の約三分の一に減少していた。

こうした日朝関係に変化が起こったのは、ベトナム和平の進展や米中接近などで東アジア冷戦が緩和された一九七〇年代初めのことだった。七一年九月に金日成《キムイルソン》首相は、北朝鮮は「国交関係はなくても貿易を発展させていく方針」で、国交回復の前段階として「自由往来、文化交流、記者交換」などの実現を望んでいることを表明した。これを受けて社会党・総評に北朝鮮との関係修復の機運が広がった。十一月には自民党議員を含む二三四人の議員によって、日朝国交樹立などの目標を掲げた日朝友好促進議員連盟（日朝議連）が結成された。翌七二年一月には、日朝議連の代表団と日朝貿易会が朝鮮国際貿易促進委員会とのあいだで「日朝間の貿易促進に関する合意書」に調印した。

一九七二年七月に南北共同声明、九月に日中共同声明が発表されると、日本政府の対北朝鮮政策は軟化し、日朝間の人の往来も頻繁になった。日本政府は、七二年には北朝鮮の高松塚古墳調査団、朝鮮国際貿易促進委員会、七三年にはラジオ・テレビ放送、鉄鋼、セメント分野の代表団、万寿台《マンスデ》芸術団、七四年には貿易、工業、商業分野の代表団の日本への入国を認めた。

日本のマスメディアもこれらの交流や貿易について報道しただけでなく、ジャーナリストみずから北朝鮮を訪問し当地の状況を伝えた。北朝鮮の指導者とのインタビューや産業・農業・教育の状況、人々の生活の様子などが日本の新聞、雑誌、ラジオ、テレビをにぎわした。

日朝間の貿易も一九七二年以降は拡大していった。表「日本の対朝貿易推移」のように、日本の北朝鮮への輸出額は、一九七二年は七一年の三・二倍、七四年は八・七倍に、日本の北朝鮮からの輸入は、それぞれ一・三倍、三・六倍に増えている。

日朝関係はこのまま改善の方向に向かうかに見られたが、北朝鮮側の貿易代金支払い遅延などにより、交流はしだいに停滞していった。一九八〇年代に入ると、八三年にラングーン爆弾テロ事件、八七年には大韓航空機爆破事件などが起こり、日本社会の北朝鮮へのまなざしはしだいに厳しいものとなった。

日本の対朝貿易推移（単位 100万ドル）

年度	対朝輸出	対朝輸入	合計	バランス	年度	対朝輸出	対朝輸入	合計	バランス
1961	4.94	3.98	8.91	0.96	1996	226.52	290.80	517.32	-64.28
1962	4.78	4.55	9.33	0.23	1997	179.09	302.04	481.13	-122.95
1963	5.35	9.43	14.78	-4.08	1998	175.08	219.36	394.44	-44.28
1964	11.28	20.23	31.52	-8.95	1999	147.59	202.19	349.78	-54.60
1965	16.51	14.72	31.23	1.78	2000	206.83	236.98	443.81	-30.15
1966	5.02	22.69	27.71	-17.68	2001	1065.36	226.78	1292.14	838.58
1967	6.37	29.61	35.98	-23.24	2002	132.19	235.31	367.51	-103.12
1968	20.75	34.03	54.78	-13.28	2003	91.10	173.59	264.69	-82.50
1969	24.16	32.19	56.35	-8.03	2004	88.53	164.04	252.57	-75.52
1970	23.34	34.41	57.76	-11.07	2005	62.82	133.00	195.82	-70.18
1971	28.91	30.06	58.97	-1.15	2006	43.85	77.80	121.65	-33.96
1972	93.44	38.31	131.75	55.13	2007	9.09	0.00	9.09	9.09
1973	100.16	72.32	172.48	27.84	2008	7.59	0.00	7.59	7.59
1974	251.91	108.82	360.74	143.09	2009	2.73	0.00	2.73	2.73
1975	180.63	64.84	245.47	115.79	2010	0.00	0.00	0.00	0.00
1976	96.06	71.63	167.68	24.43	2011	0.00	0.00	0.00	0.00
1977	125.10	66.62	191.72	58.48	2012	0.00	0.00	0.00	0.00
1978	183.35	106.86	290.21	76.49	2013	0.00	0.00	0.00	0.00
1979	283.85	152.03	435.88	131.82	2014	0.00	0.00	0.00	0.00
1980	374.31	180.05	554.35	194.26	2015	0.00	0.00	0.00	0.00
1981	291.00	139.48	430.47	151.52					
1982	313.16	152.03	465.19	161.14					
1983	327.08	126.15	453.23	200.93					
1984	254.72	145.22	399.94	109.50					
1985	247.07	179.29	426.36	67.78					
1986	183.97	173.23	357.20	10.74					
1987	213.74	241.74	455.48	-28.00					
1988	238.88	324.65	563.53	-85.77					
1989	197.00	298.68	495.68	-101.68					
1990	175.90	300.28	476.18	-124.38					
1991	223.99	283.57	507.56	-59.58					
1992	223.03	258.56	481.59	-35.53					
1993	219.65	252.35	472.00	-32.70					
1994	170.78	322.68	493.46	-151.90					
1995	254.96	339.68	594.64	-84.72					

2000年までJETRO White Paper on Internatioal Trade，2001年から日本貿易振興機構HP http://www.jetro.go.jp/world/japan/stats/trade/，2016年９月19日アクセスより．

在日朝鮮人の人権運動

解放後の在日朝鮮人には、就職、住宅、年金・児童手当、教育、戦後補償において、日本社会の差別はゆるむことなく続いていた。

一九六八年二月、在日朝鮮人の金嬉老（本名、権嬉老）が金銭トラブルから静岡市内のキャバレーで暴力団員二名を射殺し、そのあと寸又峡温泉の旅館に籠城する事件が起こった。金は自らが受けてきた差別を、メディアを通して訴えた（金嬉老事件）。在日朝鮮人への差別の現実を日本社会に知らしめる象徴的な出来事であった。

民族差別に反対する運動にはおもに朝鮮総聯と民団が取り組んでいたが、一九七〇年代になると人権侵害を受けた個人が差別に立ち向かうようになった。

一九七〇年、在日韓国人二世の朴鐘碩《パクチョンソク》は、通名で日立製作所の入社試験を受けて合格したが、「嘘をついた」という理由で採用を取り消された。朴はそれを不服として日立を相手取って提訴し、七四年に全面勝訴した（日立就職差別裁判）。判決は、会社側の対応が民族差別による不当解雇だったことを全面的に認め、在日朝鮮人の歴史や日本社会に広がる民族差別にも言及した。

司法修習生に対する国籍条項の撤廃運動がそれに続いた。在日韓国人二世の金敬得《キムキョンドゥク》は司法試験に合格したが、司法修習生の選考要項に国籍条項があったため司法修習生の採用を保留とされた。金は採用条件である日本への帰化を拒否し、最高裁判所に嘆願書を提出した。これを機に「金敬得さんを支援する会」が結成され、支援運動が始められた。最高裁は一九七七年三月に「日本国籍がないことを理由に不採用とはしない」ことを決定する判断を下した。こうして金は、弁護士資格について事実上の国籍条項撤廃を勝ち取り、韓国籍のままで初めて弁護士となった。

そのほかにも、公営住宅への入居、国民年金の適用、公務員就職などの国籍条項による民族差別の撤廃を求める闘いが続けられた。こうした民族差別撤廃運動にくわえ、国際人権基準の遵守を求める国際社会の圧力を受けて、日本はようやく一九七九年に国際人権規約（自由権規約）、八一年に難民条約を批准した。それにより社会保障関連の法律から国籍条項が撤廃され、在日朝鮮人も国民年金に加入でき児童手当などが受けられるようになった。

一九八〇年代に入ると、外国人にのみ義務づけられていた外国人登録証への指紋押捺の撤廃を求める運動が高揚した。指紋押捺義務は五二年四月に施行された外国人登録法第一四条に規定されたもので、新規登録、再交付、確認申請（切り替え）時に、登録原票、登録証明書、指紋原紙に指紋押捺が義務付けられていた。不押捺は刑事罰の対象とされ、窓口となる自治体は押捺拒否者を警察に告発するよう求められた。指紋押捺は「同一人性確認」のためとされたが、治安管理を目的とする制度であることが当初より指摘されていた。

一九八〇年九月に在日韓国人一世の韓宗碩《ハンジョンソク》が東京都新宿区役所で指紋押捺を拒否し、新宿警察に告発されて裁判となった。韓は「日本人なら犯罪者にだけ強制されている指紋押捺を、外国人に強要するのは民族差別であり、人権侵害だ」と訴えた。その後、在日二、三世を中心に押捺拒否者が続出し、支援運動が大々的に展開された。こうして二〇〇〇年には外国人登録法による指紋押捺制度は全廃された。

この指紋押捺撤廃運動には、日本社会の差別的な制度や意識を変えていこうとする日本人やさまざまな国出身の在日外国人も参加し、在日朝鮮人との連帯運動が広がった。

三　冷戦の崩壊と日韓・日朝関係

1　過去の克服

植民地支配・戦後補償問題

東西冷戦崩壊後の一九九〇年代初めに、日本軍「慰安婦」や強制動員された軍人・軍属・労働者などの植民地支配・戦争による被害者は補償を求める声をあげ始めた。これに対して日本政府は、六五年の日韓財産請求権協定で「完全かつ最終的に解決」されたとして、被害者らの補償要求に取り合わなかった。

そのいっぽうで日本政府は、一九九三年の「河野内閣官房長官談話」や九五年の「村山談話」により「植民地支配と侵略」に対する「反省」と「お詫び」を表明し、在韓被爆者・サハリン在住朝鮮人・在日韓国人軍人軍属・日本軍「慰安婦」問題については「在韓被爆者医療支援金」や「平和条約国籍離脱者等である戦没者遺族等に対する弔慰金」、「アジア女性基金」などの特別措置を講じた。ただし日本政府によると、これらは「人道的見地」から行なうもので国家補償を前提とするものではないということである。しかし実質的には、植民地支配・戦争に由来する未解決の問題が存在し、日韓財産請求権協定では清算されなかったことを具体的に認めたものだといえる。

韓国政府は二〇〇〇年半ばまでは、植民地支配・戦争被害者の補償問題は日韓財産請求権協定の締結によって政府レベルでは解決したが、個人の請求権は消滅していないと解釈していた。しかし、〇五年に盧武鉉《ノムヒョン》政権下で日韓財産請求権協定関連文書を精査したことにより、植民地支配下の日本軍「慰安婦」、在韓被爆者、サハリン在住朝鮮人に対する「反人道的不法行為」は日韓請求権協定では解決していないと、それまでの見解を修正した。盧武鉉政権を支えていた民主化運動世代の力がこれを可能にしたのであり、韓国政府は植民地支配・戦争被害に正面から向き合うことになった。さらに二〇一二年五月の韓国最高裁判所での三菱重工と新日鉄訴訟の上告審判決は、強制動員被害者の補償問題についても日韓財産請求権協定では未解決だという判断を下した。

植民地支配・戦争被害の補償をめぐる日韓間の対立を解消していくために、これまで日韓政府や市民のレベルでさまざまな対話が続けられてきた。そうした対話では、何よりも植民地支配・戦争被害の真実を究明することの重要性が指摘されている。日本政府は今日、かつて朝鮮半島や台湾を植民地支配し、アジアとの侵略戦争を引き起こした歴史を反省し謝罪する立場に立っている。日本軍「慰安婦」、原爆被害者、サハリン在住朝鮮人、強制動員被害者の被害の実態や、植民地支配そのものの政策や実態などを総体的に究明していくことが求められている。

日韓共同宣言と交流の活性化

一九九八年十月に「日韓共同宣言」が発表された。小渕恵三《おぶちけいぞう》首相は、過去の植民地支配により「多大の損害と苦痛を与えた」ことに対して、「痛切な反省と心からのお詫び」を述べ、金大中《キムデジュン》大統領はこれを評価し、「和解と善隣友好協力に基づいた未来志向的な関係を発展させる」努力をすると表明した。日韓間の公式文書に植民地支配に対する日本の「反省」と「お詫び」が盛り込まれ、日韓両政府がそれを共通の認識としたことは初めてのことだった。日本政府は、言葉の上では植民地支配・戦争責任を認めたといってよい。問題は植民地支配・戦争被害の真実の究明と補償問題の解決はなされないまま残されたことで、日本政府が植民地支配・戦争の責任を果たすのかどうかが問われている。

宣言には、「二一世紀に向けた新たなパートナーシップ」を共通の目標として構築、発展させていき、政治、安全保障、経済、文化など諸分野での交流を促進していくことが明記された。両政府はそれらを具体的に実施するために「二一世紀に向けた日韓行動計画」を作成し、「両国の対話チャンネルの拡充」、「国際社会の平和と安全のための協力」、環境、スポーツ、学術、文化など「地球規模問題に関する協力」についての計画を打ち出した。

二〇〇二年にはサッカー・ワールドカップの日韓共同開催が実現した。日本では〇四年の韓国ドラマ「冬のソナタ」の放送をきっかけに、ドラマ、映画、歌謡などの「韓流」がブームとなった。「韓流」は中国や台湾、東南アジアへも広がった。日韓間にはさまざまな分野で多くの人々が行き交い、顔の見える交流が定着するようになった。

そのいっぽうで対立も続いた。二〇〇〇年には「新しい歴史教科書をつくる会」が編修した『新しい歴史教科書』（扶桑社）が刊行され、同書が検定合格したことに対して、韓国や中国、日本国内から、植民地支配や侵略戦争を正当化する記述が見られると批判された。〇八年にもほぼ同じ内容の教科書が自由社から発行され、その内容は「嫌韓」と呼ばれる人々の論拠にもなった。

この歴史教科書問題を機に、日韓、日中間の歴史共同研究が行なわれたほか、日中韓の研究者、教員、市民が共同編集した『未来を開く歴史』（高文研、二〇〇五年）、同じく『新しい東アジアの近現代史』上・下（日本評論社、二〇一二年）が刊行された。これらは日中韓の共同の歴史教材作りとして画期的な取り組みとなった。

二〇〇五年には『マンガ嫌韓流』が出版され、韓国、朝鮮とそれに関連する人や事物に対する中傷や批判が高まった。靖国神社参拝、竹島＝独島《トクト》問題などをめぐる摩擦、対立も続いている。

日朝国交正常化に向けて

東西冷戦が崩壊するなかで、一九九〇年十一月に日朝国交正常化のための予備交渉がようやく開始された。敗戦と解放から四五年後のことだった。交渉で北朝鮮側は、日本の植民地支配に対する謝罪と補償を、日本側は北朝鮮の核開発の中止、日本人拉致問題の調査を要求して対立した。この対立は解消されず九二年八月の第八回交渉で決裂した。その後二〇〇〇年四月に第九回交渉として再開されたが、三回の交渉のあと再び中断した。

二〇〇二年九月に小泉純一郎《こいずみじゅんいちろう》首相は平壌《ピョンヤン》を訪れて金正日《キムジョンイル》国防委員会委員長と首脳会談をもち、両首脳は日朝平壌宣言に合意した。首脳会談では金正日委員長はその会談で一三人の日本人を拉致したことを初めて謝罪した。

日朝平壌宣言では、国交正常化を早期に実現させるために最善をつくし交渉を再開すること、日本側が植民地支配に対して「お詫び」を表明し経済協力を実施すること、日本国民の生命と安全にかかわる懸案問題（拉致問題）について適切な措置をとること、東北アジア地域の平和と安定を維持し互いに協力していくことに合意した。「過去の克服」では真実究明や補償問題が明確にされず、日韓共同宣言と同様に課題が残されたが、両首脳が「過去の克服」、拉致、核・ミサイル問題などの諸懸案を日朝交渉を通じて解決していくことに合意したことで交渉は進展すると見られた。

第14回南北コリアと日本のともだち展のチラシ（「南北コリアと日本のともだち展実行委員会」より提供）

ところがその後、日朝は拉致問題と北朝鮮の核開発をめぐって対立を繰り返し、敗戦と解放から七〇年以上が過ぎた今日においても国交は樹立されていない。

とはいえ、日朝は摩擦や対立のみを繰り返したわけではない。一九九〇年代の半ばに北朝鮮で発生した大規模な自然災害の際には、日本政府によって「人道的な観点」から食糧、医療支援がなされた。民間では九六年六月に「NORTH　KOREA水害支援キャンペーン」（JA全国農協青年組織協議会、ピースボート、日本国際ボランティアセンターなど）が設立され、食糧支援が行なわれた。また「KOREAこどもキャンペーン」は、二〇〇一年から毎年「南北コリアと日本のともだち展」を東京、ソウル、平壌などで開き、韓国・北朝鮮・日本・在日朝鮮人の子どもたちの絵の展示を通して民間交流を続けている。

2　日韓・日朝関係の未来

今日の在日朝鮮人

在日韓国人法的地位協定の発効から二五年後の一九九一年一月、日韓両政府は「日韓法的地位協定に基づく協議に関する覚書」に調印した。それを受けて日本政府は同年五月に「日本国と平和条約に基づき日本の国籍を離脱した者等の出入国管理に関する特例法（入管特例法）」を制定した。これによって「法一二六」「法一二六の子」「協定永住」などの在留権が日本の法制度で初めて一本化され、旧植民地出身者およびその子孫について、その日本国籍喪失時に遡って一括して「特別永住」という枠組みが設けられた。五二年の「法一二六」にあった「別の法」がようやく制定されたのである。

二〇〇九年七月には、戦後長く存続してきた外国人登録法が廃止され、改定入管法、改定入管特例法、住民基本台帳法などが成立し、一二年七月にそれらが施行された。「特別永住者」については、「特別永住者証明書」というICチップ付カードが交付された。その常時携帯義務はなくなったが、提示義務は従来通りで、その他の義務および罰則もほぼそのまま残された。

在日朝鮮人の権利や生活は、在日朝鮮人自身や内外の市民運動によって徐々に改善されてきた。しかし、国籍選択、「特別永住」の権利、外国人登録、地方自治への参加、戦後補償、公務員の管理職受験資格、在日朝鮮人高齢者と障害者の年金、朝鮮学校の高校無償化からの排除などにおいて、今もなお構造的な差別が存在している。

これに対して二〇〇二年には、「在日韓国朝鮮人をはじめ外国籍住民の地方参政権を求める連絡会」によって、旧植民地出身者とその子孫に対して、国籍選択権、無条件の永住権、民族的マイノリティの権利および完全な生存権を保障する「在日基本法」の制定が呼びかけられた。また〇四年には、国際人権条約に基づく「外国人・民族マイノリティ基本法」の制定を進める運動が開始された。在日朝鮮人による人権運動は、近年、在日外国人・民族的マイノリティの人権運動へと広がり、多国籍の市民が共生する社会をめざして展開されている。

隣人として

すでに、敗戦と解放から七〇年以上、日韓条約締結から半世紀以上が過ぎた。日本と朝鮮半島の間には、植民地支配・戦争の歴史をどう考え、過去をどのように克服していくのかをめぐる論争が続いている。時として過去をめぐる対立は、インターネットを含むメディアによって増幅され、政治やナショナリズム、記憶と結びついて複雑化することがあるが、問われているのは植民地支配・戦争を引き起こした日本の責任である。

北朝鮮と日本は、日韓のような不十分な形での過去への向き合い方さえできずに、今日においても国交を結べない状態にある。日本では忘れられがちだが、朝鮮半島の南北分断の淵源には日本の植民地支配があることも想起する必要がある。植民地支配・戦争を引き起こした日本の責任は大きい。

「過去の克服」は、単に過ぎ去った植民地支配・戦争の歴史をたどるということではない。そこにあった死や暴力、差別、同化の意味を考え続け、そこで得た反省と知恵を未来につなげていくことである。だからこそ「過去の克服」は日本と朝鮮半島の人々の課題であり続けている。

課題はそれだけではない。私たちは、核開発や軍拡、経済の不均等発展、所得格差の拡大、原発、環境破壊などの地球規模のさまざまな共通の難題に直面している。こうした難題はおもに世界史の近代以降において深刻化した問題であり、植民地支配・戦争の歴史とも重なっている。

日本と朝鮮半島の人々は、前近代においては一六世紀の一時期を除いて長い平和な時代を過ごした。近代の約四〇年間は日本の植民地支配によって支配と被支配の関係にあった。いうまでもなく朝鮮半島の人々にとっては過酷な時代であった。その後の現代においては、全体として過去を克服する努力を緩慢ながらも続け、さまざまな分野で交流を進めてきた。隣人としての私たちには、そうした歴史をもう一度見つめ直し、「過去の克服」とともに地球規模の難題に立ち向かうべく、未来の関係を構想することが求められている。

コラム　ヘイトスピーチと在日朝鮮人

太田　修

近年、在日朝鮮人などのマイノリティ（ニューカマーの韓国人、中国人、移住労働者、アイヌや沖縄の先住民族など）に対して人種主義的な差別、排除の暴言をネットや路上で撒き散らすヘイトスピーチが社会問題となっている。

二〇〇九年十二月から翌年三月にかけての京都朝鮮第一初級学校での「在日特権を許さない市民の会」（在特会）の会員などによるヘイトスピーチは代表的なものである。〇九年十二月に同校の校門前に押しかけた在特会の会員らは、「朝鮮学校を日本から叩き出せ」「犯罪朝鮮人」などの暴言を繰り返した。校内にいた子どもたちの一部は恐怖で泣いていたそうだ。

同校を運営する「京都朝鮮学園」が損害賠償と街宣活動の禁止を求めて二〇一〇年六月に京都地方裁判所に提訴した。京都地裁は一三年十月に、三回に及んだ街宣行為を人種差別撤廃条約が禁じる「人種差別」にあたるとして、一二二〇万円の損害賠償を認め、街宣活動の差し止めを命じる判決を下した。一四年七月の二審・大阪高裁も一審判決を支持し、同十二月の最高裁決定も在特会側の上告を退けて、七月の二審判決が確定した。

この判決が確定したことはヘイトスピーチや差別的な活動に一定の歯止めになるとみられる。他方で、不特定の集団に対するヘイトスピーチに対しては、現行法では規制できないなどの限界が指摘されている。日本は一九七九年に国際人権規約（自由権規約）を批准し、その二〇条によりヘイトスピーチを禁止する法的義務を負ったが、三〇年以上その義務を怠ってきた。九五年には人種差別撤廃条約にも加入したが、法規制などの義務を履行してこなかった。

国連人種差別撤廃委員会は二〇一四年八月、日本政府に対して、ヘイトスピーチ問題に「毅然と対処」し、法規制や人種差別撤廃法の制定を行なうよう勧告する「最終見解」を発表した。国連加盟国一九三ヵ国のうち、ドイツやイギリス、カナダなど過半数の国で法規制がなされている。国際社会の共通認識は、法規制の濫用を防ぎつつも、ヘイトスピーチを許してはならず、国が規制すべきだというものである。

専門家や人権NGO関係者は、こうした法規制だけではなく、旧植民地出身者や民族的マイノリティの歴史や文化を学んだり、民族マイノリティと交流したりして、異なる文化をもつ人々と共存する社会を作っていくことこそが必要だと指摘する。

参考文献（朝鮮語文献については＊で示した）

全体に関わるもの

朝尾直弘・網野善彦・山口啓二・吉田孝編『日本の社会史一　列島内外の交通と国家』（岩波書店、一九八七年）
荒野泰典・石井正敏・村井章介編『アジアのなかの日本史』全六巻（東京大学出版会、一九九二〜一九九三年）
荒野泰典・石井正敏・村井章介編『日本の対外関係』全七巻（吉川弘文館、二〇一〇〜二〇一三年）
北島万次・孫承喆・橋本雄・村井章介編著『日朝交流と相克の歴史』（校倉書房、二〇〇九年）
佐藤信・藤田覚編『前近代の日本列島と朝鮮半島』（山川出版社、二〇〇七年）
対外関係史総合年表編集委員会編『対外関係史総合年表』（吉川弘文館、一九九九年）
田中健夫・石井正敏編『対外関係史辞典』（吉川弘文館、二〇〇九年）

Ⅰ　古代東アジアの国際関係と交流

赤羽目匡由『渤海王国の政治と社会』（吉川弘文館、二〇一一年）
石井正敏『日本渤海関係史の研究』（吉川弘文館、二〇〇一年）
石川日出志『農耕社会の成立』（岩波書店、二〇一〇年）
榎本淳一『唐王朝と古代の日本』（吉川弘文館、二〇〇八年）
榎本　渉『東アジア海域と日中交流―九〜一四世紀―』（吉川弘文館、二〇〇七年）
筧　敏生『古代王権と律令国家』（校倉書房、二〇〇二年）
木村　誠『古代朝鮮の国家と社会』（吉川弘文館、二〇〇四年）

河内春人『日本古代君主号の研究―倭国王・天子・天皇―』（八木書店、二〇一五年）
坂元義種『古代東アジアの日本と朝鮮』（吉川弘文館、一九七八年）
坂元義種『百済史の研究』（塙書房、一九七八年）
坂元義種『倭の五王―空白の五世紀―』（教育社、一九八一年）
酒寄雅志『渤海と古代の日本』（校倉書房、二〇〇一年）
鈴木英夫『古代の倭国と朝鮮諸国』（青木書店、一九九六年）
鈴木靖民『古代対外関係史の研究』（吉川弘文館、一九八五年）
鈴木靖民『日本の古代国家形成と東アジア』（吉川弘文館、二〇一一年）
鈴木靖民『倭国史の展開と東アジア』（岩波書店、二〇一二年）
鈴木靖民『古代日本の東アジア交流史』（勉誠出版、二〇一六年）
武田幸男『高句麗史と東アジア―「広開土王碑」研究序説―』（岩波書店、一九八九年）
武田幸男編『古代を考える　日本と朝鮮』（吉川弘文館、二〇〇五年）
田中俊明『大加耶連盟の興亡と「任那」―加耶琴だけが残った―』（吉川弘文館、一九九二年）
田中俊明『古代の日本と加耶』（山川出版社、二〇〇九年）
田中史生『越境の古代史―倭と日本をめぐるアジアンネットワーク―』（筑摩書房、二〇〇九年）
田中史生『国際交易と古代日本』（吉川弘文館、二〇一二年）
田中史生『国際交易の古代列島』（角川書店、二〇一六年）
鄭　淳一『九世紀の来航新羅人と日本列島』（勉誠出版、二〇一五年）
中野高行『日本古代の外交制度史』（岩田書院、二〇〇八年）
盧泰敦（橋本繁訳）『古代朝鮮三国統一戦争史』（岩波書店、二〇一二年）

朴　天　秀『加耶と倭―韓半島と日本列島の考古学―』（講談社、二〇〇七年）
浜田久美子『日本古代の外交儀礼と渤海』（同成社、二〇一一年）
濱田耕策『渤海国興亡史』（吉川弘文館、二〇〇〇年）
濱田耕策『新羅国史の研究―東アジア史の視点から―』（吉川弘文館、二〇〇二年）
廣瀬憲雄『東アジアの国際秩序と古代日本』（吉川弘文館、二〇一一年）
堀　敏一『中国と古代東アジア世界―中華的世界と諸民族―』（岩波書店、一九九三年）
堀　敏一『東アジアのなかの古代日本』（研文出版、一九九八年）
村上四男『朝鮮古代史研究』（開明書院、一九七八年）
森　公章『古代日本の対外認識と通交』（吉川弘文館、一九九八年）
森　公章『「白村江」以後―国家危機と東アジア外交―』（講談社、一九九八年）
森　公章『東アジアの動乱と倭国』（吉川弘文館、二〇〇六年）
森　公章『遣唐使と古代日本の対外政策』（吉川弘文館、二〇〇八年）
森　公章『倭の五王―五世紀の東アジアと倭王群像―』（山川出版社、二〇一〇年）
山尾幸久『古代の日朝関係』（塙書房、一九八九年）
吉田　晶『七支刀の謎を解く―四世紀後半の百済と倭―』（新日本出版社、二〇〇一年）
李　成　市『古代東アジアの民族と国家』（岩波書店、一九九八年）
李　成　市『東アジアの王権と交易―正倉院の宝物が来たもうひとつの道―』（青木書店、一九九七年）
渡邊　誠『平安時代貿易管理制度史の研究』（思文閣出版、二〇一二年）

Ⅱ　中世東アジア海域と日朝関係

青山公亮『日麗交渉史の研究』（明治大学文学部文学研究所、一九五五年）
荒木和憲『中世対馬宗氏領国と朝鮮』（山川出版社、二〇〇七年）
李啓煌『文禄・慶長の役と東アジア』（臨川書店、一九九七年）
李　領『倭寇と日麗関係史』（東京大学出版会、一九九九年）
伊藤幸司『中世日本の外交と禅宗』（吉川弘文館、二〇〇二年）
榎本　渉『東アジア海域と日中交流―九～一四世紀―』（吉川弘文館、二〇〇七年）
大石直正・高良倉吉・高橋公明『周縁から見た中世日本』（講談社、二〇〇九年）
太田秀春『朝鮮の役と日朝城郭史の研究―異文化の遭遇・受容・変容―』（清文堂出版、二〇〇五年）
小野正敏・五味文彦・萩原三雄編『中世の対外交流―場・ひと・技術―』（高志書院、二〇〇六年）
長　節子『中世日朝関係と対馬』（吉川弘文館、一九八七年）
長　節子『中世　国境海域の倭と朝鮮』（吉川弘文館、二〇〇二年）
海津一朗『蒙古襲来―対外戦争の社会史―』（吉川弘文館、一九九八年）
川添昭二『対外関係の史的展開』（文献出版、一九九六年）
北島万次『豊臣政権の対外認識と朝鮮侵略』（校倉書房、一九九〇年）
北島万次『豊臣秀吉の朝鮮侵略』（吉川弘文館、一九九五年）
北島万次『壬辰倭乱と秀吉・島津・李舜臣』（校倉書房、二〇〇二年a）
北島万次『秀吉の朝鮮侵略』（山川出版社、二〇〇二年b）
北島万次『秀吉の朝鮮侵略と民衆』（岩波書店、二〇一二年）
黒嶋　敏『天下統一―秀吉から家康へ―』（講談社、二〇一五年）

黒田慶一編『韓国の倭城と壬辰倭乱』（岩田書院、二〇〇四年）
黒田　智『なぜ対馬は円く描かれたのか―国境と聖域の日本史―』（朝日新聞出版、二〇〇九年）
佐伯弘次『モンゴル襲来の衝撃』（中央公論新社、二〇〇三年）
佐伯弘次『対馬と海峡の中世史』（山川出版社、二〇〇八年）
佐伯弘次編『中世の対馬―ヒト・モノ・文化の描き出す日朝交流史―』（勉誠出版、二〇一四年）
須田牧子『中世日朝関係と大内氏』（東京大学出版会、二〇一一年）
関　周一『中世日朝海域史の研究』（吉川弘文館、二〇〇二年）
関　周一『対馬と倭寇―境界に生きる中世びと―』（高志書院、二〇一二年）
関　周一『朝鮮人のみた中世日本』（吉川弘文館、二〇一三年）
関　周一『中世の唐物と伝来技術』（吉川弘文館、二〇一五年）
孫承喆（鈴木信昭監訳、山里澄江・梅村雅英訳）『近世の朝鮮と日本―交隣関係の虚と実―』（明石書店、一九九八年）
田代和生『近世日朝通交貿易史の研究』（創文社、一九八一年）
田代和生『書き替えられた国書―徳川・朝鮮外交の舞台裏―』（中央公論社、一九八三年）
田中健夫『中世海外交渉史の研究』（東京大学出版会、一九五九年）
田中健夫『中世対外関係史』（東京大学出版会、一九七五年）
田中健夫『対外関係と文化交流』（思文閣出版、一九八二年）
田中健夫『前近代の国際交流と外交文書』（吉川弘文館、一九九六年）
田中健夫『東アジア通交圏と国際認識』（吉川弘文館、一九九七年）
田中健夫『倭寇―海の歴史―』（講談社、二〇一二年ａ）
田中健夫（村井章介編）『増補　倭寇と勘合貿易』（筑摩書房、二〇一二年ｂ）

田村洋幸『中世日朝貿易の研究』(三和書房、一九六七年)
鶴田　啓『対馬からみた日朝関係』(山川出版社、二〇〇六年)
鄭朴熙・李璟珣編著(金文子監訳、小幡倫裕訳)『壬辰戦争―一六世紀日・朝・中の国際戦争―』(明石書店、二〇〇八年)
内藤雋輔『文禄慶長役における被擄人の研究』(東京大学出版会、一九七六年)
仲尾　宏『朝鮮通信使と壬辰倭乱―日朝関係史論―』(明石書店、二〇〇〇年)
仲尾　宏『朝鮮通信使―江戸日本の誠信外交―』(岩波書店、二〇〇七年)
中野　等『秀吉の軍令と大陸侵攻』(吉川弘文館、二〇〇六年)
中野　等『文禄・慶長の役』(吉川弘文館、二〇〇八年)
中村栄孝『日鮮関係史の研究』上・中・下(吉川弘文館、一九六五・一九六九年)
中村栄孝『日本と朝鮮』(至文堂、一九六六年)
河宇鳳・孫承喆・李薫・閔徳基・鄭成一(赤嶺守監訳)『朝鮮と琉球―歴史の深淵を探る―』(榕樹書林、二〇一一年)
橋本　雄『中世日本の国際関係―東アジア通交圏と偽使問題―』(吉川弘文館、二〇〇五年)
橋本　雄『中華幻想―唐物と外交の室町時代史―』(勉誠出版、二〇一一年)
橋本　雄『偽りの外交使節―室町時代の日朝関係―』(吉川弘文館、二〇一二年)
旗田　巍『元寇―蒙古帝国の内部事情―』(中央公論社、一九六五年)
東恩那寛惇『東恩納寛惇全集』三(第一書房、一九七九年)
本多博之『天下統一とシルバーラッシュ―銀と戦国の流通革命―』(吉川弘文館、二〇一五年)
閔　徳基『前近代東アジアのなかの韓日関係』(早稲田大学出版部、一九九四年)
村井章介『アジアのなかの中世日本』(校倉書房、一九八八年)

村井章介『中世倭人伝』（岩波書店、一九九三年）
村井章介『東アジア往還―漢詩と外交―』（朝日新聞社、一九九五年）
村井章介『国境を超えて―東アジア海域世界の中世―』（校倉書房、一九九七年）
村井章介『日本中世境界史論』（岩波書店、二〇一三年ａ）
村井章介『日本中世の異文化接触』（東京大学出版会、二〇一三年ｂ）
山内晋次『奈良平安期の日本とアジア』（吉川弘文館、二〇〇三年）
山室恭子『黄金太閤―夢を演じた天下びと―』（中央公論社、一九九二年）

Ⅲ　近世の日朝関係とその変容

雨森芳洲（田代和生校注）『交隣提醒』（平凡社、二〇一四年）
荒野泰典『近世日本と東アジア』（東京大学出版会、一九八八年）
池内　敏『竹島問題とは何か』（名古屋大学出版会、二〇一二年）
池内　敏『竹島―もうひとつの日韓関係史―』（中央公論新社、二〇一六年）
石川　寛「日朝関係の近代的改編と対馬藩」（『日本史研究』四八〇、二〇〇二年）
石川　寛「明治期の大修参判使と対馬藩」（『歴史学研究』七七五、二〇〇三年）
石川　寛「対馬藩の自己意識」（九州史学研究会編『境界のアイデンティティ』岩田書院、二〇〇八年）
石田　徹『近代移行期の日朝関係―国交刷新をめぐる日朝双方の論理―』（溪水社、二〇一三年）
岩生成一「鎖国」（『岩波講座日本歴史』一〇・近世二、岩波書店、一九六三年）
映像文化協会編『江戸時代の朝鮮通信使』（毎日新聞社、一九七九年）
勝田政治『大久保利通と東アジア―国家構想と外交戦略―』（吉川弘文館、二〇一六年）

上垣外憲一『雨森芳洲―元禄享保の国際人―』（中央公論社、一九八九年）
木村直也「文久三年対馬藩援助要求運動について―日朝外交貿易体制の矛盾と朝鮮進出論―」（田中健夫編『日本前近代の国家と対外関係』吉川弘文館、一九八七年）
木村直也「幕末における日朝関係の転回」（『歴史学研究』六五一、一九九三年）
木村直也「幕末期の朝鮮進出論とその政策化」（『歴史学研究』六七九、一九九五年）
木村直也「近世中・後期の国家と対外関係」（曽根勇二・木村直也編『新しい近世史』二、新人物往来社、一九九六年）
木村直也「東アジアのなかの近世日朝関係史」（北島万次・孫承喆・橋本雄・村井章介編『日朝交流と相克の歴史』校倉書房、二〇〇九年）
木村直也「対馬―通交・貿易における接触領域―」（『岩波講座日本歴史』二〇・地域論、岩波書店、二〇一四年）
沈　箕　載『幕末維新日朝外交史の研究』（臨川書店、一九九七年）
申維翰（姜在彦訳）『海游録―朝鮮通信使の日本紀行―』（平凡社、一九七四年）
田代和生『近世日朝通交貿易史の研究』（創文社、一九八一年）
田代和生「対馬藩の朝鮮語通詞」（『史学』六〇―四、一九九一年）
田代和生『日朝交易と対馬藩』（創文社、二〇〇七年）
田代和生『新・倭館―鎖国時代の日本人町―』（ゆまに書房、二〇一一年）
田保橋潔『近代日鮮関係の研究』上・下（朝鮮総督府中枢院、一九四〇年、復刻は宗高書房、一九七二年、および原書房、一九七三年）
鶴田　啓「釜山倭館」（荒野泰典編『江戸幕府と東アジア』吉川弘文館、二〇〇三年）
仲尾　宏『朝鮮通信使―江戸日本の誠信外交―』（岩波書店、二〇〇七年）
日野清三郎（長正統編）『幕末における対馬と英露』（東京大学出版会、一九六八年）

藤田　覚『近世後期政治史と対外関係』（東京大学出版会、二〇〇五年）
藤田　覚「ペリー来航以前の国際情勢と国内政治」（『講座明治維新』一・世界史のなかの明治維新、有志舎、二〇一〇年）
牧野雅司「明治維新期の対馬藩と「政府等対」論」（『日本歴史』七六六、二〇一二年）
三宅英利『近世日朝関係史の研究』（文献出版、一九八六年）
尹　裕淑『近世日朝通交と倭館』（岩田書院、二〇一一年）
米谷　均「近世日朝関係における対馬藩主の上表文について」（『朝鮮学報』一五四、一九九五年）
李　進煕『江戸時代の朝鮮通信使』（講談社、一九八七年）

Ⅳ　近代東アジアのなかの日朝関係

庵逧由香「朝鮮における戦争動員政策の展開―「国民運動」の組織化を中心に―」（『国際関係学研究（津田塾大学）』二一別冊、一九九五年）
李　盛煥『近代東アジアの政治力学―間島をめぐる日中朝関係史の史的展開―』（錦正社、一九九一年）
板垣竜太『朝鮮近代の歴史民族誌―慶北尚州の植民地経験―』（明石書店、二〇〇八年）
伊藤之雄・李盛煥編著『伊藤博文と韓国統治―初代韓国統監をめぐる百年目の検証―』（ミネルヴァ書房、二〇〇九年）
海野福寿『韓国併合』（岩波書店、一九九五年）
岡本隆司『世界のなかの日清韓関係史―交隣と属国、自主と独立―』（講談社、二〇〇八年）
糟谷憲一「アジアの民族運動と日本帝国主義」（『講座日本歴史』九・近代三、東京大学出版会、一九八五年）
糟谷憲一『朝鮮の近代』（山川出版社、一九九六年）
糟谷憲一「朝鮮総督府の文化政治」（『岩波講座近代日本と植民地』二・帝国統治の構造、岩波書店、二〇〇五年）

姜在彦『朝鮮の攘夷と開化—近代朝鮮にとっての日本—』（平凡社、一九七七年）
姜在彦『朝鮮近代史』（平凡社、一九九八年）
姜東鎮『日本の朝鮮支配政策史研究—一九二〇年代を中心として—』（東京大学出版会、一九七九年）
姜東鎮『日本言論界と朝鮮—一九一〇～一九四五—』（法政大学出版局、一九八四年）
＊金英喜『日帝時代 農村統制政策研究』（景仁文化社、二〇〇三年）
酒井裕美『開港期朝鮮の戦略的外交 一八八二—一八八四』（大阪大学出版会、二〇一六年）
＊崔由利『日帝末期 植民地支配政策史研究』（国学資料院、一九九七年）
趙景達『朝鮮民衆運動の展開』（岩波書店、二〇〇二年）
趙景達『近代朝鮮と日本』（岩波書店、二〇一二年）
趙景達『植民地朝鮮と日本』（岩波書店、二〇一三年）
趙景達編『近代日朝関係史』（有志舎、二〇一二年）
外村大『朝鮮人強制連行』（岩波書店、二〇一二年）
西成田豊『在日朝鮮人の「世界」と「帝国」国家』（東京大学出版会、一九九七年）
＊朴賛勝『韓国近代政治思想史研究—民族主義右派의 実力養成運動論—』（歴史批評社、一九九二年）
春山明哲「近代日本の植民地統治と原敬」（春山明哲・若林正丈編『日本植民地主義の政治的展開』アジア政経学会、一九八〇年）
樋口雄一『戦時下朝鮮の農民生活誌』（社会評論社、一九九八年）
堀和生『朝鮮工業化の史的分析—日本資本主義と植民地経済—』（有斐閣、一九九五年）
松田利彦『日本の朝鮮植民地支配と警察—一九〇五～一九一〇年—』（校倉書房、二〇〇九年）
水野直樹『創氏改名—日本の朝鮮支配の中で—』（岩波書店、二〇〇八年）

宮田節子「朝鮮における『農村振興運動』―一九三〇年代日本ファシズムの朝鮮における展開―」（『季刊現代史』二、一九七三年）
宮田節子『朝鮮民衆と「皇民化」政策』（未来社、一九八五年）
宮田節子・金英達・梁泰昊『創氏改名』（明石書店、一九九二年）
宮本正明「朝鮮における「文化政治」と「協力」体制」（『岩波講座東アジア近現代通史』四・社会主義とナショナリズム、岩波書店、二〇一一年）
森山茂徳『近代日韓関係史研究』（東京大学出版会、一九八七年）
吉見義明『従軍慰安婦』（岩波書店、一九九五年）
米谷匡史『アジア／日本』（岩波書店、二〇〇六年）
和田春樹『金日成と満州抗日戦争』（平凡社、一九九二年）

Ⅴ　敗戦・解放から交流へ

李庭植（小此木政夫・古田博司訳）『戦後日韓関係史』（中央公論社、一九八九年）
太田　修「現代」（田中俊明編『朝鮮の歴史―先史から現代―』昭和堂、二〇〇八年）
太田　修『［新装新版］日韓交渉―請求権問題の研究―』（クレイン、二〇一五年）
大沼久夫編『朝鮮戦争と日本』（新幹社、二〇〇六年）
小此木政夫編『北朝鮮ハンドブック』（講談社、一九九七年）
木宮正史『国際政治のなかの韓国現代史』（山川出版社、二〇一二年）
国際高麗学会日本支部『在日コリアン辞典』編集委員会編『在日コリアン辞典』（明石書店、二〇一〇年）
高崎宗司『検証　日韓会談』（岩波書店、一九九六年）

高崎宗司『検証　日朝交渉』（平凡社、二〇〇四年）
田中　宏『在日外国人　第三版―法の壁、心の溝―』（岩波書店、二〇一三年）
鄭　栄桓『朝鮮独立への隘路―在日朝鮮人の解放五年史―』（法政大学出版局、二〇一三年）
朴　正　鎮『日朝冷戦構造の誕生　一九四五～一九六五―封印された外交史―』（平凡社、二〇一二年）
日高六郎『戦後思想を考える』（岩波書店、一九八〇年）
宮本正明「敗戦直後における日本政府・朝鮮関係者の植民地統治認識の形成―『日本人の海外活動に関する歴史的調査』成立の歴史的前提―」（『世界人権問題研究センター研究紀要』二〇〇六年）
水野直樹・文京洙『在日朝鮮人―歴史と現在―』（岩波書店、二〇一五年）
文　京　洙『新・韓国現代史』（岩波書店、二〇一五年）
吉澤文寿『［新装新版］戦後日韓関係―国交正常化をめぐって―』（クレイン、二〇一五年）
和田春樹『朝鮮戦争全史』（岩波書店、二〇〇二年）
和田春樹『これだけは知っておきたい日本と朝鮮の一〇〇年史』（平凡社、二〇一〇年）

執筆者紹介（五十音順）

太田　修（おおた　おさむ）
1963年生。2001年高麗大学校大学院史学科（韓国史専攻）博士課程修了。現在，同志社大学グローバル・スタディーズ研究科教授。主要著書に『[新装新版] 日韓交渉―請求権問題の研究―』（クレイン，2015年）。

木村直也（きむら　なおや）
1956年生。1986年慶應義塾大学大学院文学研究科博士課程単位取得退学。現在，立教大学文学部特任教授。主要論文に「対馬―通交・貿易における接触領域―」（『岩波講座　日本歴史　第20巻・地域論』岩波書店，2014年）。

河内春人（こうち　はるひと）
1970年生。2000年明治大学大学院博士後期課程中退。現在，明治大学・中央大学・立教大学・首都大学東京・大東文化大学兼任講師。主要著書に『日本古代君主号の研究』（八木書店，2015年）。

澤本光弘（さわもと　みつひろ）
1973年生。2000年早稲田大学大学院修士課程修了。現在，早稲田大学朝鮮文化研究所招聘研究員。主要論文に「契丹の旧渤海領統治と東丹国の構造―耶律羽之墓誌をてがかりに―」（『史学雑誌』117編６号，2008年）。

関　周一（せき　しゅういち）　→別掲

松田利彦（まつだ　としひこ）
1964年生。1993年京都大学大学院文学研究科現代史学専攻後期博士課程単位取得修了。現在，国際日本文化研究センター教授，総合研究大学院大学教授。主要著書に『日本の朝鮮植民地支配と警察―1905～1945年―』（校倉書房，2009年）。

索　　引

あ行

か行

さ行

た行

な行

は行

ま行

や行

ら行

わ行

年　　表

BC108　漢の武帝が楽浪郡等を設置
204　このころ，公孫氏が帯方郡を設置，韓と倭の交流
313　このころ，帯方郡・楽浪郡が高句麗により滅亡する
369　七支刀による倭と百済の同盟
371　百済の高句麗平壌攻撃，故国原王戦死
391　倭国が朝鮮半島に介入か（広開土王碑）
413　倭国・高句麗が東晋に朝貢
420　宋建国，高句麗・百済に進号．翌年倭国，宋に遣使
475　高句麗が百済漢城を陥す，百済南遷
478　倭王武の上表文
513　百済が半島南西部に進出（～516）
527　筑紫磐井が新羅と通謀，挙兵
532　新羅が金官加耶を併合
538　百済から倭国へ仏教伝来（552説あり）
541　いわゆる「任那復興会議」（544も）
552　新羅が半島西岸の漢山城を奪取
562　新羅が大加耶を滅ぼす，朝鮮三国鼎立
589　隋の中国統一
593　飛鳥寺完成，蘇我馬子以下百済服を着す
623　遣唐留学生，新羅経由で帰国
641　百済義慈王の即位（翌年新羅攻撃開始）
642　高句麗で泉蓋蘇文のクーデター
645　乙巳の変（蘇我本宗家滅亡）
660　百済，唐・新羅により滅亡する
663　白村江の戦で倭・百済連合が唐・新羅軍に大敗
668　高句麗，滅亡する
676　唐，半島から撤退する
698　振国（渤海）建国
722　新羅，毛伐郡城築城
727　渤海，初の日本遣使
732　渤海，唐登州攻撃
752　大仏開眼，新羅使節団到来
753　日本と新羅の席次争長事件

755　唐で安史の乱（～763）
759　藤原仲麻呂政権による「新羅征討」計画
779　最後の新羅使来日（日羅外交の終焉）
826　藤原緒嗣，渤海使を商旅と指弾
828　新羅の張保皐，清海鎮大使になり海上交通を掌握
841　張保皐殺される
869　新羅海賊の日本襲撃（貞観海賊）
897　渤海と新羅の席次争長
900　甄萱，後百済建国（922に日本に通交を求める）
926　渤海，契丹により滅亡（故地に東丹国，929来日）
935　平将門の乱，新羅が高麗に降伏
936　高麗，後百済を滅ぼし半島統一
937　高麗，日本に使者を派遣する
1019　刀伊の入寇
1079　高麗，大宰府に医師の派遣を要請する．翌年，日本の朝廷，要請を拒絶する
1093　宋人12人と倭人19人の乗った船，高麗延平島巡検軍に拿捕される
1152　小値賀島の清原是包，高麗船を襲撃する
1227　高麗全羅州道按察使から大宰府宛に，対馬島民が全羅州を襲ったことを抗議する．大宰少弐武藤資頼，高麗国使の前で「悪徒」90人を斬殺
1268　高麗使の潘阜ら，蒙古国書と高麗国書を持参し，大宰府に到る
1270　三別抄の乱（～1273）
1274　文永蒙古合戦
1281　弘安蒙古合戦
1350　倭寇，高麗の固城・竹林・巨済などを襲撃する（前期倭寇の開始）
1367　高麗の恭愍王，金竜らと金逸らを日本に派遣する
1368　将軍足利義詮，金竜・金逸らとともに天竜寺の僧を高麗に派遣する
1380　南原山城の戦い．李成桂，阿只抜都率いる倭寇を破る
1389　高麗の慶尚道元帥朴葳，対馬島を攻撃する
1399　朝鮮王朝の回礼使朴惇之，足利義満の使者とともに帰国
1419　応永の外寇（己亥東征）
1420　回礼使宋希璟，来日する
1441　宗貞盛，朝鮮王朝と孤草島釣魚禁約を結ぶ
1443　宗貞盛，朝鮮王朝と癸亥約条を結ぶ
1453　大内教弘，『琳聖太子入日本之記』を朝鮮に求める．朝鮮王朝，通信符（右符）を教弘に与える
1482　日本国王使栄弘，朝鮮に派遣され，第一牙符を朝鮮に送る

1510　三浦の乱
1512　宗義盛（盛順），朝鮮王朝と壬申約条を結ぶ
1544　甲辰蛇梁の倭変
1547　宗義調，朝鮮王朝と丁未約定を結ぶ
1555　乙卯達梁の倭変
1557　宗義調，朝鮮王朝と丁巳約定を結ぶ
1590　朝鮮通信使黄允吉・金誠一，来日する
1592　壬辰倭乱（文禄の役）（〜1593）
1596　豊臣秀吉，大坂城にて明使楊方亨・沈惟敬を引見．日明講和交渉，決裂する
1597　丁酉倭乱（慶長の役）（〜1598）
1604　朝鮮国王宣祖，松雲大師惟政らを日本に派遣する
1607　第一回回答兼刷還使の呂祐吉ら，来日する
1609　宗義智，朝鮮王朝と己酉約条を結ぶ
1617　回答兼刷還使来日
1624　回答兼刷還使来日
1635　将軍徳川家光，柳川一件について裁決する
1636　朝鮮側から国書をもたらす形の通信使が初めて来日する
1643　通信使来日
1655　通信使来日
1678　釜山倭館を豆毛浦から草梁へ移転
1682　通信使来日
1696　幕府が鬱陵島への渡海禁令を出す
1711　通信使来日（新井白石による改革）
1719　通信使来日（白石の改革を復旧，雨森芳洲と申維翰の交流）
1748　通信使来日
1764　通信使来日
1776　私貿易「断絶」を理由に幕府は対馬藩に毎年12,000両の支給を開始する
1811　通信使来日（対馬易地聘礼），これが最後の通信使となる
1836　今津屋八右衛門らが鬱陵島に渡海して処罰される
1853　ペリー艦隊が浦賀に来航
1861　ロシア艦ポサドニック号が対馬浅茅湾に来航，半年にわたって占拠，対馬藩は移封の内願書を幕府に提出
1862　対馬藩で家老佐須伊織が殺害され，尊王攘夷派らが実権を握る
1863　対馬藩が米３万石支給を要求する願書で朝鮮進出論を提唱．高宗が即位し，大院君政権が成立する

1864　大島友之允，朝鮮進出建白書を幕吏に提出
1866　朝鮮で丙寅洋擾が起こる
1867　対馬藩が倭館攔出，朝鮮に貿易変革交渉を要求，幕府使節派遣を伝達，八戸順叔の征韓記事問題が起こる，大政奉還，「王政復古」クーデタ
1868　対馬藩が朝鮮に新政府樹立通告書契をもたらす，朝鮮は受取拒否
1870　外務省出仕佐田白茅らを事情探索のため釜山倭館に派遣，ついで吉岡弘毅らを朝鮮との交渉のため釜山倭館に派遣
1871　廃藩置県，宗氏の朝鮮家役を罷免，宗重正を外務大丞に任ず
1872　旧対馬藩人が倭館攔出，外務大丞花房義質が倭館接収
1873　西郷隆盛の朝鮮派遣問題，征韓論政変が起こる，朝鮮で大院君が失脚
1875　日本の軍艦雲揚号が江華島で朝鮮と交戦する（江華島事件）
1876　日朝修好条規が締結される
1882　壬午軍乱が起こる
1884　甲申政変が起こる
1894　甲午農民戦争が起こる．日清戦争が始まる
1895　閔妃殺害事件が起こる
1896　独立協会が結成される
1897　国号を大韓帝国と改め，高宗が皇帝に即位する
1904　日露戦争が始まる．第１次日韓協約が結ばれる
1905　第２次日韓協約が結ばれる
1906　韓国統監府が開庁される．初代統監に伊藤博文が着任する
1907　第３次日韓協約が結ばれる．韓国軍隊が解散される
1909　安重根がハルピンで前韓国統監伊藤博文を射殺する
1910　韓国併合条約が調印される．朝鮮総督府が設置される．初代朝鮮総督に寺内正毅が就任し「武断政治」が開始される
1912　尹致昊ら新民会会員が寺内総督暗殺未遂事件により起訴される（105人事件）
1919　３・１独立運動が始まる．上海で大韓民国臨時政府が樹立される．第三代朝鮮総督に斎藤実が就任し「文化政治」が開始される
1920　『朝鮮日報』『東亜日報』が創刊される
1923　関東大震災．在日朝鮮人6,000名あまりが虐殺される
1925　朝鮮共産党が結成される
1926　京城帝国大学が開学する
1927　新幹会が結成される
1931　満洲事変が起こる
1933　農村振興運動が本格化する
1937　日中戦争が始まる

1938 陸軍特別志願兵令が公布される
1940 創氏改名が実施される
1941 アジア太平洋戦争が始まる
1942 朝鮮人に対する徴兵制の実施が閣議決定される
1945 日本敗戦．朝鮮が植民地から解放される
1948 大韓民国樹立．朝鮮民主主義人民共和国樹立
1950 朝鮮戦争勃発
1951 日韓国交正常化交渉開始．サンフランシスコ講和条約締結，翌年4月に発効
1952 李承晩大統領が「隣接海洋の主権に関する大統領宣言」を発表，「李ライン」（韓国では「平和線」）が設置
1953 朝鮮戦争休戦協定締結
1959 在日朝鮮人第一次帰国船，新潟を出港（清津に入港）
1961 朴正熙らによる軍事クーデターが起こる
1965 日韓条約締結
1972 朴正熙大統領，非常戒厳令を宣布し，「10月維新」を断行する
1973 金大中拉致事件
1974 文世光事件，朴正熙大統領夫人の陸英修が死亡する
1979 朴正熙大統領，韓国中央情報部部長の金載圭に射殺される．全斗煥，盧泰愚らの新軍部による軍事クーデターが起こる
1980 光州民衆抗争
1982 歴史教科書問題で日韓関係が悪化，教科書検定基準に「近隣諸国条項」が加えられ，関係が回復する
1987 韓国民主化抗争
1988 ソウルオリンピック
1990 自民党・社会党・朝鮮労働党が3党共同声明を発表，11月から日朝国交正常化交渉開始
1991 「日韓法的地位協定に基づく協議の結果に関する覚書」を交換する
1993 日本，日本軍「慰安婦」問題について「河野談話」を発表する
1995 日本，植民地支配と侵略戦争への反省とお詫びを表明した「村山談話」を発表する
1998 金大中大統領訪日，小渕恵三首相と日韓共同宣言を発表する
2000 金大中大統領訪朝，金正日国防委員長と南北共同宣言を発表する
2002 日韓共催サッカーワールドカップ大会が開催される．小泉純一郎首相が訪朝，金正日国防委員長と日朝平壌宣言を発表する
2003 NHKの衛星放送で韓国ドラマ「冬のソナタ」が放映，翌年ごろから「韓流」ブームが始まる

2004　小泉首相訪朝，拉致被害者家族５人が帰国する
2010　韓国の「人々の意に反して行われた植民地支配」を強調した「菅談話」が発表される
2015　「植民地支配」「侵略」に対する日本の責任をあいまいにした「安倍談話」が発表される

編者略歴
一九六三年、茨城県に生まれる
一九九二年、筑波大学大学院博士課程歴史・人類学研究科単位取得退学、博士(文学)
現在、宮崎大学教育学部准教授
〔主要著書〕
『対馬と倭寇』(高志書院、二〇一二年)
『朝鮮人のみた中世日本』(吉川弘文館、二〇一三年)
『中世の唐物と伝来技術』(吉川弘文館、二〇一五年)

日朝関係史

二〇一七年(平成二十九年)二月二十日　第一刷発行

編　者　関《せき》　周《しゅう》　一《いち》
発行者　吉　川　道　郎
発行所　株式会社　吉川弘文館
郵便番号一一三—〇〇三三
東京都文京区本郷七丁目二番八号
電話〇三—三八一三—九一五一〈代表〉
振替口座〇〇一〇〇—五—二四四番
http://www.yoshikawa-k.co.jp/
印刷＝藤原印刷株式会社
製本＝誠製本株式会社
装幀＝河村　誠

ISBN978-4-642-08308-9